U1003715

| 高等院校跨境外贸与物流系列教材 |

港口物流

Port Logistics

郑俊田 编著

中国海关出版社
·北京·

图书在版编目（CIP）数据

港口物流 / 郑俊田编著. — 北京：中国海关出版社, 2018.5

ISBN 978-7-5175-0281-4

Ⅰ. ①港… Ⅱ. ①郑… Ⅲ. ①港口－物流－教材 Ⅳ. ①U695.2

中国版本图书馆CIP数据核字（2018）第100034号

港口物流

GANGKOU WULIU

作　　者：郑俊田
责任编辑：李易飏
助理编辑：刘白雪
出版发行：中国海关出版社
社　　址：北京市朝阳区东四环南路甲1号　邮政编码：100023
网　　址：www.hgcbs.com.cn
编 辑 部：01065194242-7548（电话）　01065194231（传真）
发 行 部：01065194221/4238/4246（电话）　01065194233（传真）
社办书店：01065195616（电话）　01065195127（传真）
www.customskb.com/book（网址）
印　　刷：北京工商事务印刷有限公司　经　　销：新华书店
开　　本：889mm × 1194mm　1/16
印　　张：15.75　字　　数：293 千字
版　　次：2018年5月第1版
印　　次：2018年5月第1次印刷
书　　号：ISBN 978-7-5175-0281-4
定　　价：45.00元

Preface

前 言

港口物流是一门新学科，其随着港口物流的迅速发展与港口物流人才需求的不断增长而产生。随着全球经济一体化进程的加快，港口作为全球运输网络中的一个重要节点，是对外贸易进出口货物的集散中心，也是国际物流供应链的重要节点与物流通道的枢纽，其功能正在不断地拓展，对于区域经济的发展起着越来越重要的促进作用。

自改革开放以来，我国港口以综合优势实现了向“世界港口大国”的跨越，港口货物吞吐量与集装箱吞吐量，曾连续七年居世界第一。目前，我国港口在港口规模、筑港技术、装卸设备、信息技术等方面，都已经走到了世界前列，取得了举世瞩目的成就。港口的快速发展，满足了我国水运与对外贸易高速增长的需要，为促进我国的国民经济发展作出了巨大的贡献。

但是，我们还须清醒地认识到，多年来港口发展中的一些突出矛盾与问题，还有待解决，港口的布局与结构还不尽合理，码头的建设、经营的粗放格局，还需要有大的转变。因而可以说，加快建设与发展现代港口的任务，依然十分繁重。

本书是为应用型本科院校与高职、高专“港口物流”课程教学而编写的教材。在本书的编写过程当中，我们紧扣本专业课程教学大纲的要求，突出教材的先进性与实训性，以应用为目的，以需求为根本，以“工学结合”为教学指导思想，充分吸取高职、高专与应用型本科院校在探索培养应用型人才方面取得的成功经验和教学成果，来确定课程内容。

本教材旨在引导学生了解与掌握从港口物流实践中，总结出来的日趋成熟的基本理论、基本知识与基本技能，学会运用港口物流的理论与方法，来分析和解决实际问题，为今后从事港口物流工作打下坚实的基础。

本教材立足于学生的特点，以及未来从业的实际需要，面向港口企业实际运作，内容务实，深入浅出，以港口物流基本概念和港口物流知识体系的构建为突破口，系统、全面地阐述了港口物流的基本知识、基本技能。

每章配有本章学习目标、本章核心内容以及课后复习思考与讨论的题目。全书知识线条清晰、内容完整简练、条理性与实用性强，适合港口物流管理专业学生学习，以及相关从业人员自学之用。

在本教材具体的编写过程当中，夏兰对于全书的统稿与定稿，都给予了极大的帮助，在此表示感谢。

郑俊田

2018年4月于对外经济贸易大学

Content

目　录

第三章　港口物流的生产与商务管理

第四章　港口集装箱业务的管理

CHAPTER 1

第一章

港口物流概述

本章学习目标

1．港口的概念

2．港口的分类

3．港口的组成

4．港口的技术特征

5．港口物流的概念

6．港口物流的特点

7．港口物流的基本功能

8．我国港口物流的发展

9．港口物流的发展趋势

本章核心内容

港口　基本港　非基本港　河口港　海港　河港　报关港

锚泊地　港池　陆域　港口水深　码头泊位数　码头线长度

港口陆域高程　防波堤　斜坡式防波堤　直立式防波堤

混合式防波堤　重力式码头　高桩码头　板桩码头

五大港口群　整体化　一体化　高科技化　信息化

Section 1

第一节　港口

一、港口的概念

港口是具有水陆联运的设备与条件，供船舶安全进出与停泊的运输枢纽。港口是水陆交通的集结点与枢纽，是工农业产品与外贸进出口物资的集散地，是船舶停泊、装卸货物、上下旅客、补充给养的场所。由于港口是联系内陆腹地与海洋运输（国际航空运输）的一个天然界面，因此，人们也将港口作为国际物流的一个特殊节点。

最原始的港口为天然港口，有天然掩护的海湾、水湾、河口等场所供船舶停泊。随着商业与航运业的发展，天然港口已经不能够满足经济发展的需要，必须兴建具有码头、防波堤与装卸机具设备的人工港口，此为港口工程建设的开端。在19世纪初，出现了以蒸汽机为动力的船舶，于是船舶的吨位、尺度与吃水量都日益增大，采用挖泥机具建造人工深水港池与进港航道以后，现代港口工程的建设才发展起来。陆上交通尤其是铁路运输，能够将大量货物运抵与运离港口，大大地促进了港口建设的发展。

二、港口的组成

港口由水域与陆域组成。

（一）水　域

水域通常包括进港航道、锚泊地与港池。

1. 进港航道要保证船舶安全方便地进出港口，必须有足够的深度与宽度、适当的位置、方向与弯道曲率半径，避免强烈的横风、横流与严重淤积，尽量降低航道的开辟与维护费用。当港口位于深水岸段，低潮或低水位之时的天然水深已经足够船舶航行需要之时，则无须人工开挖航道，但是要标志出船舶出入港口的最安全方便路线。如果不能满足上述条件，并且要求船舶随时都能够进出港口，则需要开挖人工航道。人工航道分单向航道与双向航道。大型船舶的航道宽度为80～300米，小型船舶的为50～60米。

2. 锚泊地，是指有天然掩护或人工掩护条件，能够抵御强风浪的水域，船舶可以在此锚泊、等待靠泊码头或离开港口。如果港口缺乏深水码头泊位，也可以在此进行船转船的水上装卸作业。内河驳船船队还可以在此进行编、解队与换拖（轮）作业。

3. 港池是直接与港口陆域毗连，供船舶靠离码头、临时停泊与掉头的水域。港池按照构造的形式划分，有开敞式港池、封闭式港池与挖入式港池。港池的尺度，应当根据船舶尺度、船舶靠离码头方式、水流与风向的影响，以及掉头水域布置等确定。开敞式港池内不设闸门或船闸，水面会随着水位的变化而升降。封闭式港池的池内设有闸门或船闸，用以控制水位，适用于潮差较大的地区。挖入式港池是在岸地上开挖而成，多用于岸线长度不足、地形条件适宜的地方。

（二）陆　域

陆域是指港口供货物装卸、堆存、转运与旅客集散之用的陆地面积。陆域上有进港陆上通道（铁路、公路、运输管道等）、码头前方装卸作业区与港口后方区。码头前方装卸作业区用于分配货物，布置码头前沿铁路、公路、装卸机械设备与快速周转货物的仓库或堆场（前方库场）及候船大厅等。港口后方区布置有港内铁路或公路、较长时间堆存货物的仓库或堆场（后方库场）、港口附属设施（车库、停车场、机具修理车间、工具房、变电站、消防站等）以及行政、服务房屋等。为了减少港口陆域面积，港内可以不设后方库场。

三、港口的分类

按照港口的性质划分，可以分为基本港与非基本港这两类。

（一）基本港（Base Port）

基本港是运价表现固定，班轮公司的船在一般情况下需要定期挂靠的港口，大多数位于经济中心的较大口岸，港口的设备条件比较好，货载多而稳定。规定为基本港口的，便不会再限制货量。运往基本港口的货物，一般都是直达运输，无须中途转船，但有时也会因为货量太少，船方决定中途转运，由船方自行安排，承担转船费用。按照基本港口的运费率向货方收取运费，不得加收转船附加费或直航附加费，并且应当签发直达提单。

（二）非基本港（Non-base Port）

凡是基本港口以外的港口，都称为非基本港。非基本港口一般除了按照基本港口收费以外，还需加收转船附加费。在达到一定货量之时，则改为加收直航附加费。例如，新几内亚航线的侯尼阿腊港（Honiara），就是所罗门群岛的基本港口；而基埃塔港（Kieta），则是非基本港口。运往基埃塔港口的货物运费率，要在侯尼阿腊港运费率的基础上增加转船附加费43.00美元（USD）/ FT。

按照用途划分，可以分为商港、军港、渔港、避风港等。

按照位置划分，可以分为河口港、海港与河港。

1. 河口港

河口港是位于河流入海口或受到潮汐影响的河口段以内的港口，可以兼为海船与河船服务。一般有大城市作为依托，水陆交通便利，内河水道往往深入内地广阔的经济腹地，承担大量的货流量，故而世界上许多大港都是建在河口附近，比如鹿特丹港、伦敦港、纽约港、圣彼得堡港、上海港等。河口港的特点是码头设施沿河岸布置，离海不远而又不需要建防波堤，如果岸线的长度不够，可以增设挖入式港池。

2. 海 港

海港位于海岸、海湾或泻湖以内，也有离开海岸建在深水海面上的。位于开敞海面岸边或天然掩护不足的海湾内的港口，通常需要修建相当规模的防波堤，比如大连港、青岛港、连云港港、基隆港、意大利的热那亚港等。

供巨型油轮或矿石船靠泊的单点或多点系泊码头与岛式码头，属于无掩护的外海海港，比如利比亚的卜拉加港、黎巴嫩的西顿港等。泻湖是被天然沙嘴完全或部分隔开，开挖运河或拓宽、浚深航道之后，可以在泻湖岸边建港，比如广西的北海港。也有完全靠天然掩护的大型海港，比如东京港、香港港、悉尼港等。

3. 河 港

河港是位于天然河流或人工运河上的港口，包括湖泊港与水库港。湖泊港与水库港水面宽阔，有时风浪比较大，因此与海港有着许多相似之处，比如往往需要修建防波堤等。俄罗斯古比雪夫、齐姆良斯克等大型水库上的港口与中国洪泽湖上的小型港口，都属于此类。

按照报关的流程划分，可以分为报关港与自由港。

1. 报关港

报关港要求进口的外国货物与外国人，向海关办理报关手续。

2. 自由港

自由港对于船舶来港装卸货物，以及货物在港区贮存、加工等，不要求缴纳税款，也不需经过海关人员的检查。建立自由港的目的，是鼓励与促进国际贸易，使之不受关税的限制。汉堡港是欧洲的一个重要自由港，而新加坡港、香港港则是亚洲的自由港。

四、港口的技术特征

港口的技术特征，主要包括港口水深、码头泊位数、码头线长度、港口陆域高程、港口水工建筑物。

（一）港口水深

港口水深是港口的重要标志之一，它能表明港口条件与可供船舶使用的基本界限。增大水深可以接纳吃水更大的船舶，但是将会增加挖泥量，增加港口水工建筑物的造价与维护费用。在保证船舶行驶与停泊安全的前提之下，港口各处的水深可以根据使用要求分别确定，不必完全一致。对于有潮港，当进港航道挖泥量过大之时，可以考虑船舶乘潮进出港。现代港口供大型干货海轮停靠码头的水深为10～15米，大型油轮码头为10～20米。

（二）码头泊位数

码头泊位数根据货种分别确定，除了供装卸货物与上下旅客所需要的泊位之外，在港内还要有辅助船舶和修船码头的泊位。

（三）码头线长度

码头线的长度，要根据可能同时停靠码头的船长与船舶之间的安全间距来确定。

（四）港口陆域高程

港口陆域高程根据设计高水位加超高值来确定，要求在高水位之时不淹没港区。为了降低工程造价，在确定港口陆域高程之时，应当尽量考虑港区挖、填方量的平衡。港区扩建或改建之时，码头的前沿高程应当与原港区后方陆域高程相适应，以利于公路与铁路车辆的运行。同一作业区的各个码头，通常是采用同一高程的。

（五）港口水工建筑物

港口水工建筑物，一般包括防波堤、码头、修船与造船水工建筑物。进出港船舶的导航设施（航标、灯塔等）与港区护岸，也属于港口水工建筑物。港口水工建筑物的设计，除了应当满足一般的强度、刚度、稳定性（包括抗地震的稳定性）与沉陷方面的要求之外，还应当特别注意波浪、水流、泥沙、冰凌等动力因素对于港口水工建筑物的作用，以及环境水（主要是海水）对于建筑物的腐蚀作用，并且要采取相应的防冲、防淤、防渗、抗磨、防腐等措施。

1. 防波堤

防波堤是位于港口水域的外围，用以抵御风浪、保证港内有平稳水面的水工建筑物。突出水面伸向水域与岸相连的称为突堤，立于水中与岸不相连的称为岛堤，堤头外或两堤头间的水面称为港口口门。口门数与口门宽度，应当满足船舶在港内停泊、进行装卸作业之时水面稳静及进出港航行安全、方便各方面的要求。

有时，防波堤也兼用于防止泥沙与浮冰侵入港内。防波堤的内侧常兼作码头。防波堤的堤线布置形式，有单突堤式、双突堤式、岛堤式与混合式。为使水流归顺，防止泥沙侵入港内，堤轴线常布置成为环抱状。防波堤按照其断面形状及对于波浪的影响，可以分为斜坡式、直立式、混合式、透空式、浮式以及配有喷气消波设备与喷水消波设备的防波堤等多种类型。一般情况下，多采用前三种类型。

（1）斜坡式防波堤

斜坡式防波堤常用的形式，有堆石防波堤与堆石棱体上加混凝土护面块体的防波堤。斜坡式防波堤对于地基承载力的要求比较低，可以就地取材；施工比较简易，不需要用大型起重设备，损坏之后易于修复。波浪在坡面上破碎，反射会比较轻微，消波的性能比较好。一般适用于软土地基。缺点是材料的用量大，护面块石或人工块体因为重量比较小，在波浪的作用下容易滚落走失，需要经常修补。

（2）直立式防波堤

直立式防波堤可以分为重力式与桩式。重力式一般是由墙身、基床与胸墙所组成，墙身大多是采用方块式沉箱结构，靠建筑物本身的重量保持稳定，结构坚固耐用，材料的用量少，其内侧可以兼作码头，适用于波浪及水深都比较大而地基较好的情况。缺点是波浪在墙身前反射，消波的效果比较差。桩式一般是由钢板桩或大型管桩构成连续的墙身，板桩墙之间或墙后填充块石，其强度与耐久性较差，适用于地基土质较差并且波浪比较小的情况。

（3）混合式防波堤

混合式防波堤采用比较高的明基床，是直立式上部结构与斜坡式堤基的综合体，适用于水比较深的情况。目前，防波堤的建设已经日益走向深水，大型深水防波堤大多采用沉箱结构。在斜坡式防波堤上部与混合式防波堤下部，采用人工块体的类型也在日益增多，消波性能越来越好。

2. 码 头

码头是供船舶停靠、装卸货物与上下旅客的水工建筑物。广泛采用的是直立式码头，便于船舶停靠与机械直接开到码头的前沿，以此来提高装卸效率。内河水位差较大的地区，也可以采用斜坡式码头，斜坡道前方设有趸船作为码头使用；这种码头由于装卸的环节多，机械难于靠近码头的前沿，装卸的效率低。在水位差较大的河流、湖泊与受天然或人工掩护的海港港池内，也可以采用浮码头，借助活动引桥将趸船与岸连接起来，这种码头一般用作客运码头、卸鱼码头、轮渡码头以及其他辅助码头。

码头的结构形式，有重力式、高桩式与板桩式。主要是根据使用要求、自然条件与施工条件综合考虑来确定。

（1）重力式码头

靠建筑物自重与结构范围的填料重量来保持稳定，结构的整体性好，坚固耐用，损坏之后易于修复，有整体砌筑式与顶制装配式，适用于土质比较好的地基。

（2）高桩码头

高桩码头由基桩与上部结构所组成，桩的下部打入土中，上部高出水面，上部结构有梁板式、无梁大板式、框架式与承台式等。高桩码头属透空式结构，波浪与水流可以在码头平面以下通过，对于波浪不发生反射，不影响泄洪，并且可以减少淤积，适用于软土地基。近年来广泛采用长桩、大跨结构，并且逐步用大型预应力混凝土管柱或钢管柱，来代替断面比较小的桩，而成为管柱码头。

（3）板桩码头

板桩码头由板桩墙与锚碇设施所组成，并且借助于板桩与锚碇设施承受地面、使用荷载与墙后填土产生的侧压力。板桩码头结构简单，施工速度快，除了特别坚硬或过于软弱的地基之外，都可以采用，但是结构的整体性与耐久性比较差。

3. 修船与造船水工建筑物

有船台滑道型与船坞型两种。待修的船舶通过船台滑道被拉到船台上，修好船体水下部分以后，沿着相反的方向下水，在修船码头进行船体水上部分的修理与安装或更换船机设备；新建船舶在船台滑道上组装并且油漆船体水下部分之后下水，在舰装码头安装船机设备与油漆船体的水上部分。

Section 2

第二节　港口物流

一、港口物流的概念

港口是海洋运输的起点与终点。在整个运输链当中，港口总是以其最大的集散功能，来解决地区之间、国家之间大批量货物的交易流通，从而在进行货物仓储、加工或其他商业活动当中，取得规模效益。现代港口为了适应现代物流服务之需求，拓展了服务功能，已经实现从传统货物转运场所到物流、商流、资金流、技术流、信息流全面大流通的汇集点的转变；从港口车船换装点到以港口为中心，以公、铁、水、空综合运输为特征的现代港口集疏运方式的转变。在目前，港口已经成为国际现代物流供应链的重要节点与物流流通通道之枢纽。

在物流活动当中，港口以其独特的地域、设备、装卸、仓储、信息与运输集聚的优势，为各种用户提供方便的运输、商务、保险、金融与信息服务；而各地的生产资源与商品通过港口的集散，加快了流通速度，发挥了物流流通的时效、成本与空间协同效应；港口也因此成为区域乃至国际性的商务与物流综合服务中心。

港口物流活动是随着港口经济的发展，依托于贸易的发展与技术的进步逐步形成的。港口因处于陆运与水运两大运输系统的结合点上，在现代物流体系的发展当中，具有对各种物流活动进行组织、协调、衔接及配送、仓储、保税、通关、加工等流程服务的优势，成为现代物流业的桥头堡与国际贸易的重要服务基地以及货流分拨配送中心。因此，现代国际港口自然地发展成为国际物流中心。实现港口物流化，将功能单一的传统港口发展成为物流园区或物流中心，是现代港口建设与发展的一个重要方向。

港口物流是最近几年才常常出现在学术研讨与各类媒体上的新名词。港口物流是指中心港口城市利用其自身的口岸优势，以先进的软硬件环境为依托，强化其对于港口周边物流活动的辐射能力，突出港口集货、存货、配货特长，以临港产业为基础，以信息技术为支撑，以优化港口资源整合为目标，发展具有涵盖物流产业链所有环节特点的港口综合服务体系。港口物流是特殊形态之下的综合物流体系，作为物流过程当中一个无法替代的重要节点，完成整个供应链物流系统当中基本的物流服务与衍生的增值服务。

二、中国港口物流的特点

（一）功能进一步拓展

中国港口物流的功能，在原有的装卸、搬运、仓储等基础上，有了新的拓展，服务内容也在不断地增加。值得注意的是，中国港口物流正在逐步为客户提供个性化的全程物流服务，比如，为客户提供大件运输设计、运输路径设计与配送路径设计等。

（二）设施设备不断改善

中国各大港口为了发展自身的港口物流，纷纷成立港口物流企业，依托于港口腹地广阔、设施完善与集疏运条件便利等优势，提升港口的竞争力。目前，中国大多数港口的物流企业，都配备有现代化的堆场、多式联运场站、物流仓储设施设备、装卸搬运设备、集装箱运输车辆、重大件运输工具、物流信息中心等。

（三）港口物流中心的发展

目前，中国港口物流中心的建设正在如火如荼地开展。物流中心可以通过各种方式联运，实现与腹地之间的连通，提供散货的存储加工，实现货物的堆存及各种物品的加工，以及散装货物长廊输送和水路运输、陆路运输的货运代理，为客户提供便捷的物流服务。

（四）信息功能逐步完善

中国的各大港口，都非常重视港口物流信息系统的建设，通过采用先进的通信技术、计算机网络技术与物流技术，将港口、海关、边检、海事等部门，与银行、保险等金融企业的信息系统相连，为制造、贸易、物流企业与船代、货代、报关等中介机构，提供贸易、采购、物流、仓储、电子通关等“一条龙”服务。

三、港口物流的基本功能

在现代港口物流不断发展的进程当中，其基本功能正在从单一的装卸、仓储、运输等活动的基础上，逐步地拓展与完善，依托于现代港口通过其自身区位优势与由此衍生出来的诸多功能，向着效率更高、成本更低、服务更具人性化的目标发展。现代港口物流活动的功能，主要包括以下几方面。

（一）运输、中转功能

运输与中转是港口物流的首要功能。在现代港口物流活动当中，运输是构成供应链服务的中心环节。运输功能主要体现在货物的集疏运方式上，包括公路运输、铁路运输、水路运输以及不同运输方式之间的转运，是一种能够对港口内外腹地具有辐射服务的运输网络。

（二）装卸搬运功能

装卸搬运是港口物流实现运输、中转等功能的必需活动。装卸搬运是影响货物流转速度的基本要素。专业化的装载、卸载、提升、运送、码垛等装卸搬运机械，能够提高装卸作业的效率。

（三）仓储功能

仓储功能是指转运与库存的功能。具体包括各种运输方式转换的临时库存，以及为原材料、半成品提供的后勤储存与管理服务。进出港口的货物品类繁多，对于仓储条件的需求也各不相同，因此港口物流要求仓储设施齐备，才能够满足不同货物储存转运的需要。

（四）堆场功能

集装箱堆场是现代港口不可缺少的一个部分。其服务主要包括备用箱储存管理、提箱及还箱服务、重箱堆存、集装箱货物检查以及拆拼箱。

（五）配送功能

港口物流配送，是将运输、仓储、装卸、加工、整理、配送、信息等各方面有机地结合，形成与港口有关的完整供应链，为用户提供多功能、一体化的综合服务。港口物流配送服务应当有功能比较强的配送系统，同时，由于港口物流的配送范围比较广，运输路线长，业务复杂，因此需要配有相应的管理与调度系统。

（六）流通加工功能

流通加工的主要目的，在于方便生产或销售。港口不仅需要与固定的制造商或分销商进行长期合作，为制造商或分销商完成一定的加工作业，而且必须具备基本的加工功能，比如贴标签、制作并且粘贴条形码等。

（七）信息处理功能

信息处理已经成为港口进行物流运作必不可少的功能之一。港口物流要对大量的、不同种类的、不同客户的、不同流向的货物，进行管理、仓储、加工、配送，需要有很强的信息处理能力。港口物流通过利用港口的信息资源与通信设施以及EDI网络，为用户提供市场与决策信息，其中，主要包括物流信息处理、贸易信息处理、金融信息处理与政务信息处理等。港口信息化的程度越好，港口物流的效率就会越高。

（八）保税性质的口岸功能

口岸功能，是在区域或部分区域实现保税（海关监管）区的功能，并且设有海关、检验检疫等监管机构，为客户提供方便的通关验放服务。

（九）其他的服务功能

港口物流还应当具备其他一些辅助功能，比如，接待船舶、船舶技术供应，燃料、淡水、一切船用必需品、船员的食品供应，集装箱的冲洗，引航、船舶修理，天气恶劣之时船舶的隐避、海难的救助等。

随着港口物流的不断发展，其功能将会更为广泛。港口物流服务在不断地以港口为中心向内陆扩展，为客户提供方便的商业与金融服务等综合服务，朝着提供全方位增值服务的方向发展着。

四、中国港口物流的发展

（一）中国港口发展的历史沿革

中国水运源远流长，从新石器时代到封建王朝，再到新中国成立，中国港口拥有着自己的历史脉络。早在新石器时代，先人们便已经在天然河流上广泛地使用独木舟和排筏。从浙江河姆渡出土的木桨，证明在距今7000多年以前，中国东南沿海的“人类”已经学会使用木桨出海渔猎。到了春秋战国时期，水上运输已经十分频繁，港口应运而生，当时已经有渤海沿岸的碣石港（今秦皇岛港）。

汉代时期，广州港以及徐闻、合浦港，已经与国外有了频繁的海上通商活动。长江沿岸的扬州港，兼有海港和河港的特征，到唐朝时期已经是相当发达的国际贸易港。广州、泉州、杭州、明州（今宁波），是宋代的四大海港。

鸦片战争之后，列强利用炮舰强行打开了中国国门，一系列不平等条约的签订，使得沿海海关与港口完全被外国人控制，内河航行权丧失殆尽。港口长期受制于外来势力，成为帝国主义掠夺我国资源财富的桥头堡。在新中国成立之前，中国的港口几乎处于瘫痪状态，全国（除台湾省）仅有万吨级的泊位60个，码头岸线总长仅为2万多米，年总吞吐量只有500多万吨，多数港口处于原始状态，装卸仅靠人抬肩扛。

新中国成立之后，中国的水运和港口业开始获得新生，先后经历了以下五个不同的发展时期。

1. 中国港口建设的第一个发展时期，是新中国成立初期的20世纪50年代至70年代初。帝国主义的海上封锁，加上我国的经济发展是以内地为主，交通运输主要依靠铁路，导致海运事业的发展缓慢。这一阶段港口的发展，主要是以技术改造、恢复利用为主。在此时期，沿海港口平均每年只增加一个深水泊位，其中大多都是由小型泊位改造而成的。

2. 中国港口建设的第二个发展时期，是20世纪70年代。随着中国对外关系的发展，对外贸易迅速扩大，外贸海运量猛增，沿海港口的货物通过能力开始显得不足，船舶压港、压货、压车情况日趋严重，周恩来总理于1973年年初发出了“三年改变我国港口面貌”的号召，中国开始了第一次建港高潮。从1973年至1982年，全国共建成深水泊位51个，新增吞吐能力1.2亿吨，并且首次自行设计建设了中国大连5万、10万吨级原油出口专用码头。在这一时期，造就与锻炼了中国港口建设队伍，为日后港口的发展奠定了较好的基础。

3. 中国港口建设的第三个发展时期，是20世纪70年代末至80年代。中国的经济发展进入一个新的历史时期，中国政府在“六五”计划当中将港口列为国民经济建设的战略重点，从此港口进入了第二次建设高潮，港口建设步入了高速发展阶段。

在“六五”期间共建成54个深水泊位，新增吞吐能力1亿吨。经过五年的建设，中国拥有的万吨级泊位港口，由1980年的11个增加到1985年的15个，1985年完成吞吐量3.17亿吨。“七五”期间为沿海港口建设40年发展最快的五年，共建成泊位186个，新增吞吐能力1.5亿吨。其中，深水泊位有96个，比新中国成立后30年建成的总和还要多，共建成煤炭泊位18个，集装箱码头3个，以及装卸矿石、化肥等具有世界先进水平的大型装卸泊位。拥有深水泊位的港口已经发展到20多个，年吞吐量超过1000万吨的港口有9个。

4. 中国港口建设的第四个发展时期，为20世纪80年代末至90年代。随着改革开放政策的推行和实施，以及国际航运市场的发展变化，中国开始注重泊位的深水化、专业化建设。

为了适应社会主义市场经济发展的深化，又出现了第三次建港高潮。建设重点是处于中国海上主通道的枢纽港，以及煤炭、集装箱、客货滚装船三大运输系统的码头。至1997年年底，全国沿海港口共拥有中级以上泊位1446个，其中深水泊位553个，吞吐能力为9.58亿吨，是改革开放之初的4倍。完成的吞吐量，由1980年的3.17亿吨增长到1997年的9.68亿吨。基本形成了以大连、秦皇岛、天津、青岛、上海、深圳等20个主枢纽港为骨干，以地区性重要港口为补充，中小港适当发展的分层次布局框架。

与此同时，与港航相配套的各种设施、集疏运系统、修造船工业、航务工程、通信导航、船舶检验、救助打捞系统，都已经基本齐备，还建设了具有相当规模与水平的水运科研设计机构、水运院校与出版部门，初步形成了一个比较完整的水运营运、管理、建设与科研体系。

5. 中国港口建设的第五个发展时期，是20世纪90年代末至21世纪初期。截至2017年5月，中国已经与“一带一路”沿线的36个国家及欧盟、东盟分别签订了双边海运协定（河运协定），协定内容均已得到落实，双方给予对方国家船舶在本国港口服务保障和税收方面的优惠。此外，还成立中国—中东欧海运合作秘书处，在华设立国际海事组织亚洲技术合作中心。建立中国—东盟海事磋商机制、中国—东盟港口发展与合作论坛、中国—马来西亚港口联盟等。

随着“一带一路”建设的全面展开，我国港口将迎来新的发展契机和历史使命。2017年5月，“一带一路”国际合作高峰论坛召开之际，作为共建“一带一路”倡议的发起者，中国发布《共建“一带一路”：理念、实践与中国的贡献》指出，“六廊六路多国多港”是共建“一带一路”的主体框架，为各国参与“一带一路”合作提供了清晰的导向。其中“多港”是指若干保障海上运输大通道安全畅通的合作港口，通过与“一带一路”沿线国家共建一批重要港口和节点城市，进一步繁荣海上合作。①

（二）中国港口物流发展的现状

中国拥有1.8万千米的海岸线，11万千米的内河航道，承担着9%的国内贸易运输与85%以上的外贸货物运输，沿海沿江有1460多个商港，上海、大连、天津、秦皇岛、宁波、青岛、广州、深圳八大港口，货物吞吐量都超过亿吨，加上香港、高雄，我国的亿吨大港已经占据世界亿吨大港的半壁江山，其中上海超过3亿吨，成为世界第三大港。经济全球化使得世界各国的经济活动密切相关，在国与国经济活动日益频繁的情况之下，技术、资金、人力资本、管理思想也开始在全球范围内流动或传播，也因此涌现出了发展中国家的“后发优势”。

①新华社. 书写新世纪海上丝绸之路新篇章——习近平总书记关心港口发展纪实[R].（2017-7-5）[2017-7-5]. http://www.xinhuanet.com/politics/2017-07/05/c_1121270327.htm。

中国的港口物流发展，曾经一度远远落后于世界上其他航海国家（如荷兰、西班牙、葡萄牙等国）的港口物流水平。港口物流成为一个新的经济增长点。技术、理念的引进使得我国的港口物流业发展迅速。根据物流业发展的专业化、规模化、智能化、国际化要求，依托于我国港口的天然优势，各地纷纷建设起了一批批具有相当规模与综合服务功能的物流基地和物流园区。

比如，上海港提出了“大通关”工程，加快外高桥物流基地的建设，改善港口软硬件服务环境，积极开发货物分类、包装、加工、配送等新的服务领域，使得港区的辐射功能与综合服务功能不断得到提升。深圳港吸引外资建设码头基础设施，同时引进了先进的管理思想与技术手段，开发港口物流园区。天津港、青岛港、大连港等，也都加大了对现代物流港口的建设力度，正在积极地向现代化物流型港口转型。

目前，在地方政府的积极推动之下，各地的物流园区与各类货运枢纽、场站建设稳步推进，港口物流的集聚与辐射功能进一步增强，成为各区域内的经济增长极。主要物流企业基地建设在全面地提速，物流园区的运营初见成效。

随着物流技术的推广应用与快速升级，港口货物运输的基础设施建设、信息化水平与服务体系建设，成为我国现代港口物流发展的重点任务。现代港口已经不再是传统意义上的水陆交通枢纽，而成为支持世界经济、国际贸易发展的国际大流通体系的一个重要组成部分，成为连接全世界生产、交换、分配与消费的中心环节，现代物流逐步成为现代港口的重要发展方向。

目前，港口已经成为我国对外开放的门户与窗口。按照2010～2020年中长期港口的发展规划，对长三角、环渤海、华南和东南沿海、西南沿海四大区域经济的港口资源进行整合，加快上海国际航运中心20个枢纽港的建设，提高码头泊位大型化与专业化水平，增加长江口等出港航道的水深，促使港口成为国际物流的核心枢纽。

（三）五大港口群

1. 长江三角洲港口群

长江三角洲港口群的建设重点为上海、宁波—舟山、苏州以及由南京、连云港等港组成的集装箱运输系统。以宁波—舟山、连云港为重点，相应地发展上海、南通、苏州、镇江与南京等港的进口矿石、原油接卸及中转系统。

2. 珠三角港口群的建设

珠三角港口群的建设要在巩固香港国际航运中心地位的同时，重点以深圳与广州港为主，相应地发展汕头、珠海、中山等港的集装箱运输系统；以惠州、深圳、珠海等港的进口原油与成品油气接卸码头为主，相应地发展广州、东莞等港的成品油气中转运输系统。

3. 渤海湾港口群的建设

渤海湾港口群的建设重点是以大连、天津和青岛港为主，相应地发展丹东、营口、锦州、秦皇岛、唐山、沧州、烟台、日照等港的集装箱运输系统；发展以大连、唐山、天津、青岛和日照港为主的进口矿石中转系统；发展以大连、天津、青岛港为主的进口原油中转系统；发展以秦皇岛、唐山、天津、沧州、青岛、日照港为主的煤炭装船系统。

4. 东南沿海港口群的建设

东南沿海港口群的建设重点主要是以厦门港为干线港，相应地发展福州、泉州、莆田、漳州等支线港的集装箱运输系统；发展以泉州港为主的进口石油、天然气接卸系统。

5. 西南沿海港口群的建设

西南沿海港口群的建设主要是以湛江、防城、海口等支线港所组成的集装箱运输系统；发展由湛江、海口、广西沿海等港所组成的进口石油、天然气中转储运系统。

五、港口物流的发展趋势

世界港口的发展，大体经历了三代。第一代港口功能定位为纯粹的“运输中心”，主要提供船舶停靠、海运货物的装卸、转运与仓储等服务；第二代港口的功能定位为“运输中心+服务中心”，除了提供货物的装卸仓储等服务，还增加了工业与商业活动，使得港口具有了货物的增值功能；第三代港口功能的定位为“国际物流中心”，除了作为海运的必经通道，在国际贸易当中继续保持有形商品的强大集散功能，并且进一步提高有形商品的集散效率之外，还具有集有形商品、技术、资本、信息的集散于一体的物流功能。

在目前，世界主要港口中第二代港口仍然是发展的主流，但是随着经济全球化、市场国际化与信息网络化，一些大型港口已经开始向第三代港口转型。在港口物流的发展过程中，港口物流的发展轨迹是一个由成本理念到利润理念，再到综合物流服务理念的过程。成本理念的追求为降低物流总成本，利润理念的追求为获取最大利润，而综合物流服务的理念除了追求商品自然流通的效率提升与费用降低之外，还要强化为客户服务的意识。切实地转换经营与管理方式，按照现代物流的要求进行整合，以客户为中心进行管理与控制，提供完善的物流服务。

（一）鹿特丹港模式

鹿特丹港位于莱茵河与马斯河入海的三角洲，濒临世界海运最繁忙的多佛尔海峡，是荷兰与欧盟的货物集散中心，有着“欧洲门户”之称。目前，该港的年吞吐量拥有超过5亿吨的纪录，当之无愧地居于世界第一大港的地位。鹿特丹港口物流的发展经验与模式，具体分析包括以下各项。

1. 多样化的集装箱运输形式

鹿特丹港拥有欧洲最大的集装箱码头，装卸过程完全用电脑控制，集装箱的装卸量已经超过320万箱。鹿特丹的集装箱运输形式，主要有公路集装箱运输、铁路集装箱运输与驳船集装箱运输。

2. 港城一体化的国际城市

鹿特丹作为重要的国际贸易中心与工业基地，在港区内实行“比自由港还自由”的政策，是一座典型的港城一体化国际城市，拥有着多家国际贸易公司，还拥有一条包括炼油、石油化工、船舶修造、港口机械、食品等部门在内的临海沿河工业带。

3. 现代化的港口建设

鹿特丹港以新航道为主轴，港池多采用挖入式，雁列于主航道的两侧。按照功能，分设干散货、集装箱、滚装船、液货及原油等专用与多用码头，实行“保税仓库区”制度，构成由港口铁路、公路、内河、管道与城市交通系统以及机场连接的集疏运系统。

4. 功能齐全的配送园区

鹿特丹港在货物码头与联运设施的附近，大力规划建设物流园区，其主要功能包括拆装箱、仓储、再包装、组装、贴标、分拣、测试、报关、集装箱的堆存修理，以及向欧洲各收货点配送等，发挥港口的物流功能，提供一体化服务。

5. 不断创新的管理机制

鹿特丹港务管理局在不断地进行功能调整，由先前的港务管理功能向物流链管理功能转变，继续扩大港口区域，尝试使用近海、驳船与铁路等运输方式，加强对物流专家的教育与培训，建设信息港，发展增值物流。

（二）安特卫普港模式

安特卫普港位于比利时北部斯海尔德河的下游，距离北海约80千米，是欧洲第二大港、世界第四大港，港口接近欧洲主要生产与消费中心，吞吐量的一半为转口贸易，是欧洲汽车、纸张、新鲜水果等产品的分拨中心，几乎100%是国际运输。其港口物流发展的经验与模式，具体分析包括以下各项。

1. 完善的交通网络

安特卫普港与世界上100多个国家和地区，都建立了贸易关系，多条班轮航线和世界上多个港口相连，水运和以密集的高速公路、铁路为核心的陆运相衔接，形成了完善的交通运输网络。

2. 良好的硬件设施

安特卫普港拥有汽车、钢材、煤炭、水果、粮食、木材、化肥、纸张、集装箱等专业码头，备有各式仓库与专用设备，建有炼油、化工、石化、汽车装备与船舶修理等工业开发区。

3. 现代化的信息服务

安特卫普港拥有现代化的EDI信息控制与电子数据交换系统，使用“安特卫普信息控制系统”（APICS）。私营行业还建立了“安特卫普电子数据交换信息系统”（SEAGHA），并且与海关使用的“SADMEL系统”，以及比利时铁路公司使用的“中央电脑系统”等其他的电子数据交换网相连。

（三）香港港模式

香港港口物流发展的经验与模式，具体分析包括以下各项。

1. 发挥自身特点，利用独特的地理优势

香港以中国内地，特别是经济发达的珠江三角洲为腹地，充分发挥自身特点。依托于中国内地，连接欧美，面向东南亚，重点做好占其港口吞吐量83%以上的转口贸易中的中转货运物流，将香港建设成为虚拟供应链控制中心，使得香港物流业的覆盖面遍及整个内地。

2. 建设基础设施，提供良好的发展条件

香港是世界上最大的集装箱港口，其港口的基础设施建设投入大、起点高，先进的港口设备堪称世界一流，其物流运作的速度和效率也是首屈一指。

3. 政府扶持，创造优越的发展软环境

香港特区政府一直重视物流业的发展，提出要将香港建成国际及地区首选的运输及物流枢纽中心。香港成立了物流发展督导委员会与香港物流发展局，强化与港口物流相匹配的服务功能，健全法律制度，提供金融与保险等一系列的物流援助或服务、快捷高效的海关通关服务等。

4. 重视人才，提高物流的管理水平

香港与大学和教育机构密切合作，培养一流的港口物流操作与管理人才，同时通过建立全球公认的公务员廉洁制度，提高港口物流从业人员的全员素质，从而提供优质的物流服务。

（四）新加坡港模式

新加坡港是亚太地区最大的转口港，也是世界最大的集装箱港口之一。该港扼太平洋及印度洋之间的航运要道，已经发展成为国际著名的转口港。据新加坡港官网介绍，新加坡港已经成为世界上最为繁忙的港口，共开辟有250多条航线，与世界上80个国家和地区的130多家船公司有业务往来，平均每12分钟就有一艘船舶进出，在一年之内，相当于世界现有货船都在新加坡港停泊了一次，所以新加坡港有着“世界利用率最高的港口”之称。

新加坡港的物流分工明确，集约经营。港区内设有三个配送中心：Pasir Panjang、Sembawang Wharves与Keppel Distripark。其中Keppel Distripark是港区内最为便捷的集装箱配送中心，主要提供拆拼箱、运输以及货物测量、贴牌与包装等服务，先进的KDnet系统能够帮助货主实时了解货物在集装箱堆场内的详细存放情况；Sembawang Wharves为散货分拨中心，主要是处理汽车、钢材与重型设备等货物；Pasir Panjang则为专业的汽车转运中心。

其港口物流发展的经验与模式，具体分析包括以下各项。

1. 以新加坡港口为代表的各方共同管理模式

各方共同管理模式，是世界上最为普遍的港口管理模式，是实行政府与国有企业管理模式的港口改革发展方向，也可以称为港口的民营化。在该种模式之下，政府、国有企业、私人企业共同进行港口的投资建设与经营管理，其特点是打破了原先由国家或政府单独管理港口的模式，能够有效地克服政府直接参与港口管理的种种弊端，从而提高港口的运行效率。

港口股份制改革极大地带动了新加坡港口的发展：港口企业员工的服务意识增强，服务质量有所提高；企业集团加强了对国外的投资力度；提高了港口运行效率并且降低了成本。新加坡港口的股份制与政府投资制度、中央管理制度、自由港政策，一同巩固了新加坡港的国际航运中心地位。

2. 新加坡港口物流运作模式——供应链型与联合型物流中心模式

供应链型物流中心模式的含义为：由港口物流企业与航运物流企业共同组建物流中心，利用各自在供应链不同位置的优势，分工合作，共同投资建成紧密型物流集团。或者是由同一大型集团公司，同时经营物流与航运两个供应链环节。

联合型物流中心模式的含义为：由港口与保税区，或者与所在城市共同组建的物流中心进行经营。

由于供应链型与联合型物流中心模式最先是由新加坡港创造与发展的，所以也可以称为新加坡港物流运作模式。

该模式主要有以下几个特点：第一，实行自由港政策；第二，政府负责港口基础设施的建设；第三，物流管理分工明晰，集约经营；第四，积极培育港口物流链；第五，物流运作与管理高度现代化；第六，物流服务的形式多样化。

3. 新加坡港——交通枢纽型港口

新加坡港处于国际航线的交通枢纽地位，因而方便与国内外各地区的经济联系及运输服务，其得天独厚的区位优势，大大拉动了新加坡港口物流的发展，属于典型的交通枢纽型港口。由服务型企业、加工型企业、第三方物流企业所构成的腹地经济，十分发达，并且有着便捷的对外交通条件，畅通的公路网连接港口，高效的海运铁路联运网，和四通八达的航线网，能直接将集装箱运往内陆城市。

在硬件设施方面，具备完善的港口硬件设施，有大型的集装箱码头，有着良好的技术装备，有着专供货物装卸、存储、中转的起重与运输设施、仓库和货场；在服务特色方面，新加坡港提供了良好的通关条件、优质的服务体系，以及与国际接轨的政策氛围。

（五）当前港口物流发展的特点与趋势

通过上述四大港口发展经验与模式可以看出，向着国际化、规模化、系统化发展，形成高度整合的“大物流”、进一步拓展服务功能的“增值物流”、打造技术密集型的“智能港”，以及发展“虚拟物流链控制中心”，是当前港口物流发展的主要特点与趋势。

港口物流是一个综合体系，包括信息化、自动化、网络化等层面的内容。港口物流有很多新的理念在发展。港口物流的发展具有以下四方面的发展趋势。

1. 整体化

当今全球经济一体化趋势日趋明显，物流也在朝着集约化、规模化、整体化的方向发展着。因此，对于现在的港口物流，要有一种整体的系统观念，不能仅仅关注港口的运作，更多的是以港口为平台，辐射到与港口贸易有关的各方面，既要进行港口物流产业内部的整合，也要与陆路、航空运输进行全方位的合作。通过联合规划形成一个通畅的运输渠道，从而进一步降低物流成本，提高效率。

2. 一体化

港口物流的服务功能将会进一步拓展，充分依托港口附近的物流园区开展“一体化”的物流服务。开展腹地运输、拆装箱、报关、报验、包装、质量控制、库存管理、订货处理与开具发票等增值服务；提供金融、保险等方面的服务；提供货物在港口、海运及其他运输过程当中的最佳物流解决方案。

3. 高科技化

高科技在港口物流当中的应用力度加大，各种先进的技术，比如条形码技术、自动识别技术、自动分拣技术、卫星定位技术、自动仓库、集装箱电子识别技术、物流仿真技术、辅助决策技术等，将会在港口物流领域广泛地应用，使得港口物流从传统的劳动密集型向着技术密集型转变，逐步实现“传统港”向着“智能港”转变，实现物流运作方式现代化，物流工艺合理化，物流设备自动化、电气化，从而全面提升港口物流的竞争力。

4. 信息化

港口物流以港口物流信息平台的的建设为支撑，形成了四通八达的信息网络，可以缩短信息的交换时间，提高作业的效率。此外，还可以发展电子商务，提供网上报关、报检、许可证申请、结算等网上服务。通过无形的信息网络，拓展了腹地范围，还可以达到信息共享。因此，那些可以提供良好信息与通信技术基础设施的港口，在未来的竞争当中会更能显示出自身优势。

复习思考与讨论

1. 简述港口的概念。
2. 简述港口的分类。
3. 简述港口的组成。
4. 港口的技术特征有哪些?
5. 简述港口物流的概念。
6. 港口物流有哪些特点?
7. 港口物流的基本功能有哪些?
8. 我国港口物流的发展过程是怎样的?
9. 港口物流的发展趋势是怎样的?

CHAPTER 2

第二章

港口物流的发展模式与战略

本章学习目标

1．港口的管理模式

2．港口物流的运作模式

3．港口物流的发展战略

4．港口物流发展的指导思想

5．港口物流发展的基本原则

6．港口物流发展的战略目标

本章核心内容

私人企业经营管理模式　政府机构与国营企业经营管理模式

各方共同经营管理模式　港口物流的运作模式

共同出资型物流中心模式　独立型物流中心模式　物流自动化

物流信息化　供应链型与联合型物流中心模式　自由港政策

集约化经营　观念创新　技术创新　体制创新　人才创新

可持续发展观　统筹规划、合理布局原则

积极与国际接轨原则　科技兴港原则　港口物流发展战略

Section 1

第一节　港口物流的发展模式

港口物流的发展模式，由港口管理模式与港口物流运作模式所构成，港口管理模式为基础，是港口物流运作模式的根本制约因素。

一、港口的管理模式

在目前，世界上典型的港口管理模式，可以分为三种，包括私人企业经营管理模式、政府机构与国营企业经营管理模式、各方共同经营管理模式。

（一）私人企业经营管理模式

私人企业经营管理模式，是指港口的基础设施投资建设以及营运管理，都归属于私人企业的管理模式。

世界上完全由私人经营管理的港口并不多，比较有代表性的是香港港。香港的港口设施几乎全都由私人投资建设与经营管理，其集装箱码头完全遵循自由港政策。在这里以葵涌码头为例，该码头的19个集装箱泊位分别由和记黄埔、美国海陆、韩国现代与中远（与和记黄埔合营）这四家公司经营，港口私营企业的业务经营也极少会受到政府的干涉，完全实行市场化，自主定价。私人经营管理模式的主要特点，是经营管理市场化、效率高，但是由于私人企业资本规模与港口投资经营所需资本的规模存在着巨大差距，因此这种模式会在一定程度上制约港口的长期投资与规划发展。

（二）政府机构与国营企业经营管理模式

政府机构与国营企业经营管理模式下的港口归属于国家，港口的投资建设与经营管理，也都是由政府机构和国营企业负责。

在此种经营模式之下，由于港口企业缺少自主经营权与财产权、有效的竞争与监督机制等原因，港口往往会存在投资浪费、服务质量不好、效率低下等问题，既给国家造成了极大的财政负担，又影响到了港口的经营效率与竞争力。因此，完全由政府机构与国营企业经营管理的港口数量并不多，尤其是在欧美发达国家更少。目前，采用该模式的港口也都在进行着体制改革，逐步地向着多元化投资经营主体的模式转变。

（三）各方共同经营管理模式

在各方共同经营管理模式之下，港口的投资建设与经营管理由政府、国营企业、私人企业共同进行。

这种模式既是世界上最普遍的港口经营管理模式，也是实行政府与国营企业经营管理模式港口改革发展的方向和趋势。这种趋势又被称为港口的商业化，其特点主要是打破了由国家或政府经营管理港口的单一模式，尽量减少政府直接参与。

在目前，日本、新加坡等国的港口经营都属于这种模式。以新加坡港为例，在1997年进行港口管理体制改革、实行商业化之前，新加坡港实行的为政企合一的管理体制，港务局不仅履行部分行政管理职能，并且还直接经营港口装卸、仓储等业务。改革之后，原港务局分为新加坡海运与港口局和新加坡港务集团，新加坡海运与港口局主要处理港口和海运方面的管制及技术问题，新加坡港务集团则主要履行港口的投资、经营管理职能。

商业化改革为新加坡港口带来了巨大的效益，不仅增强了企业职工的服务意识，进而降低了经营成本与提高了经营效率，而且增加了企业的海外投资，巩固了新加坡港在国际航运中的优势地位。

二、港口物流的运作模式

在港口管理模式的大背景之下，经过长期的摸索与实践，目前世界上形成了四种典型的港口物流运作模式。

（一）鹿特丹港物流运作模式——地主型物流中心模式

鹿特丹港物流运作模式，简单说来可以称为地主型物流中心模式。在此种模式之下，港口管理局拥有很大的经营管理自主权与土地使用权，统一进行港口地区的码头设施、临港工业以及其他设施的用地管理。通常是由港口管理局拿出一部分仓库与堆场，开辟为公共型港口物流中心，但是其只负责管理与提供基础设施和配套服务，本身并不直接参与物流中心的经营。

在物流中心建成之后，再由港口管理局有重点地选择业务基础牢固、信誉好的物流经营方加盟，逐步吸纳工商企业加入物流中心，使其将原材料采购、配送等职能交由物流中心负责，参与供应链管理。地主型物流中心模式，代表着当今世界港口物流发展的一大方向。除了鹿特丹港口外，目前美国的纽约新泽西港、巴尔的摩港，德国的汉堡港与法国的马赛港等世界著名港口，都采用了这种模式。具体说来，鹿特丹港物流运作模式主要包括以下几个特点。

1. 政府统一规划，企业自主经营

鹿特丹港的土地、岸线与基础设施的所有权，归属于鹿特丹市政府，市政府下设港务局，负责港口的开发建设与日常管理工作。港务局对于港区内的土地、码头、航道与其他设施，进行统一规划与投资开发，在港区内开辟专门的物流中心，重点引进与布局和港口相关的产业。私人企业以租赁方式来参与经营，一般只需要投资码头上部的机械设施、库场及其他一些辅助配套设施，从而使得更多的私人企业都能参与该港的经营。由于港区与物流中心实行一体化管理，鹿特丹港能够使港口的各项设施为物流中心的发展提供更好的服务。同时物流中心的发展，也能够进一步促进港口自身乃至区域经济的发展，从而使得二者互相促进、协调发展。

2. 配套设施完善，运作效率高

鹿特丹港配套设施完善。码头、堆场、仓库、装卸设备、环保设施、水陆空交通运输网以及各种支持保障系统，都非常完善。其拥有电子数据交换系统与自动化导航系统，港口的经营管理者文化、业务素质高，经验丰富，港口管理设备与操作手段高度现代化。采用集装箱电子扫描、整合电子数据交换系统，以及将物流公司作为简化增值税手续的“有限代表”等措施，令其能够以通畅快捷的海关服务，来确保港口货物的及时发送。与此同时，完善的水陆空腹地运输交通网，使得货物在24小时以内便可以送达以鹿特丹为中心、半径为500千米范围内的目的地。

3. 物流中心专业化、规模化

鹿特丹港成功的一个关键原因，是在有限的港口资源条件之下，建立与发展物流中心。该港早在1998年就建立了“配送园区”，发展专业化的物流服务，从而成为世界各港纷纷效仿的范例。目前，鹿特丹港港区及腹地设有Eemhaven、Botlek与Maasvlakte这三个专业化的大型物流中心。

Eemhaven物流中心的面积约为35万平方米，主要是提供大宗产品，比如木材、钢材等储存与配送服务；Botlek物流中心的面积约为105万平方米，是石油、化工产品专业配送中心；Maasvlakte物流中心的面积约为125万平方米，靠近港口码头，中心计划在欧洲建立配送中心与加强供应链控制的大型企业。

鹿特丹港务局还计划再增加55万平方米的物流中心区域，其中Botlek物流中心为15万平方米，Maasvlakte物流中心为40万平方米。这些物流中心一般靠近港口码头，以及铁路、公路、内河等运输设施，建设有与码头之间的专用运输通道，采用最先进的通信与信息技术，有着充足、熟练、专业的劳动力，可以提供物流运作的必要设备、场地、各项增值服务，以及海关的现场办公服务。

各物流中心一般都设有配送园区，这里的配送园区是许多企业在欧洲的配送中心，也是一个能使得小企业放心地将货物交付的，保证即时送货到全欧洲的物流服务商。

4. 与港口腹地工业形成物流链

港口工业已经成为鹿特丹港经济的重要组成部分，鹿特丹港约有50%的增长值来自港口工业，港口工业的雇员高达2万人。鹿特丹港是世界三大炼油基地之一，也是重要的化工工业基地，全球著名的炼油及化工企业如壳牌、埃索、科威特石油公司、阿克苏诺贝尔、伊斯特曼等，都在鹿特丹港设点落足。

港区拥有4个世界级精炼厂、30多个化学品与石化企业、4个工业煤气制造商、12个主要罐存与配送企业，炼油及化工业占据了港区面积48平方千米的60%左右。食品工业是另一个非常重要的工业类型，贸易、存储、加工以及运输公司全都集中在港区，联合利华、可口可乐等是其中一些代表。对于欧洲人而言，鹿特丹等于是他们位于海边的超市，他们可以在鹿特丹找到他们想要的所有东西。

5. 灵活的港口管理模式

鹿特丹港务管理局的传统任务，是发展、建设、管理并且经营港口与工业园区，实施高效、安全、便捷的船务运输管理。目前，面对新的挑战，鹿特丹港务局正在扮演着一个商业企业合作伙伴的角色，对于物流链进行战略性投资，以巩固鹿特丹港与工业园区的地位。其中一个典型的例子，便是鹿特丹枢纽港控股公司。该公司成立的目的，是使控股公司能够参与合资及商业合作，而无须事先征得市政委员会的同意，从而加快决策的进度，使其在非货物装卸业务领域以内的投资渠道能够更加有效。

鹿特丹枢纽港控股公司一方面要大力开发内陆码头建设与完善腹地交通网，另一方面是参与物流服务以及其他类型的港口产业，起到“产业互补”的功效，公司参与“捷克铁路码头”与“斯洛伐克铁路码头”项目、“欧洲环境技术中心”回收再生中心项目，便是这一政策的体现。随着新体制的形成，新的“鹿特丹枢纽港控股公司”投资结构的运作，将会更为有效，从而实现港口吞吐量的持续增长与港口产业结构的优化。

（二）安特卫普港物流运作模式——共同出资型物流中心模式

安特卫普港的物流运作模式，简单说来属于共同出资型物流中心模式，即为多方合资经营港口物流中心模式。这种模式通常是以港口作为依托，联合数家水、陆运输企业，或者以股份制形式组成现代物流中心，成为装卸、仓储、运输、配送、信息处理的统一体，开展“一条龙”“门到门”“架到架”的综合性服务。

这种模式的优点，是一方面可以解决港口资金缺乏的困难，另一方面通过与国内外先进的物流企业合作，更快地了解与掌握国际上现代物流中心的经营和管理技术以及运作方式。具体说来，安特卫普港物流的发展模式，主要包括以下各项特点。

1. 港务局与私营企业共同投资

与竞争对手鹿特丹港相对比，安特卫普在港口物流中心的建设过程当中，港务局的投资主要集中在港口基础设施方面，而物流、土地开发以及海运业务，则是由私营企业经营。多年来，安特卫普港务局预留了大批地块，用于发展港内斯海尔德河两岸的配送业务，因此可以说政府对于安特卫普港的物流开发作出了很大的贡献。截至2014年，安特卫普的物流供应商能够向用户提供的仓库面积达到480万平方米，并且仍然有潜力，尤其是正在开发当中的面积约为5809公顷的“左岸”地区。

2. 完善各项基础设施，为物流中心的发展提供条件

对于港口及港口物流的发展来说，最大的资源限制就在于土地，因此如何最大限度地利用有限的土地，便成为各港面临的一项课题。在安特卫普港，通过有效圈地与“左岸”扩建计划，不仅已经能够满足目前货物装卸单位的需求，而且保证了将来不会出现用地紧张的问题。除此之外，安特卫普港还有现代化的码头设施、庞大的仓储设备、优质的信息自检系统、自动化的装卸设备、高科技的电子数据交换与信息管理系统，以及完善的交通运输网络等，这些都为安特卫普港发展成为跨地区跨国的物流链中心节点，提供了良好的基础条件。

3. 大力发展临港工业，扩展腹地

广阔的市场是港口物流发展的重要推动力量，而市场的形成主要是依靠临港工业的发展与广大腹地的经济发展。安特卫普港以港区工业高度集中而著称，是比利时第二大工业中心，主要工业包括炼油、化学、汽车、钢铁、有色冶炼、机械、造船等。安特卫普港在目前已经建成全球最大的化工集群，成为仅次于休斯敦的世界第二大石化中心。安特卫普港腹地广阔，除了比利时之外，还有法国北部、马尔萨斯与洛林，卢森堡，德国萨尔州、莱茵—美茵河流域、鲁尔河流域及荷兰的一部分。这些地区经济发达，市场需求旺盛，极大地推动了安特卫普港物流的发展。

（三）香港港的物流运作模式——独立型物流中心模式

香港港的物流运作模式，归结起来属于独立型物流中心模式，即由港口企业自行组织专业化物流中心，利用港口的设施、人力与上下游业务关系，来开展物流业务的模式。这种模式的物流中心，注重建立港与港、口岸与口岸之间的沟通管道，通常是以港口为联结点，建立企业、城市、区域乃至全国性的现代物流服务网络体系，使得其从单一的装卸运输及仓储等分段服务，向着原材料、产成品到消费全程的物流服务转变。同时，通过加强港口货代、船代等方面的服务功能，建立能够提供一条龙服务的完善服务网络。

此外，目前香港也在大力发展网络型物流中心，即通过物流信息网络，开展电子商务，并且发展成电子物流中心，形成离岸贸易与远程物流。在下面，以葵涌港为例来介绍香港港物流运作模式的主要特点。

1. 物流企业行业相关度高

葵涌港物流企业行业相关度高，实行“一条龙”经营与“一体化”服务。以亚洲货柜物流中心为例，其中心大楼分为A、B座，A座为7层、B座为13层，是全球最大及首栋多层式货柜处理中心。亚洲货柜物流中心母公司环球货柜有限公司在香港拥有四个子公司，它们分别负责葵涌港3号码头的经营与管理、亚洲货柜物流中心的出租与管理、集装箱运输以及新业务拓展，四个分公司如同一个有机整体，互相补充，将分散的码头装卸、堆场、仓储、运输、包装等各环节的单一经营活动集中为“一条龙”经营，充分地发挥整体的竞争优势。

另外，该物流中心还充分地利用港口各项资源与设施，与海关等有关各方协作，为企业提供包括腹地运输、拆装箱、报关、报验、包装、质量控制、库存管理、订货处理与开具发票等在内的“一体化”物流服务。

2. 围绕主业提供多种增值服务

包括充分利用其国际金融中心的有利条件，为企业提供金融、保险等方面的服务，提供货物在港口、海运及其他运输过程中的最佳物流解决方案，以及其他各项餐饮、休闲、娱乐等辅助性增值服务。以亚洲货柜物流中心为例，其除了提供物流综合服务平台，全面货物处理、集散及分配服务等主要功能以外，还有零售、体育、娱乐、餐饮、银行、维修等辅助功能。其中心大楼A座1～6层及B座1～12层，为各种仓库；A7、B7、B12设候车位；底层设有24小时自动服务的银行ATM（自动柜员机），提供各种银行服务；M层设维修服务间，专门提供车辆维修服务；中间层提供仓储服务，顶层设写字楼、俱乐部、餐厅等，提供餐饮及零售服务。此外，该中心还提供卡板包、纸板包、汽车拆／入柜处理、货物吊运操作、公证验货等多种增值服务。

3. 物流自动化水平高

以香港国际货柜（HIT）集装箱堆场为例，其堆场的活动都是以自动化系统进行计划、协调与监督，电脑系统存有每个货柜的详尽资料，提供多种查询、报告及分析工具，协助管理货柜储存。自动化系统与“资讯交换服务”和闸口程序自动化系统相联通，并且具有显示堆场三维地图的特别功能，能随时提供码头最多9万个标准箱的准确位置。这些先进技术，缩短了船只靠泊的时间，加快了货柜车在码头的周转速度，并且能够对客户的特殊要求做出弹性处理。亚洲货柜物流中心也是如此，其中心大楼设施先进，自动化程度高，内设有电脑自动控制交通系统、闭路电视安全监察防盗系统、自动通风冷气监控系统和先进的防火报警消防灭火系统等。

4. 物流信息化水平高

目前，香港使用的港口交通管理系统（VTS），其控制中心包括五个跟踪船舶用的操纵终端，它们存有《劳氏日报》收集的大约4万艘船舶的情报信息，政府与船舶代理行所提供的情报信息也能存入各自船舶的信息。港口物流的信息化不仅体现在对现有系统的电算化改造，而且通过改善业务流程提供统一的服务，来提高港口的国际竞争力，这就需要构建综合性信息系统，将复杂而重复性的进出港手续整合起来，使之变成简单的文件标准化、下端系统（卸货、保管、运输、包装、管理等）资料的信息化、集装箱码头的自动化等工作，充分利用现代信息技术实行网络化管理。

以亚洲货柜物流中心为例，货车进出物流中心都是由闭路电视系统实行监控，仓库操作信息通过专门设计的软件来处理，并且通过网络与马士基、铁行渣华等大船务公司等联网，实现货物的快速装运。此外，该中心还设有与世界著名的第三方物流链管理系统联网的客户信息服务网，可以提供电子租务查询、集散物流服务查询、物流操作管理系统、全面物业管理系统以及电子采购、电子商贸等各项服务。

5. 规划建设高增值物流园区

鉴于物流设施与港口发展的密切关系，香港港口及航运局在《如何加强香港作为全球及区域首选的亚洲区运输及物流枢纽地位研究》中提出，在机场或港口后方规划建设“增值物流园”。增值物流园不仅提供一般的仓储服务，而且提供各种物流增值服务、时间必须准确的货物处理服务以及电子商贸服务。

（四）新加坡港物流运作模式——供应链型与联合型物流中心模式

新加坡港的物流运作模式，具有供应链型物流中心与联合型物流中心两种模式的特点。供应链型物流中心，是由港口物流企业与航运物流企业共同组成的物流中心，这种模式利用各自在供应链不同部位的优势，分工合作，共同投资组成紧密型物流集团，或者由同一大型集团公司，同时经营航运与物流两个供应链环节。联合型物流中心，则是由港口与保税区，或者所在城市共同组建的物流中心。新加坡港物流的发展模式，主要包括以下各项特点。

1. 执行自由港政策，政府直接投资建设港口设施

鉴于新加坡港对于整个国民经济的重要作用与战略意义，新加坡政府一直坚持对港口进行直接投资，而且投资的力度很大，使得港口规划与建设始终处于前列，进而保证了新加坡港在国际航运中的优势地位。此外，新加坡港执行自由港政策，并且采取各种优惠措施，比如，开辟大面积的保税区，对中转货物减免仓储费、装卸搬运费与货物管理费等，来吸引世界各国船公司，能够进一步巩固其国际航运中心的地位。

2. 物流业务分工明确，实行集约化经营

新加坡港区设有岌巴配送园、三巴旺码头与巴西班让这三个配送中心。岌巴配送园设于保税区之内，主要提供拆拼箱、仓储、运输以及货物取样、测量、贴牌、包装等服务，设施先进齐全，园区内的网络系统可以使货主实时了解到货物在集装箱堆场内的存放情况，该园区是港区内最便捷的集装箱配送中心。三巴旺码头为散货分拨中心，主要处理汽车、重型设备、钢材等货物。巴西班让是专业的汽车转运中心，除此之外，该港的裕廊物流中心也是一个超现代化的物流中心，其客户包括索尼、沃尔沃、戴尔等国际大型物流商。

3. 物流运作与管理高度现代化

新加坡港充分利用高新技术进行物流运作与管理，拥有自动识别系统、电子入闸系统、全自动化桥式吊机等各项现代化装备，此外还有方便快捷的电子数据交换系统。目前，该港的两个网络系统即贸易网和海港网，已经成为政府部门、航运公司、货运代理与船东之间有效的、无纸化的沟通渠道，能使各项信息畅通无阻地实时到达有关各方，从而极大地提高物流运转效率与优化物流管理。

4. 积极培育港口物流链

新加坡港非常注重临港工业的发展，始终坚持将港口发展与腹地工业发展相结合。这样一方面港口物流能够为工业提供专业、高效的物流服务，提高工业发展水平，进而带动整个区域经济的发展，实现港兴城兴；另一方面，腹地工业与城市的发展和繁荣，又会促进港口的发展与经营效益的提高。也正因为如此，新加坡港一直致力于港区建设与吸引外资相结合，将一些临港土地与泊位提供给跨国公司作为专用中转基地，鼓励大的跨国企业在港区建设物流中心、配送中心等。同时，大力发展石油、化工、造船等临港工业，积极培育港口的物流链。

5. 物流服务的形式多样

新加坡港务集团，作为世界四大港口集团之一，除了经营港口码头等主要业务以外，还提供包括IT、物流、供应链解决方案与海运等多种增值服务，比如，为客户提供集装箱管理服务，利用自身的IT技术开发虚拟仓库系统，帮助客户加快仓储的响应速度与减少费用，提升客户供应链效率，同时还致力于为客户提供物流解决方案，协助客户简化物流程序、提高生产效率、降低成本。具体包括三方面：一是解决客户在海港操作时的物流需求；二是为客户提供项目管理服务，协助客户实施用于海运货物的物流管理系统；三是协助客户实施物品流通管理系统。

第二节　港口物流的发展战略

学习港口物流，必须了解国家港口物流的宏观战略。本节主要从我国港口物流的发展现状入手，通过对国家有关部门制定的相关规划与构想的介绍，简要地阐述我国港口物流发展战略的指导思想、基本原则、战略目标，以及几个相关的问题。

一、港口物流发展的指导思想

我国港口物流发展战略的指导思想，是以宏观经济状况、国家总体规划与基本方针为前提，紧紧地围绕全面建设小康社会、有助于实现现代化的目标，发挥港口的比较优势，不断完善市场机制，努力构建功能完善、技术先进、运转高效、布局合理、覆盖宽广的港口综合物流产业体系。

（一）要服务全国经济与提高整个社会生产力

生产力的不断提高要求社会分工更加细化，由此产生新的产业，从而提高劳动生产率，促进社会经济的发展。现代物流，便是在经济高度发展、生产力不断提高的社会条件下产生的，物流的根本目的，在于降低流通成本，提高社会生产力，促进社会与经济的发展。

大力发展港口物流，也主要从这一目的出发。因为港口物流服务，可以吸引那些经过或以港口及其腹地为出发地与目的地的商品，在这里获得物流服务，从而使得港口物流产业成为新的经济增长点，有助于提高社会生产力、促进社会与经济的发展。

（二）用创新精神加快港口物流的发展

港口应当提高认识，转变观念，以创新精神来加快港口物流发展。近年来，我国港口引入现代物流观念，港口物流取得了长足性进步，但是许多方面还处于传统物流观念的状态，不能全面地认识现代物流的科学内涵，以至于一讲到物流，便认为是圈几块地、搞几个物流园地，建立大而全、小而全的物流中心。

产生这一误区的原因，是对于现代物流与传统物流差别的错误认识。其实二者的差别，便在于现代物流的路线经过了优化，物流链上的各环节经过了整合，各环节之间做到了无缝衔接。最为重要的是，现代物流链的整合与链接，是通过信息技术的应用来完成的，而不是通过简单地建几个物流园区与物流中心来实现。所以，发展现代物流不能一味地追求建新的物流园区，否则势必会造成严重的重复建设与资源浪费。这便要求我们提高认识、转变观念，用创新精神加快发展港口物流。

1. 要求观念创新

发展港口物流需要改变传统观念，树立大市场观念、大经济腹地观念、竞争统一观念；在经营战略方面，以开拓港口的中转、仓储、分拨功能与完善港口物流信息系统为主攻方向，努力做到快捷准时、经济合理、柔性服务。

2. 要求技术创新

现代港口已经由一个提供货物装卸、储存服务的有形实体场所，变成了一个以信息资源为基础的涉及全球范围的物流市场，其服务内容延伸到了整个供应链，在不断提高港口装备水平、努力提高物流质量与效率的同时，要以信息化建设来带动港口物流的现代化建设，应用现代科技手段及装备，努力提高物流的质量与效率。

3. 要求体制创新

现代物流是市场经济与生产力高度发展的产物，需要所有涉及的部门和企业统一政策、协调一致、相互协作。但是在目前，我国无论是物流管理部门还是经营企业，都存在条块分割、各自为政的问题，这便需要通过深化改革逐步解决，以促进港口物流业的发展。例如，各口岸海关要依法行政，提高工作效率，积极稳妥地推进海关通关作业改革。

4. 要求人才创新

现阶段我国物流方面的从业人员的专业知识水平与业务水平并不高，专业人才短缺。这将成为影响我国港口物流发展的瓶颈。因此，要发展好港口物流业，必须采取多种途径培养、引进物流经营管理的专业人才。

（三）按照可持续发展观来发展港口物流

任何事物的发展都具有利弊两面性，现代港口物流的发展也是如此：一方面，它降低了流通费用，促进了生产力与经济的发展；另一方面，其运输、装卸、仓储等物流环节，对环境造成了巨大的负面影响，破坏了经济的可持续发展。在倡导绿色发展的今天，经济的发展是建立在人与自然协调发展基础之上的，港口物流业作为经济体系当中衔接生产与消费的重要经济环节，也必须坚持可持续发展，努力向绿色物流的方向发展。

所谓的绿色物流，是指以降低对环境的污染、减少资源消耗为目标，利用先进物流技术，协调发展，实现资源再利用与可持续发展的物流。但是在当前，我国现代物流刚刚起步，在绿色物流方面与国际上的先进物流国家相比，还存在着巨大的差距。这些差距主要体现在观念上、政策上与技术上。

我国发展港口物流业，要在全球经济一体化、环境壁垒渐起的条件下有所作为，在国际市场上占有一席之地，必须以可持续发展为指导思想。要做到绿色物流，就要尽快地树立绿色物流观念，建立、发展与完善我国绿色物流的相关政策和法律、法规，改进技术，达到港口物流经济效益与环境效益的最优化。

二、港口物流发展的基本原则

为了提高我国港口物流在国际物流市场中的竞争力与影响力，我国在制定港口物流发展战略之时，应当遵循以下几个原则。

（一）统筹规划、合理布局原则

目前，我国整个港口物流产业缺乏统一的规划，致使一些港口为了取得短期的经济效益而脱离实际，盲目地上项目，建设物流基地、物流园区与物流中心。这便导致了港口物流业呈现出“散、乱、小”的不良格局，严重地制约了物流效率的提高。例如，环渤海几大港口——天津港、大连港、青岛港，为了在激烈的竞争中取得领先地位，竞相建设硬件设施，造成了严重的重复建设与资源浪费。

其实，上述这几大港口可以从各自的优势（如大连港的泊位深水条件好，天津港有良好的经济腹地态势）出发，统一规划发展环渤海湾的港口物流，提高其国际竞争力，从而确立起在东北亚的国际物流枢纽地位。

港口物流虽然是一项独立产业，但是与其他产业的关联性很大，涉及交通、工商、税务、海关、商检、外贸等多个部门。但是，目前这些相关部门都自成体系、独立运作、部门分割，这便难以达到降低港口物流成本的目的。

为了解决如上问题、大力发展我国的港口物流业，国家及各级政府要把握好港口物流在经济发展中的位置，协调各部门的关系和职能，制定推动和促进物流发展的政策、意见与措施，特别是要制订好港口物流发展的规划。最为重要的是，在制订规划时要坚持统筹规划、合理布局的原则，做到与全国及全省国民经济和社会发展的规划相一致，与各地区总体规划、布局相协调。

（二）积极与国际接轨原则

全球经济一体化的趋势，促使港口物流必须向国际化、规模化、系统化发展，但是我国港口物流业的国际化、规模化、系统化程度还很低。到目前为止，包括上海港在内，我国还没有一个发展良好的港口能够处于国际物流枢纽地位，在国际竞争中还处于劣势。

为了适应经济全球化与未来经济的发展趋势，我国港口物流的发展，必须积极坚持与国际接轨的原则，加强对外开放，积极学习物流发展较好国家的经验，引进国外先进的物流技术，加强与港口物流业发展较好的港口合作，来加快港口物流的国际化进程。

（三）科技兴港原则

科学技术是生产力，是推动经济发展的重要因素，港口物流的发展也不能脱离科学技术这个重大的推动力。在知识经济时代，科学已经成为港口物流发展的关键性因素。科学技术的发展能够有效带动港口物流的发展，科学技术的落后会阻碍港口物流的发展。香港港能够成为世界一流的港口，除了凭借天然的深水良港与政府的大力扶持之外，主要是依靠自动化控制技术与人工智能等先进的科学技术和物流设备。

在港口物流的发展中，坚持科技兴港的原则，加大科技力量的投入，以现代信息技术为先导，以高新技术为重点，以先进实用技术为支撑，科技兴港，为港口物流的发展提供良好的环境。

先进的物流技术主要包括以下四种：一是物流信息化技术，包括网络、电子数据交换、卫星定位、地理信息、条码、智能卡等；二是管理软件，包括POS（销售终端）技术、商品销售管理系统、运输管理系统、仓库管理系统、供应链管理系统、标准化技术等；三是运输、装卸、搬运技术；四是仓储技术，包括自动化立体库、货架、托盘、分拣、条形码、识别系统等。

（四）以市场为导向、政府规划扶持、企业运作的原则

发展港口物流，要坚持以市场为导向、政府规划扶持、企业运作的原则。

市场经济的基本原则是市场在资源配置中有决定性的作用，而企业是市场的主体。但是，政府必须对经济进行宏观调控，制定出经济发展的相关法律、政策与发展规划，来克服市场经济的盲目性，保证经济的健康、持续发展。港口物流是在市场经济大背景之下产生的新兴产业，所以必须遵循这一原则。

以上这四点原则是相辅相成的，统筹规划、合理布局是前提，开放发展、与国际接轨

是外在动力，科技兴港则是关键，以市场为导向、政府规划扶持、企业运作是手段，这四者有机地结合，才能够共同促进我国港口物流的发展。

三、港口物流发展的战略目标

（一）基本要求

经济发展战略目标是经济发展战略的核心，是战略思想的集中反映，具有全局性、长远性、综合性、层次性等特征。因此，对于港口物流战略目标的定位应当注意以下几点。

1. 根据当时当地的情况，从实际出发制定发展战略目标。既要有现实可行性，又要有一定的竞争性与难度。目标制定得过高，便会脱离了实际，使得人们丧失发展的信心；而目标偏低或缺乏竞争性，便会难以调动人们的积极性与创造性。所以，各地区应当根据实际情况制定港口物流战略目标。

2. 对于港口物流发展战略目标的制定，应该有主有次，并且突出重点，不能眉毛胡子一把抓，若是盲目地建设必然会造成资源浪费。以长江三角洲为例，在发展长江三角洲地区港口物流之时，是以发挥上海的优势、打造上海国际物流中心作为发展战略目标的重点，而不是将所有的港口都发展为物流中心。

3. 港口物流发展的战略目标，要相互衔接、相互协调。这是因为经济的发展具有连续性、继承性、关联性，各时期各地区的经济发展目标，要相互衔接、相互协调。

（二）总体目标

随着我国出口加工业的发展、进出口商品结构的优化、货物运输集装箱化程度的提高，国际集装箱货运量必将急剧增长，为港口物流服务创造巨大的潜在市场。面对这种国际形势与我国国内现存的实际情况，我国港口物流发展的总体战略目标定位，应该为：以提高全国经济的竞争力与影响力为战略目标，发展各地区港口的区位优势，积极采用先进的物流管理技术与装备，建立符合市场经济规律、与国际通行规则接轨的、多层次的现代港口物流产业群，保证物畅其流、快捷准时、经济合理。

1. 充分发挥我国物流市场的需求潜力，迅速地培养一批具有相当规模与竞争力、影响力的优势港口物流企业，形成一批具有较强集聚辐射功能的国际港口物流枢纽。

2. 从整体的角度出发，是以重要经济区域及枢纽港为依托，建立与我国经济发展水平相适应、具备一定国际竞争力，并且与国际接轨的完善物流服务网络。与此同时，通过港口物流的市场化、科技化、信息化，使得港口物流运作的各环节之间衔接顺畅、各港口能够互动交流，从而提高物流运作的效率。

3. 努力建设能够支持港口物流高效运作的高起点、高标准的基础设施与物流信息系统。尽快制定与港口物流产业发展相适应的政策体系、法律制度，加强物流人才的培养，提高从业人员的总体素质。为港口物流的发展创造良好的软硬件环境，使其成为布局合理、配置高效、功能齐备、具有自我发展能力的新兴产业。

（三）区域规划目标

从宏观的角度来分析，我国发展港口物流应当以环渤海、长江三角洲与珠江三角洲三大港口群为区域定位来进行划分。

首先，我国港口物流发展遵循的原则之一，是统筹规划、合理布局，所以在目标定位之时，也要以合理布局的港口群为标准。只有这样，才能够使港口物流向着合理、健康的方向迈进。当前我国沿海基本形成了合理的三大港口群布局，所以从布局合理的角度出发，我国港口物流发展目标，应该是以环渤海、长江三角洲与珠江三角洲这三大港口群为区域战略来定位。

其次，区域目标要与总体目标相一致。在我国港口物流发展总体战略目标当中，重要的一点是以重要经济区域及枢纽港为依托，建立与我国经济发展水平相适应、具备一定国际竞争力、与国际接轨的物流服务网络。目前，这三个区域既是我国经济发展的重要区域，又包括了大部分的枢纽港。

1. 环渤海地区港口物流战略的目标定位

环渤海地区港口物流的战略目标定位为：加强大连港、天津港、青岛港的联合，努力建成东北亚国际港口物流的枢纽。因为经过十几年的建设，环渤海各港口得到了迅猛的发展，目前，以大连港、天津港、青岛港为中心港口，以营口港、秦皇岛港、烟台港为辅助性港口的港口运输体系已经建成了。其中，大连港、天津港、青岛港最具有实力。

2. 长江三角洲港口群港口物流的战略目标定位

长江三角洲地处太平洋西海岸，是中国长江、沿海通道与欧亚大陆桥的汇集点，由江苏、浙江、上海所组成，经济发展的速度居于全国之首，在中国的经济增长中起着带头的作用。其港口群当中，上海港为主要的枢纽港，宁波—舟山港则为中转枢纽港，温州港、南京港、镇江港等为其支线港。长江三角洲港口正是因为拥有优良的经济地理位置，该地的港口物流才有了大量的货源，港口的货物吞吐量与集装箱吞吐量不断地增长。

3. 珠江三角洲港口群港口物流的战略目标定位

珠江三角洲地处中国内地与东南亚的中心，能够通过港、澳地区连接世界。在目前，其已经形成了以深圳、广州与珠海为骨干的港口群，拥有以深圳、广州为中心的集装箱港口及以珠江为中心的散货与石油港口；多年来，建立起了完善的海、陆、空交通网络，形成了全面的运输辐射面，但是其在发展港口物流方面还存在不少问题，具体包括以下各方面。

（1）与渤海湾及长江三角洲相比，珠江三角洲发展港口物流的经济腹地面积较小。

（2）出海航道的水深不足，如广州港出海航道的深度只有11.5米，5万吨的船舶只能乘潮进出海港。

（3）专业化码头的数量不多。所以从珠江三角洲的优劣势来看，其港口物流业发展的目标应该定位为：加速港口基础设施建设，加强与其他经济地区的联系，提升各港口的综合竞争力，力争将珠江三角洲建设成为国内华南地区港口物流的基地。

上述三个港口群的发展战略目标，是相互联系的。它们都处于中国经济发展的大背景之下，各地区不能为了达到自己的目标而各自为政、形成恶性竞争，三个地区要协调发展、共同进步，最终实现我国港口物流的健康发展。

（四）港口物流发展战略当中的几个问题

当前，由于我国港口物流受到社会各方面的重视，得到了一定的发展。但是同时存在着许多的问题，比如，物流基础设施与装备条件水平比较低、从业人员缺乏等。为了解决物流发展当中的实际问题，我国港口物流的发展应当注意以下几个重要方面。

1. 进一步完善港口物流基础设施的建设

港口基础设施是发展港口物流的物质前提与保障，良好的基础设施可以保证港口物流的快速发展，反之则会制约港口物流的发展。近年来，为了适应现代港口物流的发展，我国不断地加强港口基础设施建设，来促进港口物流的发展，并且取得了一定的成就，为我国港口物流的发展提供了可靠的物质前提。

但是，从基础设施建设的结构来分析，还存在一定的问题，比如，港口码头的数量虽多，但是大型的深水码头还比较少、专业化码头不足等。随着全国物流需求的加大，港口物流运输的船舶在不断地向着大型化方向发展。目前，占据主导地位的集装箱船舶已经完成了向第五代、第六代方向发展的目标，集装箱船舶的发展对港口码头泊位、航道、装卸设备及仓库基础建设，不断提出了新的要求。

在目前，为了适应这一要求，许多国家与地区开始加快新一轮的港口基础设施建设。比如，为了应对集装箱船舶大型化的发展，鹿特丹港已经建设了16.5米与19米深的深水码头，装备了智能化的装卸设备，实现了高效装卸，缩短了货运周期，压缩了物流成本。与之相比，中国大多数港口的基础设施建设力度都不大，发展也比较缓慢，其能力基本还停留在满足第三代、第四代集装箱船舶要求的水平，还不能够完全适应新的发展。

面对我国港口发展存在的不足，为了适应现代物流运输的发展，尤其是船舶大型化对港口提出的新要求，我国港口应当加强港口基础设施建设。只有这样才能够提高港口物流的高效运作，提高港口在物流干线中的中心作用。

2. 加快港口物流的信息化建设

物流信息技术，包括网络、电子数据交换、卫星定位、地理信息、条码、智能卡等现代信息技术。港口物流信息化建设是一个复杂的过程，其目的在于，既要满足当前需要又利于未来发展、保证港口物流的高效运作。所以，在加快港口物流信息化建设的过程中，要从实际出发，根据港口现有的基础条件与未来发展目标，配置与港口基础设施相配套、有利于提高竞争力的信息系统装备。

3. 加快港口物流专业人才的培养

在改革开放以前，国内基本上没有完善的物流教育体系，各种高等院校只是设置了物资管理、材料管理、交通运输管理等一些与物流相关的专业。而这些专业的设置，主要是为中央与地方物资行业部门培养管理人才，所培养的人才只是学习了该部门的相关知识。到了20世纪80年代，我国开始引进物流这一概念，直到20世纪90年代末，物流专业教育才开始起步，到2002年只有9所院校经过教育部批准设置了物流管理或物流工程本科专业。目前，全国开办的培养港口物流专业人才的学校少之又少。

因此，要通过促进发展港口物流人才培训的类型及其途径，以及建立多层次的学校教育体系，来加快人才的培养，这需要考虑到物流教育资源的现状，兼顾现在与未来的发展，做到综合发展，使得各类型人才的培养做到比例协调。在当前，我国港口物流教育的发展要以普通高等教育为主，积极发展职业教育。

普通高等教育培养的对象，是熟悉物流管理理论知识与掌握物流信息技术、精通国际贸易专业知识，以及拥有良好外语沟通能力的高级物流人才，主要包括本科与研究生教育。本科教育的目标，是培养懂得管理、会策划、善于决策的港口物流人才，而研究生教育主要是培养高层管理人才、科研人员与高校师资。

港口物流产业的发展与运作不仅需要高级物流人才，还需要各项具体工作的执行人员、基层领导岗位与第一线的实际操作人员。这类人才具有很强的操作技能，应由中、高等职业院校来培养。

港口物流专业还要加强继续教育与职业培训，我国物流业需要在政府部门的指导下调动社会各方面的力量，组织规范化的岗位培训、继续教育，特别是资质证书教育。面对物流人才的匮乏与人才需求快速增长的矛盾，满足物流企业的用人需求，仅靠学校教育是难以实现的。这就要求将继续教育与职业培训作为学校教育的补充。随着社会经济与科学技术的发展，即使受过高等教育的从业者也需要不断地学习，不断地更新知识。

继续教育和职业培训，针对性要强，内容要新颖。在这方面我国可以借鉴国外的相关经验，推行和完善资格证书教育。例如在德国，德意志物流学院最近应德国物流界的要求开设了一个全封闭物流教学班，学制一年，学员必须学完全部物流课程并通过考试，才有资格参加欧洲物流协会（ELA）授予物流专业资格证书的评选活动。而获得这种资格证书的人员，将有资格在物流企业中担任高级管理职务。

4. 加快港口物流的联盟

在全球经济一体化、国内外市场竞争不断加剧的情况下，我国港口物流的发展面对着日益激烈的竞争。这就促使我们必须加快港口物流联盟，来提高我国港口物流的实力。

在众多影响港口物流发展的因素当中，航运的变化是最直接的。目前集装箱船舶大型化，尤其是第五代、第六代集装箱船舶的投入使用，迫使港口必须改善当前的物流基础设施状态。而港口物流基础设施的改善，是一项投资大、周期长的经济活动，在短期内，只靠个别港口的力量是很难完成的。所以，港口可以采取多种合作方式（如与船运公司、其他港口、货源地等联盟）来适应这种变化，从而促进物流的发展。

随着我国港口开放程度的不断加大，国外港口物流企业将会进入中国参与物流市场竞争。与国际先进的物流企业相比，我国目前还缺乏足够的实力。另外，当前欧洲的许多国家为了提高竞争力，开始走港口物流联盟的道路。如果这些国外的物流联盟渗透到中国市场，必将会给中国港口的物流市场带来更加严峻的挑战，为了应对国际上的压力，我国必须加快港口物流联盟的步伐。

加快港口物流联盟，能够避免当前国内市场激烈的恶性竞争。目前，在国内无论是不同港区还是同一港区，市场的竞争都非常激烈，为了抢占市场份额而竞相降价。例如，北方三大主要港口大连港、青岛港、天津港之间，就存在着激烈的竞争，三大港口为了争取货源与更多的客户，不惜大搞价格战。这种竞争大大降低了我国港口物流的发展质量，必将不利于我国港口物流参与国际竞争。

如果所有的港口都加大建设，势必会造成重复建设现象。而解决这一问题的有效途径，在于根据各地区的特点，加快港口的联盟，做到优势互补，从而避免资源的浪费。

从中国目前港口物流业激烈竞争的局面与中国港口分布的特点来分析，最适合我国的策略就是加快港口联盟。只有这样，才能够加快实现我国港口物流业质的飞跃，以及早日实现战略目标。

港口物流联盟的方式有许多种，比如，港口与港口联盟、港口与陆地运输系统联盟、港口与海上运输联盟、港口与空中运输联盟、港口与货源联盟、港口与腹地及用户联盟等。

（1）港口与港口联盟

港口与港口联盟，是物流联盟最常见的方式。其范围也很广泛，既可以是同一区域内也可以是不同区域的联盟，既可以是同一国家内的联盟，也可以是不同国家之间的联盟。但是从目前各国的情况来分析，采用最多的方式是同一区域内港口的联盟。因为这样可以使港口之间避免激烈竞争，做到取长补短、合理分工，共享现有资源，降低该地区物流的成本，提高物流效率与竞争力。

（2）港口与航运公司联盟

国际货运量的90%都由海上运输来完成，所以港口物流的良好运行对于海上航运有着很大的依赖性。但是在现阶段，航运公司联盟的加强使航运公司取得了市场的主动权，扩大了对停靠港口的选择范围。这就对港口物流的发展产生了很大的压力，如果一个港口失去了一些航运联盟公司的船舶停靠，便会失去大量的货源。为了避免这种情况出现，港口可以考虑与航运公司联盟。联盟的方式可以多样化，比如，港航双方可以共同参股经营港口运营，在基础设施建设与经营管理方面开展合作等，具体情况要根据各个港口的实际情况而定。

（3）港口与货源联盟

随着经济的快速发展，企业为了加快其产品流通速度、降低产品在流通领域的流通费用，开始借助第三方物流来完成，这便为港口物流的发展提供了便利条件。在市场竞争条件下，为了确保取得长期稳定的货源，港口可以依靠该地区的优势，积极地与货源客户建立长期合作关系，来形成战略联盟。例如，青岛有海尔集团与青岛啤酒等知名企业，青岛港完全可以利用自己的地理优势，与这些企业建立联盟关系，来确保自己的长期发展。

复习思考与讨论

1. 港口的管理模式包括哪些?
2. 港口物流的运作模式有哪些?
3. 港口物流发展的指导思想是什么?
4. 港口物流发展的基本原则有哪些?
5. 港口物流发展的战略目标是什么?

第三章

港口物流的生产与商务管理

CHAPTER 3

本章学习目标

1. 港口生产的计划管理
2. 港口生产的计划与调度
3. 港口生产的统计指标
4. 港口的市场营销
5. 货运事故及其处理
6. 港口费收的管理
7. 港口的口岸管理
8. 港口的主要设备
9. 港口的装卸工艺
10. 港口装卸工艺与设备的匹配
11. 港口设备的维修和保养
12. 港口库场管理的内容
13. 港口库场的堆存计划
14. 港口库场的堆存作业
15. 理货业务的管理

本章核心内容

港口生产计划　基本建设计划　劳动工资计划　长远计划

年度计划　船舶作业计划　港口生产统计指标体系

吞吐量指标　船舶在港的停时指标　港口生产设备的运用指标

货运事故　港口费收　港口的口岸管理　港口的主要设备

散货码头的主要设备　港口的装卸工艺　港口库场管理

港口库场的堆存计划　港口库场的堆存作业　库场理货

装船理货　卸船理货　理货单证

Section 1

第一节　港口生产的计划管理

港口生产计划管理，是在解决港口的生产技术活动与港口外部环境的动态平衡的前提下，以计划、组织、控制与协调等职能，解决港口的生产活动与港口内部的人力、物资、资金等的动态平衡问题，使得投入生产过程中的各种要素有效地结合起来，形成有机的整体，同时为货主及旅客提供安全、优质、价廉、方便、及时的服务，以此来满足社会需要、提高港口物流的经济效益。

一、港口生产的计划与调度

（一）港口的生产计划

现代港口生产涉及面广，既涉及港口内部、水上运输与其他运输方式的各个环节，又涉及国民经济的各部门。每完成一次港口物流的生产作业，必须涉及船舶、货物、港口内的各种装卸机械设备、各种作业人员与各种运输车辆的衔接。要将这些复杂的技术装备与人员组织在一起，使其协调地进行港口生产，就必须进行严格的计划管理。港口的规模越大，对于计划管理的要求也就会越高；港口的航线越多，涉及的面越广，对于计划管理的要求也就越严格。

港口生产计划按照业务范围与内容划分，可以分为港口生产计划、基本建设计划、劳动工资计划等；按照时间进行划分，可以分为长远计划、年度计划等。

1. 按照业务范围与内容划分的港口物流生产计划

（1）港口生产计划

它包括货物吞吐量计划、旅客吞吐量计划、集装箱运量计划、执行工作计划、设备运用计划与船舶在港停时计划等。

（2）基本建设计划

它是扩大再生产的重要手段，它规定了计划期内新企业的建设、现有企业的扩建与技术改造的规模和速度。

（3）劳动工资计划

它规定了完成生产建设计划所需要的各类人员数、工资总额与劳动生产率提高的程度、劳动定额等。

（4）物资供应计划

它规定了计划期内主要原材料、燃料、机电设备等主要物资的需要量与库存量等。

（5）成本计划

它反映了企业为完成生产计划需要而支出的费用，并且规定了装卸总成本、单位成本与成本增减率等。

（6）财务计划

它规定了企业在计划期内的全部财务支出与收入，以及所需的流动资金及其周转速度、企业的利润与节约等情况。

（7）设备修理、更新计划

它包括港口水上、土建、机械、工具、车辆、船舶、电力、通信等各种设施的大修、维修计划等。

（8）科研、技术革新与改造计划

它包括企业在计划期内进行技术改造，改进生产组织与经营管理当中，科研、技术革新等的项目、内容、进度与预期的经济效果等。

（9）职工教育、培训计划

它包括职工技术、文化和其他培训与教育的有关项目、要求及措施，以促进智力开发、提高职工素质等。

2. 按照时间划分的港口物流生产计划

（1）长远计划

它在整个计划体系当中起着主导作用，是企业的远景规划，规定了企业在较长时期内发展的战略目标与基本方向，内容包括港口腹地经济调查、发展规模、建设项目、主要技术经济指标的水平与经济效益等。

（2）年度计划

它是以一年为期的长远规划的具体化目标，是港口计划管理的基础，涉及港口的生产任务、财务成本、经济效益与各项指标等各方面，这些指标通常也是企业的考核指标。

（3）季度计划

由于港口季节生产的特点，各季度的生产任务可能会有较强的不平衡性，因此需要进行季度计划的安排，来保证年度计划的完成。其内容大体上与年度计划相同。

（4）生产作业计划

它包括月度计划、旬度计划、昼夜计划和班计划，是整个计划体系的具体化内容，也是组织企业日常生产活动的依据。

（二）船舶作业计划

船舶作业是港口生产的主要作业环节，港口生产活动大多都是围绕着船舶作业来开展的。若想做好船舶作业就必须做好准备工作，编制单船作业计划便是其中的一项重要内容，它是组织好船舶在港作业的重要依据。

1. 船舶在港作业的种类及其顺序

一般情况下，船舶能否按照预订的运行计划及船期表准时地发船，取决于所有港内与该船舶相关的各项作业是否有着严格的计划。单船作业计划，详细规定了船舶从抵港到离港的所有作业项目，以及各个项目作业的程序与时间。各项作业所需要的时间，是根据船舶的具体要求与港口的实际条件，按照定额规定的标准来计算的。

船舶在港作业的全过程，包括船舶抵港后联检（对外贸船）、引船入港、靠泊、卸货、移泊、装货、技术及燃料供应、办理货运文件、引船出港等作业。这些作业涉及港内外的许多相关部门，如果没有相关部门的协同是很难顺利进行的。其中任何一个作业的延误，都将会影响到船舶在港停泊时间。而编制单船作业计划的目的，便是合理、科学地组织这些作业，从而最大限度地缩短船舶在港的停泊时间。

2. 组织船舶在港作业应当注意的几个问题

（1）组织好船舶在港的各项作业，使得这些作业能够按照顺序连续地进行，并且尽可能地缩短这些作业的延续时间。

（2）组织好船舶在港的各项作业，使得那些可以平行进行的作业尽可能平行地进行。比如，利用船舶进港航行时间，在不影响安全航行的前提下进行开舱与准备好吊杆等工作，在装卸作业的同时，完成船舶供应及船舶的修理等工作。

（3）组织好装卸作业，缩短装卸的时间。

3. 编制单船作业计划需要的主要资料

（1）船舶的预计到港时间。如果是在该港卸完货后装货的船舶，则是预计卸完货的时间。

（2）详细的船舶积载图与配载图。在积载图当中应当写明货种、数量、流向、包装、件重、理化性质、对运输与保管的要求，以及货物在各舱的分布。对于出口货物，要说明货物的动态与集中的安排，对于进口货物则要说明其操作过程及疏运的安排。

（3）船舶的性能资料。特别要注意与装卸有关的性能，比如，总长、船艏和船艉吃水、船宽、舱口数与结构形式（如舱盖类型、有无两层舱等），船舶吊杆类型、最大负荷、数量及其分布，是否有舷门等。

上述三类资料，可以从船舶在该港的代理处获得。

（4）水文、气象资料。预先测知船舶的靠泊方向，特别要注意是否需要抢卸，以便及时地做好准备工作。

（5）各种定额资料。比如，起重机与运输机的技术定额及生产定额、用人力或机械完成的各项作业定额、准备作业与结束作业的时间定额等。

（6）上级有关部门对于该船的指示，是否有着特殊要求，比如离港的最后期限等。

4. 单船作业计划的编制

根据以上资料，结合港口的具体条件，单船作业计划可以按照下列步骤进行编制。

（1）计算各舱的纯装卸时间，以及整艘船的纯装卸时间；

（2）计算各项辅助作业与技术作业的时间，从而估算出船舶在港的停泊时间。

（3）计算工人、装卸机械、所需库场容量及驳船需要量等。

（4）初步安排货物的库场位置。

（5）提出为完成任务应当采取的措施、注意事项等。

5. 单船作业计划的贯彻和分析

单船作业计划由计划调度部门编制，经过调度会议通过后，便可以形成决议，成为全港执行的文件。

单船作业计划由值班调度员来负责具体组织贯彻。值班调度员向现场调度员、装卸指导员进行布置，向有关方面提出工人、机械、泊位、工具等的需求，然后由现场调度员来指挥生产。

现场调度员及值班调度员，要及时地了解装卸进度，发现问题应当及时地采取措施解决，要将先进经验及时地推广到装卸工作当中去，千方百计地保证计划完成。

单船作业计划完成之后，现场调度员与值班调度员应当提供具体资料，由计划调度员进行总结分析，向调度会议做出报告。总结分析任务的完成情况、经验及问题、应当采取什么措施解决，要有表扬、有批评，做到奖罚分明。这样的总结分析，能够吸取经验教训，以利于再战，从而使得单船作业计划得到不断完善与提高。

单船作业计划管理，是一种重要的港口作业组织方法，也是提高港口装卸工作效率的有效方法。它对于压缩船舶在港的停时、提高整个港口作业水平，都会起到重要作用，因而应该切实地将它做好。

（三）港口生产调度

港口生产调度是指为保证港口生产计划实现，而进行的一系列指挥、检查、督促、协调与平衡工作。港口生产调度部门应当依据制订好的生产作业计划，将生产中的各部门或各环节有机地联系起来，最终实现港口有节奏的生产与服务。

港口生产调度是港口物流生产系统的核心，也是港口成功开展物流服务活动的重要保障。港口生产调度工作的质量高低，会直接影响到港口企业的生产效率和经济效益。如何提高港口生产调度的准确性与合理性，最大限度地发挥生产调度的核心作用，一直是港口企业为提高自身竞争力而不断探索的重要问题。

港口生产调度的流程包括以下各项内容。

1. 及时获取相关信息，比如，货源、运输工具（车船）、装卸机具与劳动力等。

2. 具体调配各种资源，比如，决定采用何种装卸操作方法，选用何种机械类型，配备一定规模的人力，安排船舶作业顺序，以及确定停靠泊位与作业起止时间等。

3. 掌握货物的装卸、堆存、疏运等过程中的情况与进度，及时发现问题，并且采取相关的补救措施，来保障港口生产作业的计划、组织、协调、控制等行为，从而得到低成本、高效率的完成结果，并且成功为客户提供高效、优质的服务。

随着管理科学与信息技术的不断发展，现代港口生产调度已经改变了以往“以现场指挥为主”的局面，呈现出了“预见性、实时性、集中性、全面性”等特点。利用信息技术开展港口生产调度，对于港口生产作业及经营活动进行连续的、不间断的组织、指挥、协调与平衡工作，不仅可以提高港口生产资源的使用效率，还可以降低港口物流的服务成本，有效提高港口的经济效益。

二、港口生产的统计指标

（一）港口生产统计指标体系

港口生产统计指标，是指一组综合反映港口物流生产、经营活动状态、特征的信息。港口生产统计指标体系的设计，是一项非常重要的工作，一个完善的指标体系应当对于港口的生产起到不断促进与提高的作用。根据港口生产经营的特点，港口生产统计指标体系应当包含以下各项指标。

1. 生产经营成果统计指标；

2. 安全质量统计指标；

3. 劳动生产率统计指标；

4. 生产设备（设施）及运用的统计指标；

5. 船舶在港停留时间的统计指标；

6. 燃料、物料消耗的统计指标；

7. 财务收支及资金占用的统计指标；

8. 经济效益统计指标。

上述各项指标，按照其说明问题的性质，可以分为数量指标与质量指标两类。按照指标的作用，又可以分为计划指标与考核指标两类。

数量指标反映港口生产经营活动的规模与能力的水平，通常是用绝对数，比如吞吐量、操作量、机械起运量与泊位数等进行表示。

质量指标反映港口生产经营活动的效果与质量水平，通常用相对数（比例、比值、百分率等），比如操作系数、船舶平均每千吨货在港的停时、泊位占用率、库场容量运用率、装卸机械利用率等来进行表示。

计划指标是企业生产计划当中，规定的必须达到或完成的生产目标。它既是执行计划的依据，也是指导生产与实行考核的基础。计划指标既要能够反映出港口物流生产的规模、能力与水平，又要能够反映出其效果与质量。

考核指标是指对于企业或部门的生产、经营、管理工作的好坏，进行评比、奖惩的衡量标准。它可以包括计划指标的内容，但又不完全是计划指标。具体的考核，可以侧重于生产当中某些薄弱环节。例如，当港口船舶排队严重之时，可以将船舶的在港时间作为重点考核项目。

港口生产指标体系庞大，将会在后面选择指标体系当中几种常用的指标做出介绍。

（二）吞吐量指标

吞吐量是港口生产指标体系当中最重要的产量指标，分为旅客吞吐量与货物吞吐量。货物吞吐量是指经由水运运进、运出港区范围，并且经过装卸的货物（箱）数量，包括邮件及办理托运手续的行李、包裹，以及补给船舶的燃料、物料与淡水，计算单位为“吨”或“TEU”（标准箱）。“港区范围”是指各港口的港章当中，所规定的或经过港口当地政府机关划定的港口陆域、水域范围。

吞吐量的计算方法为：自该港装船运出港区的货（箱）计算一次出口吞吐量；由水运运进港区卸下的货（箱）计算一次进口吞吐量；由水运运进港区、经过装卸又由水运运出港区的转口货（箱），无论是船到船直接转口，还是经过库场之后再装船转口，都分别按照进口装船和出口装船，各计一次吞吐量；将补给国内外运输船舶的燃料、物料与淡水，计算为出口吞吐量；将由水运运进港区，并且在港内消耗的建港物资、人防物资与防汛物资（包括港用机械、设备等），计算为进口吞吐量；由水运运进、运出港区的邮件、行李、包裹，分别按照进口或出口计算吞吐量。

下列的情况不计算吞吐量：港区范围内的水上运输货（箱）；船舶运载进港之后，未经过装卸又原船运载出港的货（箱）；自船上卸下，继而又装到同一船上的货（箱）；装船后未运出港区，又卸入该港区范围内其他地方的货（箱）。

一标准集装箱（20ft）计一个TEU，其他箱型按照各自的换算系数折合成20ft标准箱来进行统计。

国际标准集装箱换算系数的计算公式为：

$$换算系数=集装箱自然长度英尺/20英尺$$

因此，一个40ft箱计2个TEU，一个45ft箱计2.25个TEU。

在按照重量吨统计之时，集装箱应当被视为货物的外包装箱，无论是空箱还是重箱，箱的自重都一并计算吞吐量。

港口货物吞吐量的统计，一律以统计期（月、季、年）末最后一天的18时整为截止时间。

货物吞吐量除了按照进出口统计以外，还要根据不同目的，分别以全港、本港、贸易性质、货物类别、船舶类型、货物流向等进行统计。

（三）装卸工作量的指标

1. 装卸自然吨

装卸自然吨是指进、出港区，并且经过装卸的货物数量。一吨货物从进港到出港（包括进港后不再出港；在港内消耗的物资，如建港物资等），无论经过几次操作，都只需计算一个装卸自然吨。

装卸自然吨与吞吐量一样，都是港口装卸工作量的主要指标，它与吞吐量的主要差别，是水水中转货物在港口进行换装作业之时，每一装卸自然吨计算为两个吞吐量，而水陆中转则统计为一个吞吐量。

装卸自然吨由于不会随着货物流程的变化而改变数值，因此常常被用来作为计算港口装卸成本的计量单位。

2. 操作量

操作量是指通过一个完整的操作过程，所装卸、搬运货物的数量。其计量单位为操作吨。

在一个既定的操作过程当中，一吨货物无论经过几组工人或多少装卸机械的操作，也无论运输距离的远近、是否有辅助作业，都只计算一个操作量。

一个完整的操作过程，是指货物由某一个运输工具（船或车）到另一个运输工具（船或车）或库场、由库场到运输工具或库场的整个装卸搬运过程。

操作过程一般划分为：船↔船、船↔车、船↔库场、车↔库场、库场↔库场。

同一库场之内的倒垛、转垛，属于库场的整理工作，翻舱、拆包、灌包、缝包、摊晒货物、过秤等，都属于辅助作业，一律不可计算为操作量。

装卸自然吨、货物吞吐量与操作量之间的关系，如表3-1所示。

表3-1　装卸自然吨、货物吞吐量与操作量之间的关系

操作过程	自然吨	吞吐量	操作量
船—船	1	2	1
船—库场—船	1	2	2
船—港内驳运（去货主码头）	1	1	1
船—港内驳运（去港务局码头）	1	1	1
船—库场—港内驳运（去货主码头）	1	1	2
船—库场—港内驳运（去港务局码头）	1	1	2
港内驳运（自港务局码头来）—库场—船	1	1	2
车—船	1	1	1
车—库场—船	1	1	2
车—库场—港内某处（港口自用物资）	1	0	2
船—库场—港内某处（港口自用物资）	1	1	2
船—库场—库场—车	1	1	3

3. **操作系数**

操作系数用于测定每吨（箱）货物在该港区内的平均操作次数，是考核港口装卸工作组织完善程度的主要质量指标之一。其计算公式为：

操作系数=操作量／装卸自然吨

由于每吨货物通过港口之时，至少要经过一次装卸，因此操作系数≥1；如果港口的全部装卸作业都是以直接作业的形式来进行，则操作系数等于1。

在一般情况下，操作系数低的港口，直接换装的比重高，库场的需求量少，完成换装作业所消耗的劳动量小、成本低、货损少，因而这通常是港口生产组织管理工作追求的目标。

但是在当前船舶大型化、港口现代化的新情况之下，加快船舶周转速度，要求极高的装卸效率，宁可采取两次操作的工艺方案，常常是先将大盘货物集中在码头的前沿库场，或是将卸下的货物先存放在港区库场，然后再慢慢疏散。故而大型的现代化码头的操作系数，有时反而会比旧码头的要高，配备的库场面积比例也比旧码头的要高。

当然，在一般情况之下，还是应当加强管理协调，尽可能地降低操作系数。

（四）船舶在港的停时指标

船舶在港停时，是指运输船舶自进港到离港的时间段。缩短运输工具在港的停留时间，对于航方而言，加快了船舶的周转速度、提高了船舶的运输能力；对于港方而言，则加快了泊位的周转速度、提高了港口的通过能力，对于双方都具有巨大的经济效益。

船舶在港停泊的时间，由生产性停泊时间、非生产性停泊时间与自然因素引起的停泊时间三部分所组成。

1. 生产性停泊时间

它是指船舶在运输生产过程当中所必需的停泊时间，包括装卸作业时间、移泊时间与其他生产性停泊时间。装卸作业时间，包括装卸前后张挂安全网、起放吊杆、开盖货舱、接卸输油管（臂）的准备时间，装卸货物时间，补给船用燃料、物料及淡水的时间，扫舱、铺舱、隔舱及油轮加温等的时间。移泊时间是指装卸作业计划当中规定或受港口条件的限制，必须从这一泊位移至另一泊位作业的移泊时间。其他生产性停泊时间，是指除了上述各种生产性停泊时间以外的其他生产性停泊时间，比如船舶联检时间等。

2. 非生产性停泊时间

它是指运输、装卸组织工作不善，或船舶到港不均衡，或货物不能够按时集中等产生的运输生产过程非必需的停泊时间。造成非生产性停泊的原因，具体包括港方原因、船方原因、物资部门原因与其他原因四部分。

3. 自然因素引起的停泊时间

它是指由自然因素影响而产生的停泊时间，包括因风、雨、雾等不能作业，高温季节工人工间休息，候潮进出港等所造成的停泊时间，以及船舶到指定地点避风的停泊时间及其往返的航行时间。

船舶在港停时的计量单位，为“艘时”或“艘天”。船舶在港停时统计的截止时间，一律为月、季、年的最后一天的18点整。

（五）港口生产设备的运用指标

1. 码头泊位运用情况指标

码头泊位运用的情况指标，具体包括泊位占用率、泊位作业率等。

泊位占用率，是指泊位占用小时数与泊位日历小时数的比值，反映码头泊位停靠船舶占用的程度。其计算公式为：

泊位占用率（%）=泊位占用小时数 / 泊位日历小时数×100%

式中，泊位日历小时数是指报告期全部装卸生产用泊位在册日历小时数的总和，包括占用小时数与非占用小时数。泊位占用小时数是指泊位日历数当中，实际停靠船舶所占用泊位的时间，包括装卸时间与非装卸时间。

泊位占用时间的计算，应当是从船舶靠泊系妥第一根缆绳之时起，至船舶离泊解完最后一根缆绳时为止。

计算泊位占用的时间，要以既定的泊位数为准，即一个既定的泊位停靠船舶1小时，无论是停靠一艘还是两艘及其以上船舶，都只能计为占用一个泊位艘时，不可计算为两个或两个以上的占用泊位艘时。

泊位作业率，是泊位作业小时数与泊位日历小时数的比值。其计算公式为：

泊位作业率（%）=泊位作业小时数 / 泊位日历小时数×100%

式中，泊位作业小时数，是指在占用时间当中进行装卸作业的时间，包括装卸前后的准备、结束时间，纯装卸时间，补给供应及其他的作业时间。

泊位占用率与泊位作业率指标，并非越高越好，而是要视船舶装卸量的变化情况进行综合评价。一般来说，以上两项指标的提高幅度，以低于或等于船舶装卸量的增幅为好。

2. 装卸机械运用指标

装卸机械运用指标，具体包括机械完好率、机械利用率、机械作业量与平均台时产量等指标。

机械完好率，是指装卸机械日历台时中机械完好台时所占的比重。其计算公式为：

机械完好率（%）=机械完好台时 / 日历台时×100%

式中，机械完好台时，是指装卸机械技术状态良好可供使用的台时，包括工作台时与停工台时；日历台时，是指装卸机械在册天数乘以24小时的积。

机械利用率，是指在装卸机械日历总时间当中，机械工作时间所占的比重，反映装卸机械的利用程度。其计算公式为：

机械利用率（%）=工作台时 / 日历台时×100%

机械作业量，是指装卸机械在装卸作业过程中，装卸、搬运货（箱）数量的总和，反映装卸机械完成的总结果。

其计算方法为：在同一操作过程中，有多种装卸机械分别在不同的工序，进行起运工作，则每台装卸机械应当分别计算一个机械作业量。

平均台时产量，是反映装卸机械的生产率指标。其计算公式为：

平均台时产量=机械作业量／工作台时

Section 2

第二节　港口商务与口岸管理

一、港口的市场营销

（一）港口市场及其特点

港口市场是指那些对于港口设施及其物流增值服务有需求的所有消费者与潜在消费者等相关要素的集合。港口市场，具体包括市场主体、市场客体、市场行为与市场秩序等相关要素。港口市场的主体，包括港口物流服务的接受者（如船方、货主、各类相关代理公司等）与提供者（如港口经营人）；港口市场的客体，主要是指由港口经营人提供的港口物流服务（产品），是港口市场交易赖以存在的物质基础；港口市场行为包括市场交易行为与竞争行为，港口市场所有经济活动的进行，都是通过各种现实的与具体的市场行为得以实现的；港口的市场秩序，包括港口市场机制与港口市场规则。只有在合理的市场秩序之下，港口市场的主体之间才能够通过一定的市场行为，实现对市场客体的最终交易。

港口市场的行业特点，包括以下几方面。

1. 港口业是国家的一项基础产业，具体归属于服务业，具有公益性与竞争性的双重特征

场站、码头、航道基础设施，是以社会公益性为主，港埠装卸服务、仓储物流，则是以营利为主要经营目的，属于竞争性领域。

港口公益性设施，包括航道、防波堤、导流堤、锚地、船闸、公共通信、助导航等设施。

港口经营性设施，包括港池、道路、码头（泊筒、装卸平台、趸船、浮筒、水上过驳设施）、护岸、仓库、堆场、机械、设备、车辆、客运站、铁路、给排水等。

2. 港口的服务对象众多，涉及面广

港口企业的顾客数量众多，类型不同，规模不一，有船公司、铁路与公路运输部门，有众多的贸易企业、生产厂家，还有船代、货代、多式联运企业等。

港口不仅提供水运货物的装卸搬运、仓储、简单加工与货运等这些物流基本业务和功能性服务，还可以提供进出口报关、货运交易、信息、物流咨询、金融保险代理等物流延伸业务与增值服务。

3. 供求由市场决定

我国的港口生产运行领域，已经基本取消了指令计划，港口企业处于市场经济之中，物流服务需求方与港口企业具有双向选择权。

（二）港口市场的营销策略

港口市场的营销策略，包括市场调研，产品开发，售后服务，顾客意见反馈，产品目标市场选择，价格、渠道、促销决策的确定等一系列与市场有关的企业经营活动。港口企业开展市场营销活动，必须依据港口的行业特点，根据形势的发展来识别不同市场设计营销方案，用以顾客满意为中心的理念来优化港口作业及管理。

港口市场的营销策略，除了市场营销通用的策略之外，还主要表现在以下各方面。

1. 港口揽货

港口揽货是指港口企业揽货人员揽取货物的经营活动，它是港口商务活动的重要内容与主要环节。一方面，港口揽货人员直接与客户接触，揽货人员通过与客户联系、接触、洽谈，可以了解客户对港口服务的要求，从而及时地调整营销策略，尽量满足客户要求；另一方面，港口揽货能够促进与客户建立长期的业务关系，从而力求稳定货源，保持货运量与市场份额的稳定。

2. 建立良好的客户关系

港口客户主要包括船东、货主、货代、船代等，港口客户关系主要是指与货主、船公司、运输企业等的关系。港口若要与客户建立良好的关系，一方面应当具备为客户提供服务的价值与能力；另一方面应当与客户进行有效的沟通，建立并且维护港口与用户、船公司、代理业、运输企业等的信息网络关系。

3. 港口业务合同的管理

港口经营人从事港口经营性业务，需要与委托人订立港口业务合同。委托人可以是当事人，也可以是其指定的代理人。除了即时结清之外，港口业务合同应当以书面的方式订立，电报、电传、传真等形式也同样具有与书面合同相同的效力。

港口业务是指为船舶的停靠、旅客与货物运输，向船舶、旅客与货主所提供的服务，包括为船舶提供引航，港口设施，拖带，货物的装卸、储存、驳运，理货，供油、供水，以及为旅客候船与上下船舶提供的服务等，具体分为港口经营性业务与港口非经营性业务。

港口经营性业务，是指以营利为目的订有港口业务合同，并且发生费用结算的港口业务。港口非经营性业务，是指港口经营性业务以外的港口业务。

港口业务合同的订立、履行、变更或解除及违约的处理等相关的合同管理工作，通常是由港口商务部门负责。

港口业务合同的签订者，在履行合同之时应当注意有关船舶规范、舱单、船图等资料的交接、处理、归档及保存，以便于查询。

港口经营人对于用户未能履约的情况，要进行分析：对于有客观原因的要给予配合、补救；但是对于个别用户故意拖欠码头使用费等现象，应当按照合同中的违约条款予以处置；对于一些到期限的合同，要根据具体情况来处理，需要续签的要及时与对方进行联系，做好合同的续签工作。

二、货运事故及其处理

（一）货运事故的概念

货运事故是指自货物承运验收开始，至货物运达目的地向收货人交付货物时止，由于承运方，或托运方，或第三方的责任，在装卸、运输、保管过程中，所发生的货物灭失、短缺、损坏或变质，以及件数或重量短少等现象。

在实际工作当中，货运质量事故一般表现为货损及货差这两大类。货损是指货物发生颠损、磨损、破裂、变形、湿损、污损、腐烂等。货差是指货物发生短少、失落、错装、错卸、错运、交接差错等。

在我国的港口工作中，发生或发现货运事故之时，应当按照我国《合同法》等相关法律、法规的相关规定，首先做好货运的记录，其次要对事故的原因进行调查，最后要根据调查的结果做出货运事故的处理。

（二）货运事故的处理程序

货运事故的处理，主要包括索赔、理赔与赔偿。

1．索　赔

托运人、收货人或作业委托人（简称“索赔人”），向承运人与港口经营人要求货运事故赔偿之时，应当在自收到货运记录的次日起的180天以内，提交索赔书。超过时效之后提出的索赔要求，承运人与港口经营人便不再受理。提出货运事故索赔书的同时，应当随附货运记录、货运单证、货物损失清单、价格证明等文件。

2. 理　赔

承运人、港口经营人，在收到货运事故索赔书之后，应当在自收到的次日起的60天以内，将处理意见以书面形式通知索赔人，索赔人收到承运人、港口经营人的处理意见通知以后，如果有异议，应当在自收到的次日起10天内提出。

承运人或港口经营人在受理赔偿要求之时，应当审查赔偿要求的时效、赔偿要求人的要求权利、应附的单证等，对于经审查不合规定的赔偿要求，应当向要求人说明理由，退回文件。

3. 赔　偿

承运人或港口经营人，需要对由其责任造成的货物损失进行赔偿。赔偿价格的计算，理应按照《货物运输事故赔偿价格计算规定》来办理。但是货物被盗并且已经向公安部门报告并且立案的赔偿，期限可以顺延至半年。

在索赔与理赔操作的过程当中，应该充分地运用好操作流程，以将事故的损失降到最低。一旦发生货运事故，应当即刻通知事故受损方、保险公司等有关部门，到现场确定货损的事实。港口如果在该事故中被确定为事故的责任方，那就应当按照事故责任的比例进行赔偿。如果事故的类别属于港口责任保险范畴，港口则应当编制索赔报告，将赔偿金额的损失向保险公司提出补偿。

（三）货运事故的记录

货运事故的记录，是分析责任与处理事故的依据。在货物运输装卸的过程中，发生或发现货运事故之时，必须编制货运记录。

如果货运事故涉及承运人、托运人、收货人、港口经营人与作业委托人之间的责任，不同当事人应当根据货运事故发生的不同阶段，来编制货运记录。在货物进港之时，发现与发生货运事故的，应由起运港的港口经营人会同作业委托人进行编制；在装船前与装船之时发现和发生的，则应由承运人会同起运港港口经营人或托运人进行编制；在卸船之时发现和发生的，应由承运人会同港口经营人或收货人进行编制；在货物交付之时发现与发生的，应由到达港的港口经营人会同收货人进行编制。

货运事故的记录，分为货运记录、港航记录与普通记录三种。

1. 货运记录

货运记录是记载承运人与托运人或收货人之间责任的记录。遇有下列情况之一时，应当根据交付货物当时的实际情况，来编制货运记录。

（1）品名、件数、包装、标志与运单记载的不符；

（2）货物出现溢短、灭失、变质、污染、损坏的；

（3）有货无票或有票无货的。

货运记录使用印有号码的用纸，按照每一张运单进行编制，并且要由负责编制记录的人员与相关人员签章。货运记录为一式三份，一份交由收货人或托运人，一份由编制港留存，一份转责任单位，如果事故责任涉及几个单位，可以按照需要增加抄本。

2. 港航记录

港航记录，是港、航企业之间记载事故原始情况的记录，对于收货人、托运人不发生效力，因而不向托运人与收货人提供。但它是承运人内部各环节之间辨明责任、采取保证货运质量措施的依据。

港航在进行货物交接之时，发生或发现货损、货差等事故，以及按规定应当编制记录证明的，港口应当会同船舶编制港航记录。任何一方要求编制记录时，对方不得拒编，意见有分歧的可以在记录上批注，如果一方坚持拒编、拒批，对方可以实事求是地编制“港航备忘录”，据实说明实际情况，递交对方的上级或转交有关部门。

遇有下列情况之一时，应当编制港航记录。

（1）货物有灭失、变质、污染、损坏、腐坏现象。

（2）货物有件数溢短、货单分离、货单不符现象。

（3）货物有标志脱落不清、包装破损或经过整修等现象。

港航记录的编制为一式五份：进口之时编制单位留存一份，交由船舶一份，并转港口主管货商部门三份（其中一份寄起运港，一份寄船公司）；出口之时，编制单位留存一份，交由船舶两份（其中一份带交到达港），转港口主管货商部门两份（其中一份转交船公司）。

3. 普通记录

普通记录是记载承运人向托运人或收货人提供证明事项的记录，但是不涉及承托运之间的责任。遇有下列情况之一时，应当编制普通记录。

（1）托运人按照舱封或装载现状与承运人进行交接，以及其他封舱（箱）运输的货物，发生非承运人责任的灭失、短少、变质、污染、损坏与内容不符现象。

（2）托运人随附在货物运单上的单证丢失。

（3）托运人派人押运与甲板货物发生非承运人责任所造成的损失。

（4）承运人提供船舶水尺计量数。

（5）货物包装经过加固整理。

（6）收货人要求证明与货物数量、质量无关，而承运人又能证明的其他情况。

普通记录编制的份数，根据需要而确定。

三、港口费收的管理

（一）港口费收及其种类

港口凭借自身所拥有的设备、设施与人力，为船舶运输与货物装卸提供服务，根据规定标准与项目，向货主与船方收取的各种费用，称为港口费收。

港口费征收的对象，有的是船方，有的是货方，有的是船方、货方。在一般情况下，本国的船舶装卸费是向货方收取，外轮的装卸费则按照合同的约定办理。货物保管费除了特殊情况由船方承担以外，一般是向货方计收。

港口费收包含港口费目与港口费率。港口费目是收取港口费用的项目，而港口费率是收取每项港口费用的费用标准或单价。

按照收费的对象，港口费收可以分为船舶费用与货物费用。船舶费用是针对船舶征收的费用，包括领航费、移泊费、系解缆费、船舶港务费、停泊费、开关舱费等；货物费用是针对货物征收的费用，包括装卸费、货物港务费、港口建设费、货物保管费等。

按照收费的性质，港口费收可以分为港口劳务费和港口规费。港口劳务费是指港口企业因向船舶或货物提供劳务与服务，而征收的相关费用，主要包括装卸费、货物保管费、移泊费、拖轮费、过驳费、系解缆费、开关舱费、起货机工力费等项目。港口规费是具有税收性质、统收统支的费用，是指港口管理当局按照有关规定向船方或货方征收的港口非劳务费，包括港务费、港口建设费等项目。

港口费收的内容涉及各个经营活动，其计费工作以交通部颁发的《港口费收规则》为依据。

（二）港口的主要费收标准

1. 船舶吨税

船舶吨税是指各个国家对于进出国境的外籍船舶，征收具有关税性质的船舶吨税。

船舶吨税征收的对象，是驶入我国港口或行驶于我国港口之间的外籍船舶、外商租用的中国籍船舶、中外合营企业租用的外国籍船舶。

船舶吨税一般都是按照船舶的净吨来计收，但是现在也有许多的港口按照总吨计收。船舶吨税并不一定对每一个航次都要收取，可以按照各国规定期间进行收取。比如，我国规定，经常来往于我国港口的短途国际航线船舶，以每三个月为一期缴纳船舶吨税。

2. 船舶港务费

船舶港务费是港口用以维修、保养港口建筑物与疏浚航道，以利于船舶与货物安全进出港口和使用便利，而向船舶征收的费用。船舶按照净吨（拖轮按照马力）以次数计收，进港与出港分别计算。外贸船舶的港务费费收标准是0.71元／吨，沿海船舶港务费的费收标准为0.25元／吨。按照现行有关规章规定，凡是遇难与避难船舶，非营运的军事、公安、边防、海关、检疫、捕鱼及港内工作船舶，非运载旅客或货物的船舶，都可以免缴船舶港务费。

3. 货物港务费

经由港口吞吐的货物，根据交通部制定的《港口费收规则》中的货物港务费率表，来确定货物计费单位与费率。货物港务费的计算公式为：

$$货物港务费=货物重量\times 港务费率$$

4. 港口建设费

港口建设费是一种由国家征收的用于港口建设的费用。其征收标准，是由国家相关规定来确定的。

5. 引航、移泊费

引航、移泊费，是指由引航员引领进港或出港以及港内移泊的船舶，应当向港口支付的费用。国家规定对于外籍船舶进出我国港口的，要实行强制引航。

由引航员引领进港或出港以及港内移泊的船舶，沿海港口的引航费按每净吨（拖轮按千瓦）每次0.21元计收，移泊费按每净吨（拖轮按千瓦）每次0.15元计收；引航移泊距离超过15海里之时，按照相应费率加收30%；起始计费吨为500吨（拖轮按千瓦）。

引航员引领拖轮及其拖带船舶、驳船、木竹排与其他水上浮物的引航费或移泊费，分别按照被引领的拖轮千瓦与拖带船舶净吨或载重吨（木竹排、其他水上浮物每立方米换算为一吨）计算。

对于使用港口拖轮拖带进出港口以及在港内移泊的船舶，另外要按拖轮出租费率计收拖轮使用费。

接送引航员超过一定距离之时，可以对其计收接送费，具体标准由各港提出，报经所在市（地）交通、物价主管部门批准。

6. 系、解缆费

系、解缆费，是船舶在港口码头、浮筒靠离或移泊之时，向船舶征收的系缆或解缆操作的费用。无论是对于空载船舶还是对于重载船舶，每系缆或解缆一次，都要分别计收系缆费与解缆费。航行国际航线与航行国内航线的系、解缆费用标准，会略有区别，以不同档次的船舶净吨为计费单位。

7. 停泊费

向停泊在港口码头、浮筒的船舶征收的费用被称为停泊费。停泊又分为生产性停泊与非生产性停泊。生产性停泊，是指港口码头、浮筒进行装卸作业之时的停泊。非生产性停泊，包括以下几种情况：装卸完毕（指办妥交接）4小时之后，因为船方原因而继续留泊；非港方原因造成的等修、检修（等装、等卸与装货过程当中的等修、检修除外）；避难来港；专门进港加油加水，加完之后继续留泊；国际旅游等。

停泊费是按船舶净吨（拖轮按马力）以日征收。对于停靠码头、趸船的船舶，外港系泊的船舶以及系泊在趸船前后两端的船舶，都视为停靠码头，要计征停泊费。对由于候潮、气候影响或港方原因所造成在港内留泊的船舶以及定期客班轮，则免征停泊费。

8. 拖船费

拖船费是指使用港口拖船，而向港口支付的费用。

船舶进出港口、在港口内靠泊与离泊，都需要港口提供拖船协助：散货船在港内装卸，验看水尺之时，以及在海上意外遇险之时都需要使用拖船。使用拖船，以拖船马力与使用时间为单位，按照规定的费率收费。

9. 开、关舱费

根据规定，由港口工人开、关船舶舱口，不分船舶大小、层次与开、关次数，分别按照卸货计收开、关舱费一次，装货计收开、关舱费一次。另外，港口工人单独拆、装、移动舱口大梁，视同开、关舱作业，要计收开、关舱费。大型舱口（又称A、B舱）中间有横梁的（包括固定横梁与活动横梁），要按两个舱口计收开、关舱费。设在大舱外的小舱口，四个按一个大舱口（四折一）计算，不足四个的按一个大舱口进行计算。

10. 装卸费

装卸费是船舶在港内装卸货物之时，应当支付的费用。

港口装卸费率计费单位有重量吨（W）、体积吨（M）与择大计费（W/M）三种。目前，外贸进出口货物装卸，一般是以重量吨作为计费吨，对于在沿海运输及陆地作业的货物，则是实行“择大计收”的计费方法。“择大计收”是一种在货物的重量吨与体积吨之间，择大作为计量标准的计费方法。

按照现行规定，装卸船费根据作业船舶的不同，按照《港口费收规则》的“内贸部分”和“外贸部分”分别计收。计算货物装卸费，可以先根据货物名称、包装种类、作业过程查“外贸进出口货物装卸费率表”或“内贸货物费率表”，以及部分港口企业自行确定的装卸费率表，再将货物所要经过的作业过程费率相加，确定货物的总装卸费率与计费单位。

$$\text{货物装卸费}=\text{货物重量}\times\text{总装卸费率}$$

11. 货物保管费

货物保管费又称为货物堆存费，是指货物在港口内存放之时，除了规定的免费保管期以外，应当缴纳的保管费用。由于港口库场是周转性库场，只有加速周转与畅通，才能够为更多的进出口货物提供堆存服务。因而，有必要对超过免费保管期仍未被提取的货物，收取货物保管费，以促使收货人尽早提货，避免造成港口的经济损失。

应当根据货物的种类、入库时间，来确定收取货物保管费的时间，并且按照港口关于保管（堆存）费的规定，确定货物的保管（堆存）费率：

货物保管费=货物重量×保管费率

12. 港口经营业务的其他费收

（1）工时费

经过港口同意，非港方与货方自带工人进入港区装卸货物或进行辅助作业，使用港口动力或装卸机具，要另收动力费或装卸机具使用费；如果是由港口工人操作机械，则要按照不同工时计收工时费，

（2）杂项作业费

装卸需要敲、铲、整理的货物，以及由港口工人进行装包、捆包、过磅、定量等作业，要按照各港规定收取杂项作业费。与港口有关的杂项作业费，包括以下几种：分票费、拆包与倒包费、灌包与缝包费、挑样费、一般扫舱费、拆隔舱板费、特殊平舱费、倒垃圾费、装卸指导员工时费、装卸船用防雨设备、防雨罩费、污水处理费、围油栏费等。

（3）代理费

港口代理货运业务与客运业务，要向货物托运人或收货人收取货运业务代理费和客运业务代理费。代理费一般是按照货运收入的一定比例来计收。

（4）其他劳务与服务费

四、港口的口岸管理

（一）我国的口岸管理制度

我国的口岸管理，实行的是国家与地方政府专项管理和各边境口岸执法行政的制度，使得港口管理在整体上形成了多层次、多环节、多目标、多功能的综合管理系统。

口岸管理系统由以下四个分系统组成。

1. 交通运输分系统

交通运输分系统包括港口、机场、车站以及与之相联系的铁路、公路、航空、航运、

管道运输等各种运输方式，主要任务是完成进出口物资、旅客的装卸、疏导及位移工作。

2. 外贸分系统

外贸分系统主要任务是完成外贸成交、货源组织等工作，为口岸提供货运基础。

3. 监督分系统

监督分系统包括检查、检验、检疫三个子系统，代表国家对进出境的人员、行李、货物及运输工具履行管理、监督检查职能，维护国家的权益与国际信誉。

4. 服务分系统

服务分系统包括为船舶等交通工具及其驾乘人员服务的供应、船舶代理、船舶引水、海员俱乐部，为进出口货物服务的货运代理、仓储、理货。口岸服务分系统不仅以各自不同的方式为口岸各项工作及进出口岸的交通工具、旅客、货物提供服务，而且也在一定程度上维护着国家的权益与国际信誉，还肩负有宣传的责任。

口岸是国家的重要基础设施，同时也是对外开放的门户与窗口，其管理水平与运作效率的高低，是影响开放型经济发展的一个重要因素。口岸的软、硬环境与工作效率，是影响港口物流加快发展的一个重要因素。从1990年的第一个保税区到2007年国家批准设立的保税港区，到目前统一归并为保税区与综合保税区，是我国口岸特定监管区域功能的不断深化与监管手段不断创新的过程。综合保税区与原保税港区一样，是目前开放层次最高、优惠政策最多、功能最齐全、手续最简化的海关特殊监管区域，可以叠加享受到我国保税区、出口加工区、保税物流园区等各项优惠政策，是真正的“境内关外”。

在目前，已经获得国务院批准设立的保税港区，包括洋山保税港区、天津东疆保税港区、大连大窑湾保税港区、海南洋浦保税港区、宁波梅山保税港区和广西钦州保税港区等。

改革开放以来，我国口岸管理体制的改革取得了很大成就。但不容忽视的是，与发达国家和地区的口岸管理相比，我国口岸管理的总体水平仍然比较低，口岸物流管理的费用比较高，物流组织的环节比较多，口岸管理和运行效率与现代物流发展的要求，还有着很大的差距。因此，还必须加快我国口岸管理制度的进一步深化改革，有效提高口岸工作效率，以适应国际贸易与货物运输发展的需要。

（二）口岸检查检验

口岸检查检验是指对进出口货物、出入境人员及其交通运载工具，依法进行的检查与检验，简称查验。检查检验是维护国家主权与尊严的一种重要体现，也是保障国家安全、方便合法出入境的必要措施。

口岸检查检验的对象，是进出我国港口、国界通道、航空港、车站与国家批准地点作业的各种外籍交通工具，以及航行国际航线、港澳地区的我国交通工具，以及它们的驾乘人员与所载的旅客、货物及物品。

口岸检查检验的任务，是维护国家主权、经济利益与对外信誉，保证进出口运输的质量安全，提高效率，促进对外贸易、经济技术文化交流与旅游事业的发展，为建设社会主义现代化强国、发展国际统一战线与爱国民族统一战线，做出贡献。

口岸检查检验由国家派驻口岸、代表国家依法对口岸进行管理的海关、边防检查、海事、出入境检验检疫四个行政管理执法机构执行。

1. 海　关

海关是国家的进出关境监督管理机关，它代表着国家对进出境活动实施的监督管理，主管机关是国家海关总署。其宗旨为：依据《中华人民共和国海关法》《中华人民共和国进出口关税条例》等法规、条例的规定，依法对进出境活动实施监督管理，从而维护国家的主权与利益，同时促进对外经济贸易与科技文化交往，保障社会主义现代化建设。

2. 边防检查

边防检查是国家通过设在对外开放口岸的边防检查机构，依法对入出境人员、交通运输工具及其携带、运载的行李物品、货物等，实施检查、监督的行政管理活动，主管机关为公安部边防局。其宗旨为：依据《中华人民共和国出境入境管理法》《中华人民共和国外国人入境出境管理法》《中华人民共和国出境入境边防检查条例》等法规、条例的规定，实施边防检查、监护与管理，维护国家主权，保卫国家安全。同时，方便各国之间的合法往来，这也是国家对外开放政策对边防检查工作的一项要求。

3. 海　事

海事是国家海事机构依法监督水上交通安全与防止船舶污染水域的行政管理机构，其主管机关为国家海事局。其宗旨为：依据《中华人民共和国海上交通安全法》《中华人民共和国内河交通安全管理条例》《中华人民共和国海洋环境保护法》等法规、条例的规定，实施海事管理与服务，维护国家主权，保障水上的交通安全，促进水上运输事业的发展，保护水域环境，防止水域污染。

4. 出入境检验检疫

国家质量技术监督出入境检验检疫局，是主管出入境卫生检疫，动植物检疫，商品检验、鉴定、认证与监督管理的行政执法机构。其宗旨为：依据《中华人民共和国国境卫生检疫法》《中华人民共和国进出境动植物检疫法》《中华人民共和国进出口商品检验法》等法规的规定，对出入境人员与交通工具实施传染病检疫、检测与卫生监督，对进入我国国境与过境的动植物、动植物产品及其运载工具等实施检疫，对进出口货物进行检查并且发给检验证书等。

（三）海关货运的监管制度

接受申报、查验、征税、放行，是我国海关通关的基本制度。

1. 申　报

申报是指货物、运输工具与物品的所有人或其代理人，在货物、运输工具、物品进出境之时，向海关呈交规定的单证手续。

2. 查　验

查验是指海关在接受申报之后，用已经审核的法定单据为依据，在海关监管场所，对进口或出口的货物进行实际的核对与查验，确定货物的进出口是否合法，以及货物的品名、数量、规格等是否与报关单证所列相一致。进出口货物，除了海关批准免验的以外，都应当接受海关的查验。查验进出口货物之时，应当在海关规定的时间与场所之内进行。如果要求海关在海关监管场所以外的地方查验，应当事先报请海关同意，海关要按照规定收取规费。海关查验货物之时，进出口货物的收货人或其代理人应当到场，并且按照海关的要求，负责搬移货物、开拆与重封货物的包装等。海关认为必要之时，可以径行开验、复验或提取货样。

3. 征　税

征税是指根据查验的结果，由海关税费征收环节关员对报关单、随附单证及货物查验结果审核无误之后，打印、签发各类税费专用缴款书，进出口货物收、发货人，持海关签发的税费专用缴款书到银行缴纳税费，并且将银行的缴款回执交还海关。

4. 放　行

放行是指海关对货物、运输工具、物品进行查验之后，在有关单据上签印放行，或者开具放行通知单，以示海关监督的结束。

海关监管的基本任务为：根据《中华人民共和国海关法》与国家有关进出口的政策、法律、法规，监督管理货物与运输工具的合法进出，检查并且处理非法进出、偷漏税等走私活动。

海关监管，是采取前期管理、现场监管、后续管理相结合的监管体制。其业务制度基本程序为申报审核、检查查验、核查核销、结关放行。经过结关放行后的进出口货物，才可以解除海关监管，办理提货、运输手续。出境运输工具，要经过海关办结海关放行手续之后，才准予驶往境外。

Section 3

第三节　港口设备与工艺管理

一、港口的主要设备

（一）集装箱码头的主要设备

集装箱码头的主要设备，有装卸机械与堆场作业机械这两大类。其中，装卸机械包括集装箱专用吊具、岸壁式集装箱装卸桥两类设备。堆场作业机械包括龙门起重机、跨运车、底盘车、集装箱叉车与正面吊等几种设备。

1. 集装箱专用吊具

（1）固定式吊具

集装箱专用吊具是用于起吊集装箱的机械，而固定式吊具是只能起吊一种集装箱的吊具。其优点在于结构简单、自重轻、价格便宜，缺点是对箱体类型的适应性比较差，更换吊具之时，往往要占用较多的时间。

（2）自动式吊具

这种吊具利用油压操作，使得吊臂能够自行伸缩，以满足起吊不同尺寸集装箱的要求。其优点在于变换起吊不同集装箱所花费的时间少，使用灵活；缺点是自重比较大，一般为9～10t。它是目前在集装箱桥吊上使用最为普遍的一种集装箱专用吊具。

（3）组合式吊具

这种吊具是将起吊不同尺寸的集装箱吊具组合使用。其优点在于结构简单，实用性强，自重较自动式的吊具小，一般为4～7t。组合式吊具主要用于跨运车等堆场作业机械。

（4）双箱吊具

此种吊具可以同时起吊两个20ft的集装箱，在双箱吊具的中部增加四个旋锁，当吊具伸到40ft位置之时，可以同时起吊两个20ft的集装箱，可见双箱起吊方法大大提高了船舶的装卸效率。

2. 岸壁式集装箱装卸桥

在现代化集装箱码头上，从事码头前沿集装箱装卸作业的主要设备，是岸壁式集装箱装卸桥，简称为桥吊。

桥吊按照框架结构的外形，可以分为A型框架式与B型框架式。桥吊作业之时，由于集装箱专用船舶的船舱内设有箱格，舱内的集装箱作业对位非常方便，无须人工协助，因此在作业中，没有像件杂货那样的舱内作业工序。

配备桥吊之时，主要考虑的技术参数包括以下各项。

（1）起重量

在确定桥吊的起重量时，一般要考虑到以下的作业条件。

1）考虑起吊集装箱船舱盖板的需要，舱盖板的重量一般不超过28t。

2）要考虑装卸非国际标准集装箱的需要。

3）考虑有可能采用同时起吊两个20ft型集装箱的作业方式，两个20ft型集装箱的最大重量一般约为40.6t。

4）要兼顾装卸其他重大件杂货的需要。

（2）起升高度

桥吊的起升高度，是由两部分——轨道以上的高度和轨道以下的高度所组成。它取决于集装箱的型深、吃水、潮差、甲板上装载集装箱的层数、码头标高以及船体倾斜等因素。目前，世界各国设计制造的岸壁式集装箱装卸桥，一般都是取轨道面上起升高度为25m，轨道面下起升高度为12m。

（3）外伸距

所谓的外伸距，是指集装箱装卸桥海侧轨道中心线向外至集装箱吊具铅垂中心线之间的最大水平距离。外伸距主要取决于到港集装箱的船宽，并且考虑在甲板上允许堆放集装箱的最大高度，当船舶向外横向倾斜3°时，仍然能够起吊甲板上外舷侧最上层的集装箱。

（4）内伸距

内伸距是指集装箱装卸桥内侧轨道中心线，向内至吊具铅垂中心线之间的最大水平距离。确定内伸距主要需考虑这两个问题：首先是能否放置集装箱；其次是能否放置舱盖板。

（5）轨距（跨距）

轨距是指桥吊两条行走轨道中心线之间的水平距离。轨距的大小，会影响到装卸桥的整机稳定性。考虑到装卸桥的稳定性以及为了更有效地疏运岸边的集装箱，轨距内最好能安排三条接运线。

（6）横梁下的净高

该净空高度是指横梁下面到轨顶之间的垂直距离，一般取决于最大搬运集装箱机械的最大高度。目前，集装箱装卸桥横梁下的净高为10m。

3. 龙门起重机

龙门起重机简称为龙门吊，为水平桥架设置在两条支腿上构成门架形状的桥架型起重机，是一种在集装箱堆场上进行集装箱堆垛与车辆装卸的机械。由于龙门吊的跨度大，起重机运行机构大多都是采用分别驱动方式，以防止起重机产生歪斜运行而增加阻力，甚至是发生事故。为了适应港口码头的运输需要，龙门吊的工作级别比较高：起升速度为8～10米／分；跨度根据需要跨越的集装箱排数来决定，最大为60m左右，相应地，20、30与40英尺长的集装箱的起重量，分别约为20、25与30t。

龙门吊一般有轮胎式（又称“无轨龙门吊”）与轨道式（又称“有轨龙门吊”）两种形式。

轮胎式龙门吊的主要特点是机动灵活，通用性强。它不仅能够前进、后退，而且能够左右转向90°，设有转向装置，可以从一个堆场转向另一个堆场进行作业。轮胎式龙门吊的跨距，是指两侧行走轮中心线之间的距离。其跨距的大小，取决于所需跨越的集装箱列数与底盘车的通道宽度。根据集装箱堆场的布置，通常标准的轮胎式龙门吊横向，可以跨6列集装箱与1条车道，可以堆3～4层。

轨道式龙门吊，是集装箱码头堆场上进行装卸、搬运与堆垛作业的专用机械。一般轨道式龙门吊要比轮胎式龙门吊的跨度大，堆垛层数多。最大的轨道式龙门吊，横向可以跨19列集装箱与4条车道，可以堆5～6层高。轨道式龙门吊是沿着场地上铺设的轨道行走的，因此，只能限制在所设轨道的某一个场地范围以内进行作业。轨道式龙门吊确定机械作业位置的能力比较强，故而较易于实现全自动化装卸，它是自动化集装箱码头的一种比较理想的机械。

4. 跨运车

跨运车是一种具有搬运、堆垛、换装等多功能的集装箱专用机械。跨运车方式又称为“麦逊公司方式”。跨运车采用的旋锁机构，可以自动与集装箱之间结合或脱开；吊具能够升降，以适应装卸与堆码集装箱的需要，也能够侧移、倾斜与微动，以满足对位的需要。

跨运车工艺系统，在欧洲的应用比较广泛。在集装箱码头，跨运车可以完成许多作业任务，比如，集装箱装卸桥与前方堆场之间的装卸和搬运，前方堆场和后方堆场之间的装卸和搬运，后方堆场与货运站之间的装卸和搬运，为底盘车进行换装等。

跨运车一般被认为是一种故障率比较高的设备，在有些国家使用之时，故障率高达30%～40%，由此造成了维修费用的上升。但是随着技术的进步和操作管理的改善，跨运车在一些码头上已经使用得相当成功。不过在我国，相对较少会采用跨运车的方式。

同时，跨运车是一种价格昂贵的集装箱专用机械，为了减少码头上跨运车的使用量、节省码头设备投资、降低装卸成本，目前许多采用跨运车方式的码头，从码头前沿到堆场这一段搬运过程的操作，已经改用场地运输车来拖带。这样一来，跨运车就只需要负责堆场上的堆垛作业。

5. 底盘车

底盘车方式又称为“海陆公司方式”，是由陆上拖车运输发展起来的。集装箱堆场上采用的底盘车方式，是指将集装箱连同运输集装箱作业的底盘车一起存放在堆场上。这种集装箱的堆存方式机动性最大，随时可以由拖车将集装箱拖离堆场，而无须借助于其他机械设备。因此，底盘车方式比较适合于门到门的运输方式。在目前，美国西海岸的主要港口较多地使用这种方式。

6. 集装箱叉车

集装箱叉车是集装箱码头上常用的一种装卸机械，主要是用于吞吐量不大的综合性码头，进行集装箱的堆垛、短距离搬运与车辆的装卸作业，也有的用于大型集装箱码头堆场的辅助作业。它是一种多功能的机械。叉车搬运集装箱，一般是采用这两种方式：一种是吊运方式，即采用顶部起吊的专用吊具吊运集装箱；另一种是叉运方式，即利用集装箱底部的叉孔，用货叉起运，一般主要是搬运20ft的集装箱或空箱。任何一种方式的集装箱叉车，都应当符合以下作业的需要。

（1）应当能够装卸作业所需的各种箱型。

（2）起升高度应当符合堆垛层数的需要。

（3）荷载中心（货叉前臂至货物重心之间的距离）取集装箱宽度的一半，即1220mm。

（4）便于对准箱位，货架应当能够侧移与左行摆动。

7. 正面吊

正面吊是一种目前在集装箱码头堆场当中得到越来越频繁使用的专用机械。这种集装箱堆场设备，虽然由于其运行方向和作业方向垂直，而需要占据比较宽的通道，但是堆箱的层数比较高，并且可以为多排集装箱作业，设备的灵活性比较强，因此受到码头堆场的欢迎。采用正面吊的方式，可以堆存3～4层重箱，或7～9层空箱，因此堆场场地的利用率比较高。目前，正面吊主要还是作为集装箱堆场的辅助作业机械，但它确实是一种很有使用前景的集装箱装卸专用设备。

（二）散货码头的主要设备

散货码头的主要设备，有散货装船机械、散货卸船机械与散货堆场机械三大类。其中，散货装船机械有固定式装船机、移动式装船机两种设备；散货卸船机械有间歇型散货卸船机械、连续型散货卸船机械两种设备；散货堆场机械有堆料机、取料机与皮带输送机等几种设备。

1. 固定式装船机

固定式装船机是一种整机不能够沿码头岸线移动的装船机型。这类机型的悬臂可以做旋转、俯仰与伸缩的动作，所以这种装船机又被称为悬臂转动式皮带装船机。有的装船机悬臂还可以摆动，因而也被称为摆动式装船机。此类装船机由于性能全面，装船的效率高，对码头的承载能力要求低，可以有效节约码头的建造费用，因此成了国内外煤炭与矿石码头的主要装船机型之一。

2. 移动式装船机

移动式装船机，是一种整机可以沿着泊位前沿轨道全长行走的装船机械。此类装船机性能完善，可以适用于各种煤炭与矿石码头的任一船舱的装载，但是它的构造比较复杂。此类装船机为了供料，需要沿着码头设置高架栈桥与皮带机，并且配备可以与装船机一起移动的卸料车和供料皮带机等设备，因此，对码头结构强度的要求会比较高。

移动式装船机具有灵活、机动、工作面大、对船型变化的适应性强的优点，所以它是国内外煤炭、矿石码头最常用的一种装船机械。选用这种装船机进行装船，一般都是采用定船移机工艺。

3. 间歇型散货卸船机械

（1）船舶吊杆

船舶吊杆的工作特点包括以下几点：首先，为了装卸作业的安全，船舶吊杆在工作之时，抓斗起升的高度不能太高；其次，船舶吊杆的起重量比较小，卸货的效率比较低；再次，清仓量大；最后，在采用船舶吊杆抓斗卸船方式之时，不需要在码头上配备卸船机械，因此，可以有效节约码头的建设费用、降低港口的装卸成本。

（2）带斗门机

这是一种在门机的门架下，设置可伸缩漏斗的散货卸船专用机械，带斗门机的工作特点是卸船效率高。原因在于，一方面门架下的漏斗可以根据抓斗的行程调节伸缩，使得抓斗带货运行的行程缩短。另一方面，带斗门机的起升、变幅速度，要比普通门机高40%～50%，从而提高了装卸效率。带斗门机适用于船型不超过5万吨级的中型散货船进口码头，卸船效率在700t/h以下。世界上最大的带斗门机卸船效率，可以达1050t/h。

（3）装卸桥

装卸桥也称为桥式卸船机，是国外大型散货码头最主要的卸船机械，一般适用于5万吨级以上的散货专用船，卸船效率在700t/h以上。装卸桥抓斗的行程路线简单，起重量大，还可以承受比较大的动量载荷，所以其装卸小车的工作速度可以加快，抓斗的工作周期大为缩短，从而提高了卸船的效率。目前，装卸桥在国外大型散货码头当中，已经得到了普遍使用。

4. 连续型散货卸船机械

链斗式卸船机与斗轮卸船机，是两种常见的连续型散货卸船机。这两种卸船机主要是由垂直提升的斗式提升机与水平输送的皮带机两大部件所组成。

（1）链斗式卸船机

链斗式卸船机的工作过程为：物料由链斗提升机提取，卸到回转转盘附近的料槽内，由臂架皮带机送进大车中的中心料斗，再经过下面的双料斗直接卸到汽车或火车上，或者流到皮带机火车上，最后经过坑道皮带机转库场堆存。

（2）斗轮卸船机

斗轮卸船机的作业特点为：由双排斗轮取料，物料落入中间皮带机上，输送到链斗提升机上，再提升到悬臂皮带机上，最后转送到岸上。斗轮与链斗可以在舱内操纵转动240° 。由于驾驶员易于观察物料的抓取情况，这种卸船机的机动性比较好，抓取效率比较高，也可以减少整机移动与悬臂转动的次数。从发展的趋势来分析，连续型的各式卸船机是一种可提高卸船效率、很有发展前途的专用卸船机械。

5. 堆料机

堆料机是国内外散货堆场常用的专用机械，它有单悬臂、双悬臂、旋臂式三种机型。堆料机与堆场皮带机系统，可以组成不同的堆场装卸工艺形式。

6. 取料机

取料机是专用于堆场取料的机械，常见的是与水平固定式皮带机配合使用的取料机，也有流动式取料机。取料机通常与堆料机配合使用，来完成物料进出堆场的作业。这种堆取分开作业的形式，营运费用比较低，但是其土建部分的投资大，所以在一般情况下适用于堆场外形尺寸长而宽的堆场。取料机的特点是两端支撑在轨道上，中间是皮带机与滚斗桥架，整机可以跨堆场移动，滚斗也可以沿着桥架移动。其工作过程为：由滚斗从货堆上取料，再将物料转到上部桥架上，最后卸入平行轨道设置的固定皮带机上。

7. 皮带输送机

皮带输送机是散货装卸作业线连接装卸船、装卸车、堆场机械与各种储存给料作业环节的水平运输的转运工具。皮带输送机具有固定式、大容量、长距离与高效率等特点。目前，世界上最新型皮带机系统的输送效率已经达到40000t/h。高效率的皮带输送机对皮带的强度要求高，对皮带的带宽与带速也提出了更高的要求。皮带输送机效率的选用，要与装船机和卸船机相互适应。

二、港口的装卸工艺

所谓的工艺，是指社会生产当中改变劳动对象所采取的方法。工艺方法是达到目的的一种手段，工艺的效用是在整个生产过程当中表现出来的。工艺在制造业当中，主要指的是加工方法。在港口企业中，港口的装卸工艺是指在港口将货物从一种运载工具（或库场）上转移到另一种运载工具（或库场）上的空间位移的方法与程序。

（一）港口装卸工艺的主要内容

在港口，装卸工艺工作主要包括两方面：港口日常装卸工艺管理工作与港口装卸工艺设计工作。

1. 港口日常装卸工艺管理工作

这一工作是以港口现有的工艺系统与装卸设备作为基础，通过挖潜、技术创新与有效的组织，合理地运用现有人力、物力，以达到安全、优质、高效、低消耗地完成港口装卸任务的目的。它属于港口内涵式的扩大再生产能力的工作，具体包括工具的改进与创新、装卸工艺线的再设计、作业线改进、工程心理学研究、装卸作业技术标准的拟订与修改等。除此之外，港口的日常装卸工艺管理工作，还包括货物在运输工作和库场内的堆码方式、各种辅助作业的完成方法等。

2. 港口装卸工艺设计工作

港口装卸工艺的设计工作，属于外延扩大再生产范畴，它是港口工程设计的一个重要组成部分。装卸工艺的设计，往往是对港口工程设计的其他环节提出设计要求，对于整个设计起到总览全局的约束作用。装卸工艺设计是港口规划发展中的主要决策内容之一，在设计装卸工艺方案之时，必须根据货物的种类、流向、流量、包装、理化性质等因素，以及车型、船型、码头的交接方式，港口的自然条件，运输组织等方面的具体情况，拟订一系列可供比较的、有价值的方案，经过详尽的分析和比较，找出一个较为合理并且可行的方案。一个成熟、合理、可行的工艺方案的产生，必须经过反复的修正与比较，使得所选方案达到完善合理。如果工艺方案的决策有错误，即使港口具体工作做得再多、再好，企业也难以取得理想的成效。计算机仿真技术的应用，会使得装卸工艺方案的选择过程更为科学。

由上述几方面的分析可以得知，港口装卸工艺主要涉及以下几方面的内容。

（1）装卸机械设备类型的选择与吊货工具的设计；

（2）工艺流程的合理化；

（3）货物在运输工具上与库场的合理配置和堆码；

（4）驾驶员与工人的先进操作方法；

（5）工艺规程的拟定与修改。

（二）港口装卸工艺的作用

港口的主要任务，是进行货物在不同运输工具之间的换装，装卸过程中并没有材料的消耗，只有机械的磨损以及燃料的消耗。因此，装卸的成本，主要是决定于机械的折旧修理费、燃料费、机械驾驶员及装卸工人的工资等。所以，要降低装卸成本，就需要降低上述几种费用，这可以通过合理使用装卸机械及装卸工艺来达到。

另外，要保证装卸过程中的安全和质量，也必须寻找合理的装卸工艺。其他方面，如装卸效率的高低、劳动强度的大小等，也与装卸工艺有着密切关系。因而可以说，港口的装卸工艺工作，在港口技术管理工作当中是头等重要的一项工作，它是港口生产的一个重要基础。

港口装卸总是会按照某种方式来进行，不同的方式则会产生不同的效果。这就是说，港口的装卸工艺是客观存在的，我们的任务是主动地研究、改造它，使之更为合理。这也是必须大力开展装卸工艺研究的原因所在。

港口装卸工艺在港口生产管理当中，具有重要的作用，这些作用概括起来包括以下几方面。

1. 港口的装卸工艺是港口生产的基础

港口的装卸工艺，是通过装卸作业线来具体实现的，而作业线实际上便是装卸工艺线。

2. 港口的装卸工艺是劳动管理的重要内容

港口装卸作业的方式选择，会直接影响到作业的时间、定额以及奖惩制度。

3. 港口的装卸工艺现代化是港口生产技术进步的标志之一

长期以来，港口装卸工艺存在一种倾向，就是重码头建设、轻设备的有效应用。这致使我国的集装箱码头虽然建了不少，但是单泊位通过能力却普遍比较低，极大地影响了码头应有能力的正常发挥。

4. 港口装卸工艺会直接影响港口的生产绩效

港口装卸工艺的选择是否合理，会直接影响港口的生产绩效。装卸工艺改进并不是设备越先进越好，而是要根据港口的实际生产情况与货种、货流情况，来进行合理化选择。

（三）港口装卸工艺的合理化原则

国内外港口的生产实践表明，合理的装卸工艺应当符合一些基本的原则。揭示出这些原则，将会有助于解释为什么这样的工艺，要比那样的工艺更为合理。

1. 安全质量原则

安全质量原则是指在港口的生产过程当中，防止货物损坏与差错，保护人员的生命，保障设备、设施的正常运行。

2. 充分利用机械设备原则

充分利用机械设备原则，是指对劳动强度大、工作条件差、搬运装卸频率高、动作重复的环节，尽可能采用有效的机械化作业方式。

3. 专用化与适应性原则

专用化原则是指尽可能地采用专门的工艺、专用的设备进行货物的装卸、搬运与储存。专用化，是社会化大生产的产物，是现代化大工业发展的客观规律与基本特征。适应性原则，是指采用的工艺方案或者装卸设备，应当尽可能地运用不同种类的货物装卸作业。当设备的适应性增强之时，它的应用范围就可以相应地扩大，使用就会比较方便。

究竟是采用专用化设备有利，还是采用适应性强的设备更有利，关键在于对货物与车船类型等作业条件，以及未来可能的变化进行调查与预测，对经济效益做出科学的评估。在这个基础之上，高层管理者要凭借其自身的经营智慧，做出英明的决策。

4. 高效作业原则

高效作业原则是指装卸工艺的设计，应当保证船舶与车辆的装卸能力得到充分的发挥，以缩短车船在港的停留时间。

5. 标准化原则

标准化原则是指在选择装卸工艺方案以及装卸设备之时，应当尽可能地采用标准化的成熟方案与设备系列，以及标准化的货物单元。

6. 环境保护原则

环境保护原则是指在装卸工艺的试验与改造当中，应当采取有效的措施，防止在作业过程中对周围环境产生有害的影响。

三、港口装卸工艺与设备的匹配

装卸工艺与装卸设备系统，是两个关系密切但又不同的概念。装卸工艺是指货物装卸的方法与流程。装卸设备系统，则是用于实现装卸工作机械化的各种装卸机械以及辅助设备的集成。例如，在件货装卸之时，龙门起重机可以与叉式装卸车配合，组成一个机械化系统，但是同一个“龙门起重机—叉式装卸车”系统，可以有几个不同的工艺方案——成组运输、成组装卸及堆存、散件装卸。

必须指出的是，现代化的装卸工艺是以先进的装卸机械化系统作为基础的，而且机械化系统一经采用，更换就会比较困难，因此必须根据港口的具体营运状况与自然条件，来合理地设计机械化系统，特别要注意构成机械化系统主体的装卸设备类型的选择。影响装卸机械设备类型选择的因素，大致包括货物、运载工具、自然条件、港口建筑物与运输组织等几方面。

（一）货物方面

1. 货物特性

货物特性具体表现为以下几点。

（1）货物的尺寸、重量、容重、形状与包装形式，会影响起重量的选择。

（2）货物品种的多样性，会影响机械的通用性与灵活性选择。

（3）货堆的脆弱性与包皮的牢固性，会影响装卸方法与货堆高度，进而决定装卸机械的性能要求。

（4）货物的冻结性与凝结性，对于设备的有效应用具有重大影响，例如盐、化肥散运之时，会因凝结而结壳，冻结的货物由于不能自流，会影响车辆与露天地下坑道的有效应用。

（5）货物的磨损性与腐蚀性，会加速机件的损坏，因此需要特别地防护及维修。

（6）针对货物的易燃、易爆、扬尘性，在设计装卸机械化系统之时，要从安全、环保的角度采取有效措施。

在设计机械化系统之时，还需要考虑到特定货物需要的某些辅助作业设备，比如，干燥、净化、精选、粉碎、分票、选材、称量、计件等设备的需要。

2. 吞吐量

货物吞吐量的大小，会关系到是否需要设置专用化泊位与采用专用化机械。港口的专用化生产是社会化大生产的产物，也是现代化大工业发展的客观规律与基本特性。

3. 货物流向

货物流向是影响机械设备选择的又一重要因素。水运货物是经过铁路还是经过水路转运，是双向货流还是单向货流，货物是全部需要经过库场还是有很大比重直接换装，货物是否经过仓库，这些对于机械设备的选择，都有着很大的影响。双向货流要求机械在装船与卸船的两个方向都能够进行工作。在这方面，起重机系统较之输送系统要更为优越。

除此之外，货物方面还要考虑流量、流向的稳定程度，因为这会关系到是否适宜采用专用化装卸设备。

（二）运载工具方面

1. 船舶类型

泊位的长度主要根据船长来决定，船宽会关系到岸上机械的臂幅。船舷及上层建筑的高度，决定着起重机门架及输送栈桥的高度与岸上机械具备升降式或伸缩式悬臂的必要性。舱口数会影响到岸上机械的数量，舱口的尺寸会影响到作业方法与装卸效率，舱口面积与货舱面积之间比例的大小会影响到舱内作业的效率，而舱内的作业往往成为限制装卸效率的主要因素。船舱结构会影响到舱内机械的采用。舱口位于上层建筑里面的客、货船，要求采用特殊的装卸方法。

在进行机械化系统的技术经济指标计算时，传统上根据设计任务中提供的设计代表船型，但是在工艺上往往不能满足于设计代表船型。一般来说，专用化的车型与船型，会有利于采用专用机械、提高装卸效率。但是，由于我国的车船类型比较复杂，存在着各种车船类型到港口的可能性，因此在设计机械化系统之时，通常需要考虑到一定的灵活性。

2. 车辆类型

关于车型，除了特定情况（如用自卸车运散货）之外，我国目前还很少用某一种车型装运一种货物。因此，除有特殊要求，一般只需要了解是否有篷车或有篷货车装运散货的情况。

（三）自然条件方面

1. 水位与潮汐

我国海港的潮差一般不大，内河港口的水位差则很不相同，有的港口变化比较小，有的则变化很大。若是水位变化过大，会使得直立式码头的造价昂贵，使得水工建筑的投资增加；在斜坡式码头条件下，船舶与岸线相对位置变化会很大，要求机械化系统能够灵活适应，保证高水位与低水位之时车辆和船舶的装卸作业工作。

如果需要地下建筑物，则需要了解地下水位的高度。若是地下水位高，便会增加港口建造地下坑道施工方面的困难，影响到地下坑道的经济合理性。水流的方向，决定着船舶靠码头的首尾方向，在某些情况下，对于工艺布置也会有所影响。

2. 地质与地形

地质条件对于码头形式、结构、造价及机械设备的选用，都有着重大的影响。例如，在地质不良好的条件下，安装重型机械或建造高大的储货舱与油罐之时，会遇到技术方面的困难。即使技术问题可以解决，地基处理的费用也将会大大增加，从而影响到设计系统的经济性。在土质太坚硬（如钢渣填土）的情况下，挖掘工程量太大会给施工造成困难。在设计工艺方案之时，应当尽量地利用原有地形条件，根据高站台、低货位、滑溜化等原则，利用位能进行货物装卸。

3. 气象条件

经常下雨的港口，为了解决雨天的装卸问题，应当研制防雨设备。北方港口为了防止货物在严寒季节冻结，也应当采取相应的措施。冬季要封冻的港口，应当考虑冰凌对码头形式与机械设备的影响。

（四）港口建筑物方面

1. 岸壁形式与码头结构

岸壁的形式有三种——直立式、混合式与斜坡式。混合式当中，又因直立段的位置而分为半斜坡式与半直立式。

直立式岸壁的造价要高于混合式的，混合式岸壁的造价则又高于斜坡式的。直立式岸壁与斜坡式岸壁造价的差额，会随着高度的增加而显著地增加，在地质条件不好之时，差额会更大，因为地质条件对斜坡式岸壁的影响，远小于对直立式岸壁的影响。

海船泊位一般是用直立式岸壁，因为如果用斜坡式或混合式岸壁，船舶吊杆与起重机都会因为海船吃水深、船岸间的距离大而难以作业。但是，散货专业泊位也常用斜坡式与混合式岸壁。除了岸壁形式以外，码头本身结构的强固程度对于机械的选择也有着巨大影响。我国港口旧码头一般承载能力小，在这些码头上若是使用重型机械设备，就会非常困难。在分析与设计我国港口码头上的机械化系统之时，对于这方面的情况必须予以注意。

2. 库场类型及位置

库场地面的允许负荷与平坦程度、仓库高度、支柱多少、库门尺寸等，都影响着流动机械类型的选择。库场的平面尺寸与形状，会影响到某种特定情况下选择某种类型的机械是否恰当。库场与码头的相对位置，决定着货物的搬运距离，影响着各种机械的使用效果。

3. 铁路和公路与码头的相对位置

铁路线与地面的高度差，影响着流动机械的应用。铁路线与公路和码头平面相对位置，对机械设备的选择也有影响。在设计机械化系统之时，要尽可能地避免陆上运输工具对装卸工作的干扰。

（五）运输组织方面

车船运输组织的特点是选择装卸机械类型的重要因素，因而其是决定工艺方案的又一重要因素。例如，有的港口船舶要候潮进、出港，因此船舶作业时间与装卸船机械的生产率与潮汐的周期是相互关联的。

同理，铁路的成组编解或成列到发等运输组织方面的要求，都需要照顾到。

除了上述的条件以外，还要注意港口作业频繁、对生产要求高等特点，同时机型选择还要受到我国港机生产与维修水平的制约。

四、港口设备的维修和保养

（一）港口设备的正确使用

1. 正确使用设备与设备工作能力的关系

港口设备的使用过程，也是设备工作能力下降的过程，影响这一过程的主要因素，包括使用方法、工作规范、连续工作时间与环境条件等。控制这一阶段的设备技术状态，就是要掌握正确的使用方法，选用设计允许的工作规范，不允许超出容许范围的连续不停机工作，创造出适合于设备工作的环境条件（控制温度、湿度、含尘量、含腐蚀性介质、震动等）。

其中，最重要的是人的因素，因为是人在操作设备、确定工作规范，并且，操作者会最先接触到设备工作能力的耗损情况（比如，感受到设备功能的衰退或丧失、输出参数的变化在产品参数上的反映等）。设备效能的发挥，以及能否持久工作且不出或少出故障，与操作人的素质（比如，熟练程度、责任感、劳动兴趣与生理状况等）有着直接关系。因此，正确使用设备是控制设备技术状态、变化与故障的重要因素，这不仅是企业连续生产的需要，也是开展修理计划的前提。因为，不正确地使用设备所造成的设备损坏，将会导致计划外的紧急修理，这会打乱正常的修理计划。

2. 保证港口设备正确使用的措施

（1）要严格按照规程操作设备

设备操作规程，规定了设备的正确使用方法与注意事项，以及对异常情况应当采取的行动与报告制度。只有严格按照规程进行操作，才能够有效减少对设备的损坏与损耗、延长设备的使用寿命。

（2）施行使用设备的各级技术经济责任制

操作者应当按照规程操作，按照规定交接班，按照规定进行维护保养。班组、车间、生产调度部门和企业领导，都应当对设备的正确使用承担责任，不允许安排不符合设备规范与操作规程的工作。

（3）要严格实行程序化、标准化管理

应当严格实行定人定机、教育培训、操作考试、凭证操作、执行交接班制度、严肃处理设备事故等程序化管理措施，实施标准化管理。

（4）开展维护保养与竞赛评比活动

应当实行设备维护的奖励办法，开展相关竞赛活动，将提高使用人的积极性同物质奖励结合起来，提高员工对港口设备正确使用的重视程度。

（二）港口设备的检查

检查港口设备的目的，是判断与确定设备的技术状态是否在规定范围以内，以做出继续使用、采取预防措施或停机修理的结论。因此，检查结果是计划修理的主要依据之一。统计一个单位设备检查的结果，可以判断出这个单位总的设备技术状态。

对于港口设备技术的检查，包括以下几方面。

1. 日常点检

由设备使用人按照点检卡上的要求进行检查。

2. 巡回检查

由维修值班人员按照规定的巡回路线，对所负责的设备与检查点进行日常的检查，掌握设备的日常运行状况。

3. 定期检查

定期检查又可以分为定期功能检查与定期参数检查。定期功能检查的对象主要是重点设备，以机械设备为例，一般不拆卸、不刮研、不检查精度，只打开盖子检查与调整间隙，排除小的故障隐患，修补小的缺陷，修除毛刺与划痕等。定期参数检查，主要是针对精密、大型与关键设备所进行的检查。在进行参数检查之前，应当先做功能检查，然后再检查设备的主要参数。例如，精密设备的精度、锻压设备的最大工作能力、动力设备的功率以及重负荷受压设备的安全性等。

4. 状态监测

对于使用状态下的设备进行不停机的在线监测，这种方法能够确切地掌握设备的实际特性，有助于判定需要修复或更换的零部件和元器件，使得设备与零件的潜力得到充分利用，避免过度地维修，能够最大限度地节约维修费用。并且，由于及时发现与更换了处于故障边缘的零件，避免了故障停机所造成的生产损失，对于流程式、流水式生产与关键设备，作用更为突出。状态监测要利用传感器与仪器，连续地或定期地从监测部位取得信号，进行波形、频谱与数值分析，并且由专门人员负责信号与数据的记录、分析和处理。

5. 修前检查

在进行设备修理之前，要以维修人员为主进行深入检查。修前检查工作，要拆卸零部件与元器件，进行检验与测量，目的是确定修理内容与方法。此外，修前检查还包括对一个单位设备技术状态的完好率检查，对维护质量的优劣情况检查等。

（三）港口设备的修理

修理的作用，是恢复设备已经失去的工作能力，使得设备回复到良好的技术状态。设备工作能力的下降与技术状态的劣化，一般都是逐渐发现的，而设备的修理却是间断发生的。根据修理内容、工作量与维修方法的不同，港口设备的修理作业可以划分为以下两种类型。

1. 大　修

大修旨在全面恢复设备工作能力，其特征为将设备全部或大部分拆卸分解，修复基准件，更换或修理所有不适于继续使用的零件，整新外观，使得设备精度、性能等达到原出厂要求。为了提高设备的工作能力，可以对需要改进的部位（部件或项目）或整机，结合大修进行现代化改装。

2. 项目修理

项目修理简称为项修，修理的项目，是指设备部件、装置或某一项设备的输出参数。项目修理是在设备技术状态管理的基础上，针对设备技术状态的劣化程度，特别是在已经判明故障的情况下，所采取的有针对性的修理活动。

（四）港口设备的保养

在设备维修当中，经过长期的实践，以预防为主的观点已经为世界各国所普遍接受。在港口企业当中，港口设备的保养已经成为设备状态维修方法的基础。为了突出设备保养的全面性与强制性，港口一般都是采用“日常保养”与“定期保养”相结合的二级保养制度。日常保养工作的具体内容，已经融入港口的日常生产、管理工作之中，下面主要介绍港口设备的定期保养。

1. 定期保养的定义

港口设备的定期保养，是指港口装卸机械在运行一定时间之后，由操作人员与保养人员按照规范，有计划地强制性保养，是对装卸机械的全面性维护工作。定期保养是装卸机械运行管理与状态维修管理的一个重要组成部分，是使得装卸机械能够保持良好技术状态的预防性措施。该定义主要突出以下这四项要求。

（1）定期保养是由操作人员与专业保养人员按照各自的职责分工，相互合作共同完成的。

（2）定期保养是按照一定的运行时间间隔，制订出保养作业计划。这个计划是状态维修管理计划的组成部分。计划必须按照时间顺序进行管理，执行计划时必须具有严肃性。

（3）定期保养是一项强制性的管理措施。

（4）定期保养是对装卸机械进行全面性维护，以使其保持应有的技术状态。

2. 定期保养的特点

（1）定期保养是状态维修的基础

定期对港口设备进行保养，可以使其运转情况得到及时的改善。消除可以避免的磨损与损坏，就可以减缓设备的劣化趋势，实质上也就是延长了设备的修理周期、减少了修理工作量，因而说执行定期保养是推行状态维修的基础。没有保养的基础保证，也就无法推行状态维修。

（2）定期保养具有强制性

由定期保养的目的可以得知，它贯穿于设备运行的全过程，可以使设备运行状态得到及时的改善，消除可以避免的磨损与损坏。因而说定期保养应当伴随着设备运行的全过程，它不是可有可无的作业行为，而是必须对设备进行的一种强制性行为。

（3）定期保养具有全面性

一台装卸机械是由各个系统总成部件组合而成的，总成部件运转状态的正常与否，会直接对整机的技术状态产生影响。整机的技术状态也是通过总成部件反映出来的，所以必须对装卸机械实施全面性的定期保养。实施全面性定期保养的项目，一般不宜过多。根据港口装卸机械的复杂程度与结构特点，以相互关联的总成部件及影响安全的部件装置为重点，抓重点并且兼顾全面，达到对机械进行全面保养的目的。

3. 定期保养的基本内容

（1）对机械设备进行清洁与擦洗。

（2）检查、调整、紧固各操纵、传动等连接机构的零部件。

（3）对各润滑点进行检查、注油或清洗换油。

（4）调控与检查安全保护装置，保证其灵敏可靠。

（5）使用相应的检测仪器与工具，按照规范对机械的主要测试点进行检测，并且做好检测记录。

Section 4

第四节　港口的库场管理

一、港口库场管理的内容

（一）港口库场及其任务

港口库场，是对港口装卸与存储货物的仓库、货棚、堆场、货囤、筒仓、油槽（库）等建筑物的统称。

港口库场与港口泊位、装卸、疏运能力一起构成了港口生产能力设施。不同港口的库场，建筑物的类别与需要的面积各有不同。其中，杂货港口需要使用仓库、货棚、堆场等多种建筑物与较大的占地面积，集装箱港口需要大量堆场与少量后方仓库进行装拆箱作业；油港只需要油槽与管道，占地面积比较小。

港口库场具有的货物集散、储存、装卸作业与处理的作用和功能，使得港口在库场管理当中需要承担交接保管货物、保持库场畅通的基本任务。

1. 负责货物的收发，承担货物的保管

货物进港由库场负责作业指导，在港货物的收发任务也由库场承担，未提货物由库场负责保管。库场需要以高度的责任心与科学认真的工作态度，做好货物的交接验收工作；要对不同货物采取合理、科学、正确的方法，来堆放与保管，保证货物的良好状态。

2. 加强库场的疏运，确保库场的畅通

港口库场是在港货物周转的集散地，库场货物周转的速度决定了港口的货物周转能力。港口库场要加强疏运能力，挖掘库场容量，确保库场满足港口货物周转的需要。

（二）港口库场的类型

每个港口都拥有一定数量以及不同种类的仓库与货场，港口库场可以从建筑特征、库场所处的位置与所保管的货物类别等方面进行分类。

1. 按照建筑特征分类

按照建筑特征，港口库场可以分为露天货场、货棚、仓库、货囤等。

露天货场是用于堆存适于露天保管的货物。

货棚又称为半露天库房，只有棚顶，四周不围闭。

仓库一般都为封闭的建筑物，有单层仓库与多层仓库两种形式，主要有砖木结构与钢筋混凝土结构两种，库内设有必要的通风、防火设备，可以用于堆存件杂货。

货囤，是一种水上仓库，一般有铁质的或水泥制成的有顶盖的平板驳船，也有用废旧船舶改建而成的，既可以停靠船舶进行装卸，也可以在舱面及舱内堆存货物。

2. 按照库场所处的位置分类

按照库场所处的位置，港口库场可以分为前方库场与后方库场。

前方库场是指设置在接近码头前沿的仓库或货场，它能够缩短货物搬运的距离，提高港口的装卸效率，同时也能够减少泊位与库场间流动机械运行的干扰。

后方库场是指在吞吐量大的码头泊位设置的面积足够大的库场，可以为前方库场分担堆存压力。

3. 按照货物通过港区库场的形式分类

按照货物通过港区库场的形式，大型港口还可以考虑设置进口库场、出口库场及中转库场。

进口库场是指为进口货物及卸船服务的库场，大型港区还可以考虑进一步地划分杂货进口库场、大宗货进口库场，南方进口、北方进口及远洋进口库场等。

出口库场是为出口货物及装船服务的库场，在需要的情况下，也应当像进口库场一样做出进一步的划分。

中转库场是联运换装港口，设置专为中转货物服务的库场。为了适应需要，还可以按水陆中转或水水中转分别设置。

4. 按照所保管的货物类别分类

按照所保管的货物类别，港口库场还可以分为普通库场及煤场、矿石堆场、仓库、油库、冷藏库、危险品仓库等。

（三）港口库场管理的基本目标

港口库场管理的基本目标，包括以下几方面。

1. 建立切合实际的有效管理制度，对库场实行计划管理、标准化管理，使得整个库场都处于良好的管理状态。

2. 使用科学的管理方法，以充分利用库场的堆存能力、加快库场的周转速度、提高库场的通过能力，确保进出口货物的畅通无阻。

3. 完善库场的货运作业，按照货运规章的要求，正确处理有关票证与单证，做好信息储存、查询与统计工作。

4. 采取正确的技术措施，完善库场的护货设施，以保证入库货物的完好无损。

（四）港口库场管理的基本工作

1. 库场堆存定额指标的管理

要科学地制定有效面积定额、仓容量定额、堆存技术定额、堆存使用定额等。

2. 库场计划的管理

要制订切实的库场年工作计划，根据堆存能力与堆存需要情况，编制月度、旬度及日常堆存作业计划等。

3. 货物入库作业的管理

要建立入库货物的验收制度与办法，规定签发入库票据，以及台账登记的办法等。

4. 堆码管理

要推行堆码标准化管理，根据堆码的要求，对堆码的形式、技术、方法予以标准化，确定堆码的注意事项等，使得库场处于科学的管理状态。

5. 库场货物的保管

要完善护货设施的管理，根据货物不同的理化性质，来确定正确的防湿、防霉、防虫害、防锈蚀等技术措施。对于冷藏仓库、危险品仓库，要制定特殊的技术管理措施等，来保证入库货物的完好无损。

6. 货物出库作业的管理

要规定提货的手续，制定货物出库的放行办法，更新台账内容，做好信息的储存工作，为统计、查询与编制计划提供依据与信息。

7. 库场的安全管理

这是其他一切管理工作的基础与前提，具有十分重要的意义。做好库场的安全工作，是库场工作中头等重要的大事，也是每个库场工作人员的重要任务。

8. 其他方面的管理

包括各种统计资料、报表的管理、查询等工作。

二、港口库场的堆存计划

（一）港口库场的堆存能力

如果港口库场有足够的面积能够接纳将要入库的货物，那么编制堆存计划只需要将每票货物分配到货位便可。

但是在很多情况下，库场并不能提供充裕的堆存场地，特别是前方堆场与仓库的面积更是紧张。这样，计划者就必须将库场可以使用的面积，与入库货物所需要的面积进行比较，然后做出合理的计划安排。由于每单位重量的入库货物所需要的面积并不是一个常数，是随着货物的种类、包装与装卸保管方式等的变化而变化的，所以计算每票货物所需库场的堆存面积，便是编制堆存计划者经常要做的一项重要工作。

库场的堆存能力，便是库场所能容纳的最大货物堆存量。库场面积是其堆存能力的主要因素，而货物本身，比如货物的装卸特性，即为货物的尺码、包装，货物的体积与重量比，可以堆到多高，每票货物之间必须怎样分隔等，也是一个重要因素。

库场的堆存能力，不仅会受到库场堆存面积大小的影响，而且会受到库内堆存货物的自然特性与装卸特性的影响。库场的堆存能力，主要取决于可用堆存面积、货物的堆垛高度、货物的积载因素与亏仓情况等因素。

1. 可用堆存面积

仓库的可用堆存面积，并不等于仓库的地面总面积，而是实际上能用于堆货的地面面积。

库场面积利用率，是在扣除了一系列不能用于堆存的面积以后，可用于堆存的面积占总面积的比例。典型的前方杂货仓库库场面积利用率，通常是59%～69%。库场面积利用率若是低于这个数字，就说明库场面积的使用情况不良。

增加仓库可用堆存面积的通常方法，是减少仓库门数、减少通路与主要通道的宽度、减少办公室的面积或将办公室移到仓库之外等。但是，要谨防过度提高库场面积利用率，因为这会导致堆存作业的困难。

2. 货物的堆垛高度

有效地利用垂直空间，常常是增加库场堆存能力最简单、最经济的方法。在保证货物堆垛是安全的、库场地面承受的载荷不超过许可限度的情况之下，应当尽可能地提高货物堆垛高度，这是提高库场堆存能力的最有效方法。

然而，货物的堆垛高度常常会受到一些因素，比如，入库货物的尺度、货物的承压能力、使用的堆垛机械设备的能力与安全因素、货物的批量等各方面情况的限制。

3. 货物的积载因素

货物的积载因素，是货物的体积和重量之比。

如果库场只堆存一种货物，则根据该种货物的积载因素，便可以计算出所需的堆存面积。然而一个库场内往往会堆存多种不同的货物，这几种货物的积载因素又各不相同，要计算堆存面积就必须先计算出这几种货物的平均积载因素，可用下列的公式进行计算：

$$\bar{\mu}=\frac{\sum_{i=1}^{n}\mu_i q_i}{n}$$

式中：$\bar{\mu}$——平均积载因素（m^3/t）

μ_i——某种货物的积载因素（m^3/t）

n——堆存货物的种类

q_i——某种货物占总入库量的百分比

4. 亏仓情况

亏仓是堆存的每票零星货物之间与周围留出的空间。根据港口经验，采用紧密堆存的大批量袋装货的亏损百分比很小，只有5%左右；而形状不规则的包装货物与批量小的货物，亏损百分比可能会达到20%，甚至是30%。亏仓因素可以考虑采用亏损系数的办法，亏损系数为

$$K=1+\xi$$

式中：K——亏损系数

ξ——亏损百分比

亏损百分比是指由于受到上述诸因素的影响，而减少堆放货物的体积与计划堆存的该种货物的体积之比，用公式表示为：

$$\xi=\frac{V'}{V}\times 100\%$$

式中：V'——减少堆放货物的体积（m^3）

V——计划堆存的该种货物的体积（m^3）

由于亏损百分比取决于各票货物的数量、体积、包装形状以及是否需用垫板、托盘等物料，因此编制堆存计划者应当积累经验，从而准确地判断亏损百分比的值。

至此，便可以计算出货物所需堆存面积。利用下面的公式，可以比较准确地计算出每

票货物的实际所需堆存面积：

$$S=\frac{W\times\mu(1+\xi)}{H}$$

式中：S——货物所需的堆存面积（m^2）

W——计划堆存货物的重量（t）

H——允许堆高（m）

（二）港口库场堆存计划的要求

为入库货物合理地安排堆存计划，对满足进出口货物的需要、充分利用库场通过能力与加快库场的周转速度、提高装卸效率、缩短船舶在港时间与保证货运质量，都有着重要的作用。

堆存计划是对月度、旬度及昼夜入库的货物在时间、数量与货位方面的安排。

堆存计划是港区生产计划的一个组成部分，与装卸作业计划有着密切的关系，它们各自从不同的角度来保证港区生产计划的实现与进出港货运任务的完成。

堆存计划应当以满足入库货物的需要为前提，充分地利用库场的堆存能力，使得库场保持畅通。堆存计划必须以现有的仓容量作为依据。

在具体安排堆存计划之时，应当满足下列各项要求。

1. 最佳搬运路线

搬运过程对港口作业效率有着重大的影响，若是搬运过程受阻，便会使整个作业过程停止。因此，要在能够满足最佳搬运路线的条件下安排堆存计划，以减少操作环节、避免交叉作业、提高装卸效率。

2. 最短距离

无论是货物入库还是出库，都必须进行必要的搬运，但是这种搬运应当是尽可能直接的与距离最短的。货物的存放点，应该能够保证这一要求的实现，避免迂回的与远距离的搬运。

3. 以最少的装卸与搬运来降低作业劳动强度

在编制库场作业计划之时，要充分地考虑到货物的流向、装卸要求，避免不必要的操作，使得货物的装船与卸船，以及入库与出库所发生的装卸和搬运，达到操作次数最少与工作量最小的效果；应当根据货物的流向、品种、包装及装卸搬运要求，选择适当的货位，以避免不必要的翻倒仓作业。

4. 满足库场内作业需要，方便货物进出库场

库场堆存计划是库场安排作业的依据。在制订库场作业计划之时，一定要考虑到使得作业顺利进行，保证有足够的作业回旋余地，避免发生交叉作业与过分集中作业，从而相互影响的现象。

5. 便于理货与符合安全要求

理货工作要求分票、分标志与便于清点，入库货物的货位安排应当适应理货的需要。

6. 要确保装卸计划的执行

充分地利用仓容量与库场设备，库场堆存计划的制订必须确保装卸作业的所有货物中凡是需要入库的都能够进入库场，使装卸作业得以顺利地进行与完成。

（三）港口库场堆存计划的编制

只有在掌握足够与准确的资料基础之上，才能够制订出科学、合理、有效的计划。在制订库场堆存计划之前，计划人员必须收集与掌握库场现有货物空仓量、出入库货物的情况，以及港口对货物作业的计划安排等。货物堆存计划的计划期越长，库场安排就越是笼统。日常堆存计划，应当安排到具体作业工班、具体仓库或堆场，甚至是货位。月度堆存计划则只安排到区位便可。

1. 编制月度、旬度堆存计划

（1）要掌握港口或装卸公司在计划期内的库场堆存能力，即可以使用的仓库与露天堆场，在计划期内总共能够堆存多少货物。

（2）要根据下月（或下旬）将在港口或装卸公司靠泊的船舶到港计划表，估计出非直取方式的货运量，并且根据下月（或下旬）将在港口或装卸公司出口的货运计划，估计出需预先进入库场集中待运的货运量。

（3）利用上述资料进行需求与能力的平衡。平衡不仅要使总入库量与总堆存能力相互适应，而且要使入库货物的种类、流向与数量，与各类专业化库场的能力相互适应。为此，应当按照货物的不同特征，分别列出各类货物的入库量。同时，也要将各类专业化仓库的能力分别统计出来，并且使相应的货类及流向的入库量，分别与相应的专业化库场能力相适应。

（4）根据平衡的情况，为港口或装卸公司每个堆存区域编制出堆存计划。

2. 编制日常堆存计划

若是没有堆存计划，工班组长与库场管理员就无法得知该票货物的堆放位置，同时货物堆放的位置是否正确，将会在很大程度上影响到库场管理目标的实现。因此，需要在装卸作业开始之前就编好堆存计划，并且将计划分送到工班组长与库场管理员的手中。

在一艘船的泊位确定好之后，便可以开始编制堆存计划。编制堆存计划主要应当确定三方面的内容——入库量、出库或入库路线以及各票货物的堆存货位。

（1）确定入库量

为即将到达的卸货船舶制订堆存计划，需要取得以下资料：船舶卸货量，可以使用的库场位置以及可以堆货的面积，入库货物的数量、品种及批量大小，装载这些货物的舱口号码及装舱位置，托运人员是否有特殊的要求，货物将预计堆存多长时间，换装接运的工具、货物的流向等。

为即将到达的装货船舶制订堆存计划，需要取得以下资料：承、托双方约定的货物集中日期；该船将要装载的货物品种与数量，其中船边直接装船所占的比重；每票入库货物所需的库场面积；可以使用的库场位置以及可以堆货的面积；每票货物装船的舱口号码及货物的配积载情况。

在取得上述全部资料之后，便可以对一艘船的进出口货物堆存做出计划。

（2）做进、出口货物堆放库场的方案，确定货物的入库与出库路线

计划的编制者可以利用上述资料，初步确定哪些地方用来集中出口货物、哪些地方用来接受船舶卸下的进口货物。各个计划编制者在安排出、入库路线上，可以根据泊位与库场的布局、条件等做出不同的堆存方案。

（3）计算堆存面积，确定各票货物的堆存货位

计划的编制者要详细计算各票货物所需的堆存面积。如果面积充裕，计算就会比较简单；但是如果面积紧张，计算就要详细，并且需要做出合理的安排。

三、港口库场的堆存作业

库场的货物堆存作业由货物的入库作业、出库作业与保管作业三部分组成。

（一）货物的入库作业

入库作业包括入库前准备、货物入库验收、货物堆码、单据处理。

1. 入库前的准备

入库前的准备工作，包括以下两方面。

（1）应当摸清入库货物的情况，一般先要从出口货物的装船通知单入库联（内贸）、装船预报表附页（外贸）、进口货物的分舱单取得入库货物的包装、规格、数量的详细资料；对于出口货物，还应当了解装船舱别、到货港以及货物的来源（如是当地出口货，还是中转联运货）；对于进口货物，还应当了解出港的流向、在港堆存时间，以及卸船作业顺序、进度等情况。

（2）应当安排货位，做到先算后堆。一般需要做到：进口货按入库顺序，出口货按

到港顺序及配舱顺序，从里边货位开始逐渐向外开垛脚，不能从外向里堆垛，避免将门堵死；大票货要先确定货位，小票零星货要机动安排；大票货不堵小票货，轻泡货不堵重件货，近港货不堵远港货，缓发货不堵急发货；同一收货人的货物要集中堆放；在安全的前提下，货垛要尽量堆高，以利用空间、增加堆存量。货物在入库之前，要匡算出每票货所需的货位面积，再根据货位的纵深确定开脚数。预先安排好货位之后，应当向作业工人及有关人员交底，讲清要求。

2. 货物入库验收

货物入库验收，是指库场在货物正式入库之前，按照一定的程序与手续，对到库货物进行数量与外观质量的检查。货物入库验收，实质上是一种责任的交接。

由于到货来源复杂、渠道繁多、产地与厂家不同，又都经过不同运输方式与运输环节的装卸搬运等，有可能在数量、质量上发生变化，这就决定了对入库货物进行验收的必要性。验收的主要任务是查明到货的数量与质量状态，为入库与保管打好基础，防止库场与货主遭受不必要的经济损失，同时要对供货单位的货物质量与承运部门的服务质量进行必要的监督。

库场应当凭单收货，没有单据的货物不能够收入库中，单据与货物要全面地核对。

货物入库验收的基本内容，包括质量验收与数量验收。

货物质量验收，主要是对包装的验收，通常是在初验时进行的，应当检验包装有无被撬、开缝、污染、破损、水渍等不良情况。同时，还要检查包装，包括选用的材料、规格、制作工艺、标志、打包方式等各方面是否符合有关标准的要求：对于国家或国家主管部门未规定标准的，应当按照《水路、公路运输货物包装基本要求》的规定进行验收；对于没有标准与要求的，应当在保证运输安全与货物质量的原则下进行包装；对于不符合标准要求的，应该拒收，或由托运人负责加固、整修，并且编普通记录随货同行（内贸货物）。当然也应当注意包装内货物的异常情况，采用“验、看、听、嗅、问”等不同方法进行验收。

货物数量验收，是保证货物数量准确的一个重要步骤，是在初验基础上进一步做出的货物验收，即所谓的细数验收。在进行数量验收时，必须注意同供货方采取相同的计量方法，采取何种方式计数，要在验收记录中做出记载。出库之时，也应当采用同样的计量方法，避免出现误差。

货物数量验收主要是件数的验收。对于按件交接的货物一定要认真地点清件数；对于成组货物既要点清组数，又要注意每组的细数。在通常情况下，对于国内商品只需要检查外包装，不用拆包检查，而进口商品则是按照合同或惯例进行办理。对于按照重量供货或以重量为计量单位的货物，做数量验收时，有的采用检斤称重的方法，有的则采用理论换算的方法。对于按照体积供货或以体积为计量单位的货物，做数量验收时，要先检尺后求积。

3. 货物堆码

堆码应当按照货物性质、作业要求与堆码标准化的要求来进行。

货物堆码是根据货物的特性、形状、规格、重量以及包装质量等情况，同时综合考虑地面的负荷、储存要求，将货物分别叠堆成为各种码垛。科学的货物堆码技术，合理的码垛方式，对于提高仓容利用率、收发作业及养护工作的效率，都有着一定的重要作用。

堆码操作的要求，包括以下几方面。

（1）安全

堆码的操作工人必须严格遵守安全操作规程；使用各种装卸搬运设备，严禁超载；必须防止超过建筑安全的负荷量。码垛必须不偏不斜，不歪不倒，牢固坚实，以免倒塌伤人、摔坏货物。

（2）合理

不同货物的性质、规格、尺寸各不相同，应当对其采用各种不同的垛形。货垛的高度要适度，既不要压坏底层的货物与地坪，也要与屋顶、照明灯保持一定的距离；货垛的间距，走道的宽度，货垛与墙面、梁柱的距离等，都要合理而适度。垛距一般为0.5～0.8m，主要通道为2.5～3m。

（3）方便

货垛的行数、层数，力求成整数，以便于清点、收发作业。过秤货物若不成整数，应当分层表明重量。

（4）整齐

货垛应当按照一定的规格、尺寸进行叠放，排列整齐、规范。货物包装的标志应当一律朝外，以便于查找。

（5）节约

堆垛之时应当注意节省空间位置，适当、合理地安排货位的使用，提高仓容的利用率。

库场货物的堆码应当按照标准化要求，将货物堆码工作置于严密的标准基础之上，是实行科学管理的基本要求。货物堆码的规范要求，主要包括“五距”：垛距、墙距、柱距、顶距和灯距。在叠垛之时，不能依墙、靠柱、碰顶、贴灯，不能紧挨旁边的货垛，必须留有一定的间距。

要设计一种货物的堆码标准，必须考虑到该种货物的性质、包装种类、包装、材料、数量、成组方式等条件。同一种货物在不同的库场当中，可能有着不同的堆码标准，这是因为各港口库场的结构不同，使用的装卸、码垛机械与存放地的自然条件（如温度、湿度）也有所不同，因而码垛标准往往是因地制宜、多种多样。堆码的形式，只要能够符合保证货物质量，合理利用仓容，便于理货与有利于快装、快卸等条件，便是合理的堆码形式。各库场应当根据自身港口的情况，予以标准化。

包装货物的堆码形式，包括以下三种。

（1）平台垛

为底层件数与上层件数相同，呈长方形或正方形，常见于库内堆存箱装货物。其特点是整齐、计数方便、占用库场的面积少。

（2）起脊垛

为底部堆成平台，接近顶部堆成屋脊形，特点是加盖油布之后便于排泄雨水。这种形式多用于露天堆场存放袋装货物，

（3）行列垛

有单行垛、双行垛等形式。进口的小票杂货，多采用行列垛的形式堆放。这种码垛形式的优点是便于分票、计数与提货，缺点是占用库场的面积大。

散装货物可以根据货种、场地条件、通道位置等情况，堆放成为规则的几何台形体，这样会便于理货计数。货堆的倾斜角要小于货物的自然倾角，以保持货堆的平稳与不倒塌。

4. 单据处理

库场收货入库，是一种责任转移，库场从货主或船方接过货物之后，就要对接收货物的数量、质量负责。因此，库场在收货入库时，需要填写与签证有关的交接单据。

对于内贸出口货物，库场可以在入库联、运单上签收；对于外贸出口货物，可以在附页上签收。进口货物则大多数是填制理货交接计数单，除了交接单据签证之外，还要填制收货报表，登账入册。对单证处理的要求为：及时、正确与清洁；按照规定内容、要求、方法填制、批准；字迹要清楚，改动处要盖章；在规定的时间内完成，并且投入流转。

（二）货物的出库作业

货物的出库作业，是库场根据货物出库凭证（提货单、领料单、调拨单），按照其所列的货物名称、规格、数量与时间、地点等项目，组织货物的出库、登账、配货、复核、点交清理等一系列工作的总称。货物出库，必须依据货主开出的货物出库凭证来进行。无论在任何情况下，库场都不得擅自动用、变相动用或者外借货主的库存货物。

货物的出库作业，从业务性质上可以分为向收货人交付与由车、船转运出港两种，但是对于库场而言，它们在实质上是相同的。

1. 发货前的准备

发货之前，应当查看存货账与货堆实物，查看数量是否相符、有无质量问题，做到心

中有数。对于一票大宗货堆几个货垛的，应当根据库场的使用要求，确定出货桩脚，出现剩残堆应当优先出清。对于易弄错的货垛，应当在货垛旁边做出明显的记号，向作业工组交代清楚。

货主持提货凭证来提货之时，库场应当先对提货凭证进行审核，弄清楚是否办过提货手续，货物品名、规格、件数是否相符等。支付现金的提货凭证，应当核对提货日期。

对于接运的车、驳，应当询问核对，以防止错装、错发。

2. 发货与交接

发货交接之时，应当注意做到以下几点。

（1）出库凭证与手续必须符合要求。出库凭证的格式虽然各不相同，但是无论采用何种形式都必须真实而有效。出库凭证不符合要求时，仓库不可以擅自发货。特殊情况下的发货，必须符合仓库的有关规定。

（2）发货之前双方应当商定交接计数的办法，坚持当面交接。一般货物入库检验与出库检验的方法，应当保持一致，以免造成人为的库存盈亏。

（3）港口只凭着标志相符、包装完整进行发货，对箱内货物一般不负责任。如果发现包装残损、内货状况不明时，便不能贸然开出记录、让其提走件货，而是应当暂时将货留下。对于内贸货，双方应当场开箱验货，外贸货则应由商检局开箱鉴定。

（4）按车、按驳时办理交接签证，一般不开总交接单；也不需要预先开单，以防更改；点垛交接可以一次办总交接。

（5）空袋地脚货，应当随着原批货同行。

（6）在发现短缺时，不能随便用同品种、规格的货物抵补。即使是同一收货单位的，也要货主开具抵补证明，并且在提货凭证上写明抵补情况，出仓日报上也应当写清抵补的情况。

（7）发货完毕时，应当检查库场道路，注意有否漏发、错发与掉件现象。

（8）提高服务质量，满足用户的货物出库要求，做到及时、准确、保质、保量地将货物发放给收货单位，防止差错事故的发生，工作要尽量一次完成，提高作业的效率，努力为用户提货创造各种方便条件，并且协助用户解决各种实际问题。

3. 单据处理

库场发完货之后，应当立即与接货方办理交接手续，签证有关的交接单据。

交接签证单据是双方交接的凭证，库场可以此作为货物账册付账的原始依据。车辆提货的交接单据，同时又是出门通行证。船舶装运的货物交接单据称为库场—船驳交接计数单。交接计数单由发货库场员填写，内容要详尽具体，在装好后要填妥，交由船驳方签证。

除了填签交接单据之外，还要在提货凭证上做出记录，写明日期、操作过程、提取数量与结存量。如果提货证记录栏已经记载满，或者提货凭证港口要收回，则应当给货方另填提剩单，以作为下次的提货凭证。开出提剩单之后，原提货凭证上应当做相关记录并且收回。

货物出库之后，库场还要填制出仓报表，并且让其在货物账册上付账。

（三）货物的保管作业

如果货物在库场堆存保管期以内，港口就要对货物的安全质量承担责任，确保不发生货损、货差事故。

具体来说，货物的保管要做好以下各项工作。

1. 防止盗窃等破坏事件的发生

库场管理员应当坚守岗位，离开之时应当锁门。库门钥匙要由专人保管，上班领取，下班交回。进出仓库的人员应当进行登记，与仓库作业无关的人员不能进入仓库。

2. 做好消防工作

库场应当按照堆放货物的种类配备消防器材，消防器材应当放置在固定地点，不能挪作他用，并且要定期检查更换。对于火种、电源，要进行严格的管理。仓库内不准使用电炉、煤炉，不得带火种入库，明火作业应当经由派出所（消防部门）批准，同时进行监护。车辆进入港区的应当安装“火星熄灭装置”。

3. 做好防汛、防台风工作

防台风、防汛措施要落实，器材要配足，要有专人负责，加强检查督促。水管下水道要保持畅通。屋面漏雨、门窗破裂，要及时地进行修复。苫盖油布要经常检查、破洞要及时地补好。堆场盖油布要扣牢网绳，以防被风吹开。质量不好的仓库、低洼堆场所堆货物，在台汛期间要催货主快些提走或联系运力转出，不能运出港区的，就在港内转栈。对于防汛墙外的货物，要特别地注意。要随时掌握气象情况，以防止天气突变造成湿损事故。

4. 健全货账制度，定期盘点

库场堆放货物时必须建立货账制度，做到有货有账，货账相符。货物入库应当及时登账，货物出库要及时销账。库场堆存货物应当定期盘点，一般的杂货每月一次，煤炭等大宗散货每季度或半年一次。盘点时发现数量溢缺的，应当查明原因、报告有关部门更正账面。杂货仓库每月盘货之后，要填制月结报表，可以作为存货的账册。

5. 建立保管责任制、交接班制度与经常性的安全检查制度

这是为了保证上述各项措施、制度的落实。

Section 5

第五节　理货业务的管理

一、理货业务的范围

理货是指在交接的过程当中，根据运输单证、票据与货运规章制度，对运输当中的货物进行清点计数、检查、签证，出具货物数量、状况证明的行为。

理货业务的范围，会随着外贸运输的发展而逐步扩大，从最初的计数、挑残，已经发展到现在的服务于海上货物运输所涉及的货物交接各个领域。

（一）理货业务的类型

1. 按照理货对象划分，理货业务可以分为船方理货、货方理货、保险方理货、其他方理货等。

2. 按照货类与船舶划分，理货业务可以分为成件货物理货、集装箱理货（含理箱与理货）、载驳船理货与散装船理货等。

3. 按照工作地点划分，理货业务可以分为国内港理货、随船理货、出国理货与内地理货等。

4. 按照货物的性质划分，理货业务可以分为外贸货物理货、内贸货物理货、行李包裹理货、海外货物理货与转口和过境货物理货等。

5. 按照理货的规则划分，理货业务可以分为强制性理货与委托性理货等。

（二）理货业务的内容

1. 点清货物数字，剔清货物残损，分清货物标志、批次与件号。

2. 点清集装箱数字，剔清集装箱残损，分清集装箱的箱号与铅封号。

3. 点清集装箱箱内货物的数字，剔清箱内货物的残损，分清箱内货物的标志、批次与件号。

4. 验封与施封集装箱。

5. 绘制积载图，制作分舱单。

6. 办理散装货物的单证、手续业务。

7. 对货物进行甩样、分规格、挑件号。

8. 丈量、计量货物。

9. 监装、监卸。

10. 办理交接、签证手续，提供相关的单证。

二、库场理货

（一）库场理货及其任务

库场理货是指在货物进出港口时，库场理货员（管理员）代表港口对货物进行清点计数、检查，制作货物数量、状况记录与报表的管理工作。

库场理货的任务，包括以下各项。

1. 清点计数，确定货物的数量

库场应当按照规定或者约定的方法与地点，对货物进行清点计数，确定货物的准确数量。对于计件货物，要逐件验收，确定件数；对于其他货物，要采取相应的方法确定重量或体积。

2. 查验货物

理货员首先要查验货物的货名、规格、包装、标志是否与单证记载的一致，严防收、交错货物，还要检查货物有无损害或状态不良、脱落等影响货物作业质量的现象。理货员在接收货物时，未发现的货物损害将由港口来承担责任。

3. 残损认定与编制记录

在查验货物时，若发现货物有损坏或状态不良的，要另行堆放，待下班结束或作业结束时进行查验，确定货物的残损原因与损坏程度，编制货运记录；对对方编制的货运记录，要仔细地进行核对、签认。

4. 货物分票、分规格

对混票运输的货物或者多票货物卸货时，理货员要做好分票工作，指挥不同票货的堆放位置，避免出现混堆现象。

5. 办理货物交接手续

在接受或交付货物完毕以后，库场理货员要核算交接货物的数量，填制货物单证，办理单证签署与签发，完成货物的交接手续办理；在本班结束时，如果货物没能交接完毕，当班理货员应当与对方核对理货的数量，并且当场办理当班交接货物的交接手续，签发车辆出门证。

6. 指挥堆垛、装卸作业

库场理货员要正确地指挥库场货物的码垛或拆垛作业，保证货垛的质量，指挥货物苫盖并且检查是否符合要求；指挥货物装卸车、装卸船作业；安排地脚货的收集与灌包、堆放；检查作业线路，查找到遗漏、散落货物，并且安排取回归垛。

（二）库场理货的方法

随着国内外贸易的发展、货运量的增加，理货工作为了适应客观形势发展需要，其方法在不断地改进。具体的方法，都是在一定的交接形式下产生的，当前普遍应用的方法包括以下各项。

1. 划数理货法

这是一种应用比较普遍的理货方法，尤其是对于同一货种的大宗货物，在船↔船、船↔驳、船↔库场、船↔车等装卸作业范围内，都可以使用。具体方法，是采用一交一接的双边记数法。双方人员站在适当的位置进行对口交接，每记一钩货物要互相招呼，每隔一定的时间要互相核对数字。

2. 点垛交接法

这是一种常见的理货方法，适用于按照作业线对口点数（点垛）交接，目前多是在出口货物集港、装船时使用。

3. 发筹理货法

是交接双方指定一筹代表一钩或一件货物，根据货物装卸数量与地点，约定交接界线，随货一交一接；筹码发完、回筹时，双方记明数量、核实清楚。以筹代数是一种比较古老的理货方法，只适用于人力操作、数量不大、按件计数的货物。随着机械化程度的提高，发筹交接（理货）法的使用范围已经逐渐地缩小了。

4. 按重理货法

适用于货主申请按重交接的货物，以及不能用件作为基本单位的散装货物。

5. 计数器理货法

是在袋装货专用码头使用皮带运输机装卸货物之时，用机上装有的电子计数器代替人工进行理货的方法。该方法只适用于同一货种的大宗货物，比如每件重量相等的袋装货。另外，液体散装货物，都是采用流量仪表计量的。

6. 小票理货法

这是在前几种理货方法的基础上，发展起来的一种方法。其交接形式，是发货方与收货方用文字进行联系，按照小票格式填写提单号、数量、残损及顺序号。小票由司机随货带到收货地点；收货方依据小票记载的内容，核实货物的交接方法。小票采用双联方式，填发一方留有存根，每班作业完毕后，交接双方要按票核实数字与残损，确定无误后，双方签字，以示交接完毕。

小票理货法在接卸进口货物时的应用比较普遍，它要优于“划数法”“点垛法”。其特点包括以下各项。

（1）理货人员必须上岗定位，要具有认真负责的工作作风。

（2）遇有不符的，要能立即得到纠正，避免班后扯皮现象的发生。

（3）避免从船到库场中间环节无人管的现象发生。一张小票紧密地连接着外理、装卸、司机、库场员四个岗位，使得这四个岗位既能互相监督，又能互相配合。

三、装船理货

（一）装船前的理货准备工作

在船舶装货前24小时以内，船舶代理人将载货清单、装货清单、危险品清单与经过船方确定的货物配载图等有关单证资料，送交理货机构。发货人或其代理人，将经过港口仓库确认并且批准货物堆放位置的装货单附页，与经过海关核准放行的装（收）货单一起送交理货机构。理货机构收到这些单证资料之后，要进行整理与登记。如果发现问题，要及时联系解决，然后将有关单证资料交给指派登轮的理货人员使用。

理货人员收到单证资料之后，要立即着手进行下列准备工作。

1. 核对装货单与载货清单

装货单是理货人员验收货物与装船理货的凭证。载货清单的全称为“国际航行船舶出口载货清单”，在习惯上被称为“出口舱单”或“舱单”，是船舶代理人根据装货单按卸货港顺序汇总编制的，供理货人员了解与掌握全船所载货物的总件数与总重量之用。核对装货单与载货清单，应当以装货单上记载的内容为准。如果发现二者的内容不一致，应当按照装货单来修正载货清单。

核对的内容，包括以下各项。

（1）港口名称

港口名称包括货物的卸货港与目的港。有的货物卸货港与目的港是一致的，有的货物卸货港并不是目的港，而是转口港或选择港。

（2）标志、货名、包装

标志包括主标志和副标志。

（3）件数与重量

件数与重量是核对的最重要内容，不能有丝毫的差错。

（4）对于未到货物的处理

可能由于发货人还未将货物送到港口库场，或海关验货未放行，或发货人没将货备齐，或发货人与港口库场对货物件数有争议等原因，装货单未到理货人员的手中。此时，理货人员应当在载货清单上标明未到的装货单，或另外列一张未到货的清单，以便下一班理货人员掌握。

2. 编制舱口装货计划表

舱口装货计划表，是理货长根据货物配载图与装货单，按照舱口分层次编制的全船装货顺序计划表，俗称为“进度表”。

编制舱口装货计划表的要求，包括以下各项。

（1）将装货单按照编号顺序进行排列。

（2）根据货物配载图与装货单，按照卸货港的顺序，分舱口和层次圈配载图上的装货单号，同时在装货单上填明装舱的位置。

（3）将同舱口、同层次、同装货港的装货单，按照不同的货类、性质、积载要求、包装式样、货物来源加以分开；将同货类、同性质、同包装式样的零星小票货物，集中在一起。

（4）将转口货与选港货的装货单，按照不同的转口港与选择港加以分开。

（5）将危险品、贵重品、使馆物资、重大件等特殊货物的装货单单独分开。

（6）在完成上述工作的基础之上，按照不同的舱口、卸货港，来编制进度表。

（7）对于大宗货、大票货与散装货，应当在进度表上分别注明装入各舱的货物数量。

（8）对于加载、退关货物，应当在进度表上注明加载、退关的货物件数与重量。

（9）首先在进度表上计算出装入各舱口与各层次的货物总件数和总重量、各卸货港（包括转口港和选择港）的货物总件数和总重量。然后计算出全船装货的总件数与总重量。最后，将计算出的各项数字与载货清单计算出来的各项数字核对，务必使二者完全一致，如果有不一致之处，必须找出原因，直到二者的数字完全相同为止。

3. 相关的准备

准备登轮工作所需的单证、资料与理货用品。

4. 与大副联系相关事宜

（1）了解与核对卸货港的顺序

配载图上的各卸货港是由船方确定的，为了确保卸货港顺序的正确无误，理货人员有必要进行仔细的检查，并且要与大副当面核对一次。如果发现有不妥之处，应当与大副磋商，进行适当的调整。

（2）修正配载图上有错配、漏配、重配的装货单

配载图上标明装货单编号，用来表明每票货物的装舱位置。理货人员在编制进度表之时，可能会发现货物配载图上有错配、漏配与重配装货单的现象。

错配，是指将不同卸货港的货物，或性质互抵的货物混配在一起。

漏配，是指部分货物没有配置在配载图上。

重配，是指同票货物重复出现在配载图上。

理货人员要将错配、漏配、重配的装货单，送交给大副，由他重新确定装舱的位置。

（3）纠正配载图当中存在的问题

由于船方对于货物的实际情况并不了解，因此，编制的配载图难免存在一些问题，比如货物的轻重、大小搭配不合理等。理货人员在发现问题之后，应当向大副提出，以便及时地纠正。

（4）了解衬垫隔票要求

对衬垫隔票的总要求，船方在配载图上的备注栏内已经标明。但是在装货的过程中，还会遇到许多具体的情况，比如，衬垫隔票的物料来源、对某种货类衬垫隔票的具体要求等，这都需要理货人员联系船方来解决。

（5）了解装卸方面的问题

向船方了解船舶吊杆的安全负荷量、重大件的起吊设备、冷藏舱打冷气的时间、夜间作业舱内是否安装灯光、外档作业是否提供绳梯等，向船方介绍装卸作业的时间、工班作业舱口等。

（6）了解理货方面的事宜

商定与大副联系工作的地点、时间，夜班作业发生问题如何处理，船方值班人员的安排等，向其介绍我国理货的概况、理货方法，并且征求对理货工作的要求等。

理货长应当将与船方洽谈的有关事项，记录在交接簿内，供接班人员掌握。

（二）装船过程中的理货工作

1. 熟悉装货单，准备理货

装货单是理货的依据，要注意的事项包括以下各项。

（1）掌握该舱口所装货物的种类、卸货港的顺序。

（2）掌握货物尤其是特殊货物积载的位置与要求。

（3）了解货物衬垫隔票的要求与物料的来源。

（4）了解直装或现装货物的来源、操作过程与交接方法。

将装货单附页抽出，按照卸货港顺序、货物种类与性质、包装式样、积载要求，排列好装货的先后顺序，同时尽可能地根据附页上注明的货物来源、堆放地点，将同一货位的装货单排列在一起，以便于仓库发货与工人装货。

对于不同的卸货港、转口港与选择港的装货单，应当分别单独地排列，以防止错装。

对于重大件、危险品的装货单，应当先查看货物装舱条件与货物的实际情况，以便指导工人装船。如果发现货物不宜于装在该处，应当及时通知理货长。

对于冷藏货装船，应当事先通知船方停供冷气，以保证工人的操作安全，同时要求船方准备好隔垫物料，以备使用。

对于直装、现装货物，应当先了解驳船与车辆停靠的位置，记录下车辆号、驳船号，然后通知海关人员到现场验放装货单。

2. 凭单装船理货

对于从港口库场装船的货物，在装船之前，理货员要凭装货单先到港口库场检查核对货物。然后，再将附页交由库场员，供其凭此发货装船，或将附页交给装卸工组，供其凭此到库场提货装船。直装、现装的货物，要凭装货单收货装船。

在装船的过程当中，理货员要在船上或船边凭装货单逐票逐钩地核对货物标志，点清件数，检查包装。

核对标志，主要是核对货物的主标志与卸货港名称；如果发现标志有不符，应当通知库场员，待解决以后，才能装船。

理清件数，是指对于杂货，要逐票点清件数；对于大宗货物，工人必须坚持做到定量钩，理货人员要逐钩复查，点清数字；对于直装、现装的货物，要在船上或船边与发货人或驳船船员划钩计数，当钩交接清楚；对于船方有特殊要求的货物，在装船之前，应当通知船方共同进行点交点接，理清数字。

检查包装，重点是检查货物包装是否完整，保障货物完整无损地装船。如果发现下列情况，原则上是不能装船的。

（1）木箱、木桶等硬包装，发生变形现象。

（2）包装外表加的铁带、铁箍，有松弛、断裂或脱落现象。

（3）包装内货有晃动或破碎的声响。

（4）包装外表有渗漏、污染的痕迹。

（5）袋装货的袋口有松散。

（6）桶装货的塞、盖有脱落现象。

（7）各种包装有破损。

（8）动植物、食品，出现腐烂、发霉的气味。

（9）其他明显的包装有异常、损坏等现象。

3. 监督装舱

在装货的过程当中，要指导与监督工人装舱积载与衬垫、隔票。

（1）装舱积载

主要是指导每批或每票货物的积载位置与堆码要求。尤其是班轮装货，更需要严格地按照船方要求指导装舱积载。在装舱位置比较紧的情况之下，要控制发放的附页数量，尽量要做到整票装清。在装船的过程当中，如果遇上突然下暴雨，要特别地注意舱内货物是否被雨淋湿，以及破票货物未装船的件数与它们所在的位置。对于在船边交接的货物，要经常地检查舱内积载情况，防止工人随意地变更积载位置与乱堆乱放。对于船方提出的要求，要及时地转告工人与有关部门。

（2）衬垫

主要是根据船方的要求与理货人员的布置，将衬垫要求与衬垫物料的来源通知给工人。如果事先需要船方验看的，应当通知船方验看后再装船。

（3）隔票

是理货人员直接指导装卸工人进行的。凡是下列情况，都需要进行隔票。

1）不同卸货港的货物装完之后，需要进行隔票，之后才能装其他卸货港的货物。

2）不同转口港或选择港的货物装完时，需要进行隔票之后，才能装其他转口港或选择港的货物。

3）同包装不同票的货物在装完时，需要进行隔票后，才能装其他票的货物。

4）船方要求隔票的其他货物，需要进行隔票后，才能够继续装船。

4. 编制单证

在装船作业的过程中，理货人员应当按钩填制计数单；整票货物装上船之时，应当如实批注装货单；如果发生理货待时的情况，应当填制待时记录。

5. 复核计数单与装货单

核对计数单与装货单的内容，包括以下各项。

（1）核对计数单上填写的装货单编号、标志、包装、件数，是否与装货单上的相符合。

（2）复核计数单上填写的总件数与总重量，是否正确。

（3）对于直装、现装货物，要核对计数单与随车清单或驳船清单，是否相符。

（4）整票货物未装完的，要核对计数单上填写的件数与装货单附页上签注的件数是否相符。

（5）复核已经装船的装货单编号和份数，与计数单上填写的是否相符。

6. 销进度表与载货清单

要在复核计数单与装货单的基础上销进度表，俗称销账。这是装船理货工作当中很重要的一环，因为它是全船装货进度的综合反映，是绘制积载草图的依据，是确定出口总数的基础。

根据已经装船的装货单，在载货清单的件数栏上，画一个圆圈，在发货人一栏上注明装舱的位置，以表明该票货物已经装船、发给理货人员的装货单已经收回。通过圈销载货清单，可以随时地了解到装船动态，掌握货物未装船的存余票数，以便与发货人核对装货单已经装船数与存余数，船舶离港之后，可以作为核查船公司查询单的原始资料。

7. 交接班

理货人员的交接班，有时是在装船作业过程中进行的，因此交接班的两个理货人员应当在理货岗位上进行交接。要求如下：接班理货人员应当提前到理货岗位；交班理货人员在接班人未到之前，不可擅自离开理货岗位。

（三）装船结束时的理货工作

一般要求在装船结束后的两小时以内，完成全船的所有理货工作，特殊情况除外。这对于理货人员而言，是一项艰巨的任务，时间短，收尾工作多，受到客观因素的影响比较大，因此要求理货人员要提前做好结关的准备工作。要在两小时内完成一般事务、编制单证与船方签证三项任务。

1. 一般事务

一般事务包括以下各项内容。

（1）检查与整理好所有理货单证，以及其他的相关单证资料。

（2）检查与处理好最后一批装货单。

（3）复核装船货物的总件数与总重量，复核装船货物的分港数与分舱数。

（4）复核退关的装货单编号与货物数量。

（5）向港口库场了解有否遗漏货物、残损货物，是否已经全部装上船。

（6）向各舱理货员了解装货结束时间以及其他的相关事宜。

2. 编制单证

编制单证包括以下各项内容。

（1）填制最后一份日报单与待时记录。

（2）编制完货物分舱单与理货证明书。

（3）完成货物积载图的绘制工作。

3. 船方签证

应当在完成上述各项工作的基础上，提请船长或大副签认最后一批装货单、理货证明书与货物积载图等单证。 签字结束之后，理货人员应当携带所有的单证资料以及理货用品离船，然后将全船的单证资料整理好，交给主管部门，并且汇报有关情况。

四、卸船理货

（一）卸船前的准备工作

船舶到港前的24小时以内，船舶代理人应当将进口舱单、分舱单、积载图、危险品清单、重件清单等有关单证资料，送交理货机构，货方代理人应当将进口货物的详细资料送交理货机构。

理货机构根据进口舱单与进口货物的有关资料，制成若干份分标志单（又称“分唛单”）、一份销账进度表与一份流向单，并将其交给登轮的理货长使用。

1. 理货人员收到单证资料后的准备工作

查阅与整理单证资料；联系港口调度与库场；了解船舶停靠的泊位、时间，卸船作业计划，货物流向或库场货位安排。要着重掌握以下各种情况。

（1）船舶的性质与国籍。

（2）货物的来源与装货港，各舱货物的种类、性质、数量与积载情况。

（3）卸船的作业计划、货物现提数量与流向、进港口库场的数量与堆存地点。

（4）对于成套设备、重大件、危险品、贵重品等特殊货物的卸货安排、装卸工艺、安全措施、注意事项与对理货工作的要求等。

（5）主管部门对理货工作的指示与要求。

（6）在交班簿上填写各舱的重点货种、注意事项、交接方法与验残要求等内容。

2. 船舶靠泊后理货人员需登轮向船方大副了解的有关情况

（1）装货港装货时的天气情况、装卸工艺、操作方法、理货方法，有无数字争执与退关，有无残损批注与保函等。

（2）船舶在航行途中的天气情况，有无海事报告等。

（3）船舶在中途港的装卸、理货情况，过境货的隔票情况，备用袋的存放位置。如果装有车辆，要索取钥匙。

（4）舱内货物的积载、隔票情况。

（5）原残货物的验残方法与要求。

（6）对理货工作的要求与卸货的注意事项。

（7）装货单与装货港的理货单证。

理货人员要向船方了解情况，并且将其记录在交接簿上；对于重大问题，应当及时向主管部门汇报。

（二）卸船过程中的理货工作

1. 与装卸人员协调

与装卸人员协调的工作，包括以下各方面。

（1）介绍舱内货物的种类、性质、票数与积载隔票情况。

（2）介绍残损货物的验残要求，要求工人发现原残货物时，应当立即通知理货员，未经理货员处理的，不得随意搬动；要求对工残货物，实事求是地签认理货员编制的工残记录。

（3）要求装卸工组必须按票起卸，配合理货人员做好分票工作。

（4）要求装卸工组在卸精密仪器、使领馆物资、展览品等贵重货物时，要轻拿轻放，注意货物倒置标志；卸大宗货物时，要做好定量钩工作。

（5）要求发现混票或隔票不清的现象时及时通知理货员，经理货员处理之后，再起卸。

2. 理货作业

卸船过程中的理货作业，包括以下各项内容。

（1）要凭分票标志单进行分票、理数。

（2）处理原残与工残货物。

（3）处理理货与港口库场，或收货人及其代理人办理货物交接手续等。

（4）将船方提出的合理要求，及时通知给装卸指导员。

（5）协助工人联系船方解决起落吊杆，起货机故障，安装照明设备、舷梯等问题。

（6）协助工人联系船方，指导起卸重大件、危险品与困难作业的货物。

3. 交接班

交接班的内容，包括以下各方面。

（1）交资料

交班理货人员要将所有的单证资料，向接班理货人员交接清楚。

（2）交情况

主要包括交卸货进度、全船理货数字、货物残损情况、向船方了解的情况、卸船理货注意事项等内容。

（3）交要求

包括交分票、理数、验残要求，交指导工人按票起卸要求，交办理货物交接手续要求等。

（4）交问题

包括交工作当中发生的各种问题与处理情况、交接情况。

除了将上述交接内容口头交代清楚之外，还要将一些重要内容记录在交接簿上。

（三）卸货结束时的理货工作

在卸货结束时，一般要求在两小时以内完成全船的理货工作，特殊情况除外。在这短短的两小时以内，需要完成一般事务、编制单证与船方签证三项任务。

1. 一般事务

卸货结束时，理货工作的一般事务包括以下各项内容。

（1）检查与整理好所有的理货单证与其他有关的单证资料。

（2）复核卸船货物的总件数与残损货物数量和内容。

（3）了解有否漏计与漏卸货物、卸货的结束时间等。

（4）与港口库场核对全船理货数字，与收货人或其代理人核对现提货物数字。

（5）最后确定卸船货物的溢短数字、残损货物的数字与内容。

2. 编制单证

卸货结束时的编制单证，包括以下各项内容。

（1）填制最后一份日报单与待时记录。

（2）编制理货证明书、货物残损单与货物溢短单。

3. 船方签证

应当在完成上述各项工作的基础上，提请船长或大副签认理货证明书、货物残损单与货物溢短单。

签证结束之后，理货人员应当携带所有单证资料以及理货用品离船。然后整理好全船的单证资料，交给主管部门，并且汇报有关的情况。

五、理货辅助方法与单证

（一）理货的辅助方法

1. 衬　垫

在船舶受载部位与舱内的四周处，以及货物之间铺放木板、草席等物料，来减轻船舶受载部位的压力，使货物不直接地接触舱底板与船舱四周的舱壁，从而避免货物受损情况的发生，以此达到保证船、货安全的作业，这被称为衬垫。

在底舱及各层甲板装载包、捆货物与怕潮货物时，一般可以铺垫木板一两层。如果铺一层，要横向铺，即左右向铺垫。如果铺两层，下层要横铺，上层要纵铺，即首尾向铺垫。在污水沟处要留出空当，以便污水的畅通。对于易发热、腐烂的货物，最好在木板上面加一层席子或帆布。在舱口边缘、横梁下面，要铺几层席子或帆布，以防汗湿货物。

为了防止货物移动，可以用木楔、撑木加固货物。为了防止甲板受力集中，可以铺垫木板或方木。

舱壁及舷壁，一般情况下可以用席子、草片、帆布、木板等物料来衬垫，以防汗湿货物，保护壁板，但是要防止阻塞汗水下流与舱内通风。安装护货板的船舶，可以不加衬垫。

2. 隔　票

将不同的装货单（提单）的货物，分开装船积载使之不相混淆，被称为隔票。

对不同港口的货物，可用以下方式隔票。

（1）件杂货可以用网络、席子、帆布、木板、纸张等物料进行隔票。

（2）钢板、钢管、钢材等，可以用涂料、钢丝绳进行隔票。

（3）袋、捆、包装的货物，可用网络、席子、帆布等物料进行隔票。

（4）桶装货可以用木板、草片等物料进行隔票。

（5）散装货可以用席子、帆布等物料进行隔票。

对于同港口的不同包装物，如果包装是明显不同的，可以采用自然隔票，但是每票货物的堆积必须集中，以便于卸货与理货工作。对于同港口相同包装的不同票货物，必须按票用隔票物料加以隔清。

3. 分　票

分票是指依据出口装货单或进口舱单，分清货物的主标志与归属，分清混票与隔票不清货物的运输标志和归属。

（1）装船之时的分票方法

1）按票核对货物的主标志，保证其与装货单上的标志一致。

2）按票核对货物上的副标志，比如卸货港名称、批号、重量等。

3）对于标志模糊不清、脱落或无标志的货物，应当及时联系发货人处理，否则不予装船。

4）必须按票装舱积载，做到一票一清、票票分隔，防止混装与隔票不清的现象发生。

（2）卸船时的分票方法

1）对于同包装、同票的货物，可以采取抽查的方法，核对主标志。

2）对于同包装、不同票的货物，要着重检查其主标志的差异部分。

3）对于不同包装、不同票的货物，要逐件地检查它们的主标志。

4）对于标志不符、不清或无标志的货物，要联系收货人确认可否归入同票货物当中，以减少溢短签证。

5）对于散件或抽件的货物，要尽量归入原票货物当中，以减少短件溢支签证。

4. 理 数

理数是指在船舶装卸货物的过程中，记录起吊货物的钩数，点清钩内货物细数，计算装卸货物的数字，又称为计数。理数的常用方法，包括以下各项。

（1）发筹理数

对于每钩货物发一支筹码，凭着筹码计算货物的数字，被称为发筹理数。这种原始的理数方法，目前已经极少使用了。发筹理数的前提条件，是每钩货物的件数必须要相等，每支筹码代表每钩同等数字的货物。此种方法，适用于定量包装与定钩码的大宗货物。

（2）划钩理数

逐钩点清货物的数字，被称为划钩理数，此种方法适用于各种货物。

（3）挂牌理数

对每钩货物挂一只小牌，凭牌计算货物的数字，被称为挂牌理数。这是发筹理数的一种演变形式。此种方法适用于定量包装与定钩码的大宗货物。

（4）小票理数

按照每钩货物的数字填发小票，交接双方各执一联，凭票计算货物的数字，被称为小票理数。小票是一种有顺序编号的两联单，此种方法适用于各种货物。

（5）点垛理数

按垛点清货物的数字，被称为点垛理数。垛是指在码头库场按照一定要求堆码成型的货物。此种方法一般不适用于外贸运输货物，但是在特定的条件下，比如对舱内、船边不易按钩点清数字，而从货垛外能点清数字的货物，其可作为一种辅助的理数方法。

（6）抄号理数

记录每件货物的号码，据以计算货物的数字，被称为抄号理数。一般的货物，尤其是成套货物的包装上都印有件号，一个号码代表一件货物，因此，这种方法更适用于成套设备与有特殊要求的货物。

（7）自动理数

这是一种以科学仪器作为计数工具的理数方法。目前，在世界各港口最普遍使用的计数工具，就是在输送带上安装的一个自动计数器。此种方法，主要适用于定量包装的货物。

5. 理　残

理货人员为了确保出口货物的完整无损、进口货物分清原残与工残，在船舶装卸的过程中，剔除残损货物，记载原残货物的积载部位、残损情况与数字，被称为理残，亦称分残。理残的方法，包括以下各项。

（1）查明残损货物的受损情况

理货人员在理残时，一旦发现残损货物，应当首先根据装货单或进舱单，核对残损货物的标志、件号与包装，查明其归属哪一票。其次仔细检查残损货物包装外表的受损情况。最后，确定残损货物的受损范围与程度。

（2）理清残损货物的数量

由于货物受损的原因各不相同，因此，受损的情况会有不同。不管货物的受损程度如何，理货人员必须理清残损货物的数量，这是理货人员的工作职责。尤其是对于受损面积比较大的货物，一定要区分清好货与残货，理清残损货物的数量，以供有关部门办理海事理算时作为参考。

（3）明确残损货物的责任方

理货人员可以通过理残工作，查明残损货物发生的时间与地点界线，明确残损货物的责任方。

（二）理货单证

在目前，国际上还没有统一的理货单证，各国理货机构所使用的理货单证种类、格式差异比较大，但是几种基本的理货单证，还是大同小异的。下面介绍我国使用的理货单证。

1. 理货委托书

理货委托书（Application for Tally）是委托人委托理货机构办理理货业务的书面凭证。由于我国对国际航线的船舶实行强制性理货，因此不需要此类船舶提交理货委托书，理货机构便会与船方自动产生委托与被委托的关系。在国内沿海运输中，有的船公司与理货公司签订了长期委托理货的协议书，也就没必要按照航次再提交理货委托书。

理货委托书是由理货机构用中文与英文印刷的两种文本，中文本供国内的委托方使用，英文本提供给国外的委托方使用。

2. 计数单

计数单（Tally Sheet）是理货人员理货计数的原始记录。计数单的计数栏之内，通常是按钩填写货物的数字。对于不同舱口的货物，以及进口与出口的货物，都不能合编成一张计数单。

计数单是判断卸船货物数字是否有溢、短，装船货物数字是否准确的唯一根据，也是填写装货单／大副收据实装件数的依据。船方对计数单会比较重视，在理货的过程中，经常会检查理货员编制的计数单是否准确。

为了便于理货员提供计费的依据，计数单的备注栏内会印有计费项目。

3. 现场记录

现场记录（On-the-spot Record）是理货人员记载货物异常状态与现场情况的原始凭证，如果发现进口货物在船上有原残、混装、隔票不清等情况，以及由船方原因造成的翻舱等，都应当编制现场记录。现场记录是汇总编制货物残损单的依据。

4. 日报单

日报单（Daily Report）是理货长向船方报告各舱货物装卸进度的单证。进口与出口货物不能合制成为一张日报单。日报单上的货物吨数为参考数，因为理货人员很难准确地计算出装、卸货物的吨数，但是一票货物如果发生溢、短，其重量应当根据舱单或装货单做出相应的更改。日报单上的货物件数是准确数，它是根据当班的计数单填写的。

5. 待时记录

待时记录（Stand-by Time Record）是记载由船方原因造成理货人员停工待时的证明。由非装卸工人责任造成船舶吊机故障、电源中断、舱内打冷气、开关舱、铺垫舱、隔票、拆加固等情况，致使理货人员停工待时的，都应当编制待时记录。

6. 货物溢短单

货物溢短单（Overlanded/Shortlanded Cargo List）是记载进口货物件数溢出或短少的证明。整船进口货物的件数无溢短之时，仍然需要编制货物溢短单，在通栏内填写英文“NIL”。货物溢短单由理货长累计计数单，对照进口舱单汇总编制。

货物溢短单的编制，会关系到船方的经济利益，必须经过大副或船长签字。货物溢短单是收货人向船公司或保险人索赔的重要凭证。

7. 货物残损单

货物残损单（Damaged Cargo List）是记载进口货物原残情况的证明，由理货长根据现场记录汇总编制。

货物残损单的编制，会关系到船方的经济利益，必须经过大副或船长签字。货物残损单是收货人向船公司或保险人索赔的重要凭证。

8. 分港卸货单

分港卸货单（Discharging Report in Separate Ports）是两港分卸的同一票货物在第一卸货港卸货件数的证明，应由理货长编制，可以作为第二卸货港理货的依据。

9. 货物分舱单

货物分舱单（Cargo Hatch List）是分港分舱记载每票货物装舱部位的清单，一个卸货港编制一份，由理货长根据装货单进行编制。

货物分舱单对于卸货港制订卸船作业计划，安排车、驳衔接，库场堆存，理货等，对于船方掌握舱内货物的情况，具有重要的作用。

10. 货物积载图

货物积载图（Stowage Plan）是出口货物实际装舱部位的示意图，由理货长根据装船过程中的变化，随时修改货物配载图绘制而成。

货物积载图对于船方了解货物装船情况与货物在舱内的积载部位、卸货港安排卸船作业与理货工作，都有着重要的作用。

11. 复查单

复查单（Rechecking List）是理货机构对原理货物进行复查之后出具的凭证。复查是船方或其他方要求进行的。复查的结果有两种，一种是与原结果相同；另一种是与原结果不同。两种复查结果，都要对外出具复查单。

12. 更正单

更正单（Correction List）是理货机构更改原理货结果的凭证。更正与复查的区别为：更正是理货机构发现本身现货工作有失误，主动地对外更正理货结果；而复查是应他方要求而进行的，如果证明原理货结果有错误，就要主动地对外更正理货结果。理货机构对外出具更正单或复查单，一方面表明承认现货工作有失误，另一方面表明理货机构的实事求是精神。

13. 分标志单

分标志单（List of Marks-assorting）是在卸船后分清混装货物标志的凭证。边卸货边分清混装货物标志，或船舶离港前分清混装货物的标志的，都无须编制分标志单。

14. 查询单

查询单（Cargo Tracer）是向对方调查货物情况的单证。通常是在货物发生溢短情况时，由船公司或理货机构进行编制，向船舶停靠港口调查货物有无错卸、漏卸、错装、漏装等情况，以澄清事实、挽回损失。

15. 货物丈量单

货物丈量单（List of Cargo Measurement）是记载丈量的货物尺码的单证。丈量货物的尺码，计算出货物的体积，有两种情况：一种是理货机构为了准确收费的需要，主动对货物进行尺码丈量；另一种是理货机构接受委托方的要求，开展对货物进行尺码丈量的业务活动。我国规定货物的一立方米体积为一尺码吨。理货机构要按照货物的重量吨与尺码吨，择大计费。

对于货物的重量与体积，一般是按照进口舱单与出口装货单上的数字记录。但是对于有疑问者，理货机构可以进行实际丈量，并且以丈量的数字为准。

16. 理货证明书

理货证明书（Tally Certificate）是委托方确认理货工作的凭证。

理货证明书是理货机构向船公司或其代理人结算各项费用的依据。由于理货证明书上列明了进口或出口货物的总件数，因此，它在客观上又起到了记录船舶实际装卸货物总数量的交接作用。为了便于理货人员填写理货工作项目，理货证明书上印制有各项内容。

复习思考与讨论

1. 港口生产的计划与调度包括哪些内容?
2. 港口生产的统计指标有哪些?
3. 港口的市场营销是怎样的?
4. 货运事故及其处理情况是怎样的?
5. 港口费收的管理情况是怎样的?
6. 港口的口岸管理内容有哪些?
7. 港口的主要设备有哪些?
8. 港口的装卸工艺是什么情况?
9. 港口装卸工艺与设备的匹配情况是怎样的?
10. 港口设备的维修和保养包括哪些内容?
11. 港口库场管理的内容有哪些?
12. 港口库场的堆存计划包括哪些内容?
13. 港口库场的堆存作业包括哪些内容?
14. 理货业务的范围包括哪些?
15. 库场理货包括哪些内容?
16. 卸船理货包括哪些内容?
17. 简述理货辅助方法与单证的情况。

CHAPTER 4

第四章

港口集装箱业务的管理

本章学习目标

1. 集装箱运输的基础知识
2. 集装箱港口环境子系统
3. 集装箱港口基础设施子系统
4. 集装箱港口营运子系统
5. 集装箱进出口业务
6. 集装箱货运站业务
7. 集装箱码头的检查桥业务
8. 集装箱的箱务管理业务

本章核心内容

集装箱　国际标准集装箱　集装箱的标志

集装箱运输的特点　整箱　拼箱　集装箱货物的交接方式

集装箱港口环境子系统　集装箱港口基础设施子系统

集装箱港口营运子系统　装卸作业系统分析　集疏运系统分析

堆场系统分析　集装箱港口信息子系统　集装箱进出口单证

装箱单　理货单证　提货单

Section 1

第一节　集装箱运输的基础知识

一、集装箱的定义

集装箱是由美国人最先发明并且使用的，1921年3月19日，它最早出现在美国纽约铁路运输总公司。随之，英国人也不甘落后，他们于1929年开始了英国—欧洲大陆海陆直达集装箱联运，但这些都只是局部的、小规模的使用。集装箱的大量运用，则始于越南战争，当时美国人用集装箱大量运输作战物资，发现效果甚佳。1966年美国海陆公司（Sealand）在北大西洋航线上开始使用改装的集装箱船“FairLand”号，为集装箱运输的历史开创了崭新的一页。集装箱运输的出现，不仅会影响到运输业本身，而且对贸易、金融、海关、商检等其他部门，都会带来重要的影响，这可以说是国际运输业的一次历史性革命。

集装箱，英文名为“Container”或“Box”，原义是一种容器，专供便于机械操作与运输的大型货物容器。因其外形像是一只箱子，又可以集装成组地进行运输，故而称为“集装箱”，在我国香港与台湾地区称为“货柜”。

目前，许多国家（包括我国在内）基本上都是采用国际标准化组织ISO对集装箱的定义。集装箱是一种运输设备，它应当具备以下条件。

1. 具有着足够的强度，可以长期反复地使用。
2. 装有便于装卸与搬运的装置，便于从一种运输方式转移到另一种运输方式。
3. 便于货物的装填与卸空。
4. 适于一种或多种运输方式运送货物，无须中途换装。
5. 具有1立方米或1立方米以上的内容积。

综上所述简而言之，集装箱是具有一定的强度、刚度与规格，专供周转使用的大型装货容器。

二、集装箱的类型

为了适应装载不同种类货物的需要，出现了不同种类的集装箱。这些集装箱不仅外观不同，而且结构、强度、尺寸、功能等也各不相同。根据不同的分类标准，有不同的集装箱类型。

（一）按照制造的材料分类

由于集装箱在运输途中，经常会受到各种力的作用与环境的影响，因此集装箱的制造材料需要有足够的刚度与强度，应当尽量采用质量轻、强度高、耐用、维修保养费用低的材料，同时材料既要价格低廉，又要方便取得。在目前，世界上广泛使用的集装箱按照其主体材料，分为以下几种。

1. 钢制集装箱

其框架与箱壁板皆是由钢材所制成。最大优点是强度高、结构牢、焊接性与水密性好、价格低、易修理、不易损坏，主要缺点是自重大、抗腐蚀性差。

2. 铝制集装箱

铝制集装箱有这两种：一种是钢架铝板；另一种仅框架的两端是用钢材，其余部分用铝材。主要优点为自重轻、不生锈、外表美观、弹性好、不易变形，主要缺点则是造价高，受到碰撞时易于损坏。

3. 不锈钢制集装箱

不锈钢制集装箱的主要优点，是强度高、不生锈、耐腐性好，缺点是投资大。

4. 玻璃钢制集装箱

玻璃钢制集装箱是在钢制框架上装上玻璃钢复合板而构成的。主要优点是隔热性、防腐性与耐化学性都比较好，强度大，刚性好，能够承受比较大的应力。易于清扫，修理简便，集装箱内的容积比较大等。主要的缺点是自重比较大，造价比较高。

（二）按照用途分类

1. 干货集装箱（Dry Cargo Container）

干货集装箱也称为杂货集装箱，此为一种通用集装箱，用以装载除了液体货、需要调节温度的货物及特种货物以外的一般件杂货。这种集装箱的使用范围极广，常用的有20ft与40ft两种。其结构特点是通常为封闭式，一般会在一端或侧面设有箱门，箱内设有一定的固货装置，在使用时一般要求清洁、水密性好。同时，对于装入这种集装箱的货物，要求有适当的包装，以便充分地利用集装箱的箱容。

2. 开顶集装箱（Open Top Container）

开顶集装箱也称为敞顶集装箱，这是一种没有刚性箱顶的集装箱，但是有可折式顶梁支撑的帆布、塑料布或涂塑布制成的顶篷，其他构件与干货集装箱类似，称为软顶集装箱。还有一种硬顶集装箱，箱顶用薄钢板制成，利用起重机械进行装卸作业。开顶集装箱适于装载较高的大型货物与需吊装的重货，比如钢材、木材，特别是像玻璃板等易碎的重货，利用吊车从顶部吊入箱内，不易损坏，也便于在箱内固定。

3. 台架式及平台式集装箱（Platform Based Container）

台架式集装箱是指没有箱顶与侧壁，甚至有的连端壁也去掉，只有底板与四个角柱的集装箱。台架式集装箱又有着很多类型，比如，敞侧台架式、全骨架台架式、有完整固定端壁的台架式、无端壁仅有固定角柱与底板的台架式集装箱等。

它们的主要特点为：为了保持其纵向强度，箱底会比较厚。箱底的强度比普通集装箱要大，而其内部的高度则比一般集装箱要低。在下侧梁与角柱上设有系环，可以将装载的货物系紧。这种集装箱可以从前后左右及上方进行装卸作业，适合于装载长大件、重货件以及形状不一的货物，比如，重型机械、钢材、钢管、木材、钢锭等。台架式集装箱没有水密性，怕水湿的货物不能够装运。

平台式集装箱是在台架式集装箱上再加以简化，仅保留底板而无上部结构的一种特殊结构集装箱。该集装箱的装卸作业方便，主要用于装载长、重的大件货物，比如重型机械、钢材、整件设备等。平台的长度与宽度和国际标准集装箱的箱底尺寸相同，可以使用与一般集装箱相同的紧固件与起吊装置。这种集装箱的采用，打破了过去那种集装箱必须具有一定容积的概念。

4. 通风集装箱（Ventilated Container）

通风集装箱一般是在侧壁或端壁设有若干通风孔，适于装载不需要冷冻，而需要通风、防止潮湿的货物，比如原皮、水果、蔬菜等。如果将通风孔关闭，则可以作为杂货集装箱使用。

5. 冷藏集装箱（Reefer Container）

这是专为运输要求保持一定温度的冷冻货或低温货，而专门设计的一种集装箱。其适用于装载鱼、肉、新鲜水果、蔬菜等食品货物。冷藏集装箱的造价比较高，营运费用比较高，在使用中应当注意冷冻装置的技术状态以及箱内货物所需要的温度。目前，国际上采用的冷藏集装箱，基本上分为两种：一种是集装箱内带有冷冻机的机械式冷藏集装箱；另一种是箱内没有冷冻机而只有隔热结构，只在集装箱的端壁上设有进气孔与出气孔。集装箱在货舱当中，由船舶的冷冻装置供应冷气的叫作离台式冷藏集装箱（又称为“外置式冷藏集装箱”）。

6. 散货集装箱（Bulk Container）

散货集装箱除了有箱门之外，在箱的顶部还设有2～3个装货口，在箱门的下部设有卸货口，适用于装载粉状或粒状货物，比如大豆、大米、各种饲料等。在使用时，要注意保持箱内清洁干净，两侧要保持光滑，便于从箱门卸货。散货集装箱的使用既提高了装卸效率，又提高了货物的运输质量，减轻了粉尘对人体的侵害与对环境的污染。

7. 动物集装箱（Animal Container）

这是一种专供装运鸡、鸭、猪等活牲畜的集装箱。为避免阳光的照射，动物集装箱的箱顶与侧壁，用玻璃纤维加强塑料制成。另外，为了保证箱内拥有新鲜空气，侧面与端面都有用铝丝网制成的窗，从而拥有良好的通风。侧壁下方设有清扫口与排水口，并且配有上下移动的拉门，可以将垃圾清扫出去，还装有喂食装置。动物集装箱一般应装在甲板上，因为甲板上空气流通，同时也便于清扫与照顾。

8. 罐式集装箱（Tank Container）

这是一种专供装运液体货而设置的集装箱，比如酒类、油类及液状化工品等。它由罐体与箱体框架两部分组成，罐体用于装载液体货物，框架用于支承与固定罐体。罐体的外壁是采用保温材料，以罐体隔热，内壁一般要研磨抛光，以避免液体残留于壁面。为了降低液体的黏度，罐体的下部还设有加热器，罐体内的温度可以通过安装在其上部的温度计观察到。在罐顶设有装货口，罐底设有排出阀，装货时货物由罐的顶部装货孔进入，卸货时则由排货孔流出或是从顶部装货孔吸出。

9. 汽车集装箱（Car Container）

这是专为装运小型轿车而设计制造的集装箱。其结构特点为无侧壁，仅设有框架与箱底。为了防止汽车在箱内滑动，在箱底专门设有绑扎设备与防滑钢板。大部分的汽车集装箱都是被设计成上、下两层，可以装载两辆小汽车。

10. 服装集装箱（Clothing Container）

这种集装箱的特点为：在箱内的侧梁上装有许多根横杆，每根横杆上会垂下若干条皮带扣、尼龙带扣或绳索，成衣利用衣架上的钩，可以直接挂在带扣或绳索上。这种服装的装载法属于无包装运输，它不仅节约了包装材料与包装费用，而且减少了人工劳动，提高了服装的运输质量。

（三）按照规格尺寸分类

目前，国际上通常使用的干货集装箱有20ft货柜、40ft货柜等。另外也有一些其他规格的集装箱。

三、集装箱的标准化

（一）国际标准集装箱

在集装箱运输的早期，由于集装箱的规格不一，阻碍了集装箱的交换使用，影响了集装箱的运输效率。因此，一些国家与组织开始进行集装箱的标准化工作。1933年，“国际铁路联盟”制定了集装箱的标准。在当时，欧洲地区铁路上便是使用这一标准的集装箱。1959年，美国国际运输协会建议采用2.44m × 2.44m × 6.07m（8ft × 8ft × 20ft）和2.44m × 2.44m × 12.19m（8ft × 8ft × 40ft）型集装箱。1961年6月，国际标准化组织建立了104技术委员会之后，国际集装箱标准化就以104技术委员会为中心来开展工作。此后多年来，104技术委员会对于制定国际集装箱标准做出了很大的努力，建立了国际集装箱标准。集装箱的标准化促进了其在国际当中的流通，对于国际集装箱运输的发展起到了决定性的作用。目前，世界上大部分的国家都使用通用国际标准集装箱。

（二）集装箱的计量单位

目前，大部分国家集装箱的运输，都是采用6.1m（20ft）与12.2m（40ft）长的集装箱。在集装箱生产、运输的过程中，为了使得集装箱的箱数计算统一化，将6.1m（20 ft）集装箱作为一个计算单位，称之为标准集装箱，简称为标箱TEU（Twenty-feet Equivalent Units），12.2m（40ft）集装箱则可以换算为2TEU。

四、集装箱的标志

为了方便集装箱的运输管理，国际标准化组织（ISO）拟定了集装箱标志的方案。根据ISO790-73，集装箱应在规定的位置上标出以下各项内容。

（一）第一组标记：箱主代码、顺序号与核对号

箱主代码：集装箱所有者的代码，它由四位拉丁字母进行表示。前三位由箱主自己规定，并且向国际集装箱局登记。第四位字母是使用U，为集装箱国际通用代号。例如，中国远洋运输公司的箱主代码为：COSU。

顺序号：集装箱的编号，按照国家标准（CB1836-85）的规定，用六位阿拉伯数字来表示，不足六位时，则在前面添以0补足到六位。

核对号：用于计算机核对箱主号与顺序号记录的正确性。核对号一般位于顺序号之后，用一位阿拉伯数字来表示，并且加方框以醒目。核对号是由箱主代码的四位字母与顺序号的六位阿拉伯数字，通过以下的方式换算而得到。

首先，将表示箱主代码的四位字母转化成为相应的等效数字，字母等效数字的对应关系，如表4-1所示。

表4-1　核对号计算中箱主代码字母的等效数字

字母	A	B	C	D	E	F	G	H	I	J	K	L	M
数字	10	12	13	14	15	16	17	18	19	20	21	23	24
字母	N	O	P	Q	R	S	T	U	V	W	X	Y	Z
数字	25	26	27	28	29	30	31	32	34	35	36	37	38

从表4-1中可以看出，等效数字是去掉了11及其倍数的数字，这是因为后面的计算将11作为模数。之后，将前四位字母对应的等效数字与后面顺序号的数字（共计10个数字）采用加权系数法进行求和。最后，以所得和除以模数11，取其余数，即得到核对号。

例如，求中国远洋运输公司的集装箱COSU800021的核对号。

首先，对应的数字是：13，26，30，32，8，0，0，0，2，1，然后求和。

$$13\times2^0+26\times2^1+30\times2^2+32\times2^3+8\times2^4+0\times2^5+0\times2^6+0\times2^7+2\times2^8+1\times2^9=1337$$

最后，除以11取余数，余数为9，所以核对号为9。

（二）第二组标记：国籍代号、尺寸代号与类型代号

国籍代号：用三位拉丁字母来表示，说明集装箱的登记国，例如“RCX”为“中华人民共和国”的代号。

尺寸代号：由两位阿拉伯数字组成，用于表示集装箱的尺寸大小。例如20表示20ft型集装箱。

类型代号：由两位阿拉伯数字组成，说明集装箱的类型，其中00～09为通用集装箱，30～49为冷藏集装箱，50～59为开顶式集装箱。

（三）第三组标记：最大总重与自重

最大总重也称为额定重量，是集装箱的自重和最大允许载货量之和。最大总重单位用千克（kg）与磅（lb）同时标出。自重，是指集装箱的空箱重量。

五、集装箱运输的特点

由于普通散件杂货的运输长期以来存在着装卸及运输效率低、时间长，货损、货差严重影响货运质量，货运手续繁杂等问题影响到了工作效率，因此对货主、船公司及港口的经济效益产生了极为不利的影响。如何加速商品的流通过程，降低流通费用，节约物流的劳动消耗，实现快速、低耗、高效率及高效益地完成运输生产的过程，并且将货物送达目的地交付于收货人，这就要求变革运输方式，使之成为一种高效率、高效益以及高运输质量的运输方式。而集装箱运输，正是这样一种运输方式，它具有以下各项特点。

（一）高效益的运输方式

集装箱运输的经济效益高，主要体现在以下几方面。

1. 简化包装，大量节约包装费用

为了避免货物在运输途中受到损坏，必须有坚固的包装，而集装箱所具有的坚固、密封之特点，使其本身成为一种极好的包装。使用集装箱可以简化包装，有的甚至无须包装，就能够实现件杂货无包装运输，可以大大地节约包装费用。比如成衣出口，是采用专门的挂衣集装箱运输，可以直接运送到目的地商店上架，从而节约包装与再次熨烫的费用，有效地加快了周转时间。

2. 减少货损货差，提高货运质量

由于集装箱是一个坚固密封的箱体，本身就是一个坚固的包装。货物装箱并铅封后，途中无须拆箱倒载，一票到底，即使经过长途运输或多次换装，也不易损坏箱内的货物。集装箱运输还可以减少被盗、潮湿、污损等引起的货损与货差，可以降低货物的保险费用，深受货主与船公司的欢迎，并且由于货损货差率的降低，减少了社会的财富浪费，因而还具有很大的社会效益。

3. 减少营运费用，降低运输成本

由于集装箱的装卸基本上不会受到恶劣气候的影响，船舶非生产性停泊的时间缩短，又由于装卸效率高，装卸的时间缩短，对于船公司而言便可以提高航行率，降低船舶运输的成本。对于港口而言，可以提高泊位的通过能力，从而提高吞吐量，有效增加收入。

（二）高效率的运输方式

传统的运输方式具有装卸环节多、劳动强度大、装卸效率低、船舶周转慢等缺点，集装箱运输则完全改变了这种状况。

首先，普通货船的装卸，一般每小时为35吨左右，而集装箱装卸，每小时可以达到400吨左右，装卸效率大幅度地提高。同时，由于集装箱装卸机械化的程度很高，因而每班组所需装卸的工人数很少，平均每个工人的劳动生产率会大大地提高。

其次，由于集装箱的装卸效率很高，受到气候的影响小，船舶在港停留的时间大大缩短，因而船舶航次的时间缩短，船舶的周转加快，航行率大大地得到提高，船舶的生产效率随之提高，结果便是提高了船舶的运输能力。在不增加船舶艘数的情况下，可以完成更多的运量，增加船公司的收入，这样的高效率便能产生高效益。

最后，集装箱船一般要比普通杂货船大，运输批量大，降低单位货物的运输成本，缩短船舶的在港时间，可节省港口费用与燃油费用，从而提高运输的效率。

（三）高投资的运输方式

集装箱运输虽然是一种高效率的运输方式，但它同时又是一种资本高度密集的运输方式，必须有足够的资金才能够开展集装箱运输。

首先，船公司必须对船舶与集装箱进行巨额的投资。根据有关资料表明，集装箱船每立方英尺的造价，为普通货船的3.7～4倍。集装箱的投资极大，开展集装箱运输所需的高额投资，使得船公司的总成本当中，固定成本占有相当大的比例，高达2/3以上。

其次，集装箱港口的投资也很大。专用集装箱泊位的码头设施，包括码头岸线与前沿、货场、货运站、维修车间、控制塔、门房，以及集装箱装卸机械等，实在是耗资巨大。

最后，为开展集装箱多式联运，还需要有相应的内陆设施以及内陆货运站等作为配套建设，这就需要兴建、扩建、改造、更新现有的公路、铁路、桥梁、涵洞等，这方面的投资更是十分惊人。可见，若是没有足够的资金，想要开展集装箱运输，实现集装箱化将是很困难的，必须量力而行，逐步地实现集装箱化。

（四）高协作的运输方式

集装箱运输的涉及面广、环节多、影响大，是一个复杂的运输系统工程。集装箱运输系统包括海运、陆运、空运、港口、货运站，以及与集装箱运输有关的海关、商检、船舶代理公司、货运代理公司等单位与部门。如果配合不当，便会影响到整个运输系统功能的发挥。如果有某一环节失误，必将会影响到全局，甚至是导致运输生产的停顿与中断。因此，要求做到整个运输系统的各环节、各部门之间，达到高度协作。只有这样，才能够保证集装箱运输系统高效率地运转，发挥集装箱运输的优势。

（五）适用于组织多式联运

由于集装箱运输在不同运输方式之间换装时，无须搬运箱内的货物而只需换装集装箱，这便有效提高了换装作业的效率，适用于不同运输方式之间的联合运输。在换装转运时，海关及有关监管单位，只需要加封或验封转关放行便可，从而简化了海关手续，提高了运输效率。因此，通过集装箱多式联运，货物从发货人的工厂或仓库装箱之后，中途不必倒载，也无须开箱检验，能够一直送到收货人的工厂或仓库，成功实现“门到门”的高效运输。

六、集装箱运输的货物交接

（一）集装箱运输的关系方

集装箱运输的主要关系方，包括集装箱实际承运人、无船承运人、集装箱租赁公司、集装箱堆场与集装箱货运站等，同时还包括货主。

1. 实际承运人（Actual Carrier）

实际承运人是掌握运输工具，并且参与集装箱运输的承运人，主要包括经营集装箱运输的船公司、公路集装箱运输公司、航空集装箱运输公司、联营公司等。通常它们拥有运输工具，能够与托运人签订运输合同，同时还拥有大量的集装箱，以利于集装箱的周转、调拨、管理，以及集装箱与车船机的衔接。

2. 无船承运人（Non-vessel Operating Common Carrier）

无船承运人的本身并不拥有船舶，而是专门经营集装货运的揽货、装箱、拆箱、内陆运输以及经营中转站或内陆站业务。他们接受托运人的委托，签发提单或多式联运单证，再将集装箱货物转交给船公司运输。他们在实际承运人与托运人之间，起着中间桥梁的作用，对于实际货主而言，他们是承运人，对于实际承运人而言，他们又是托运人。

3. 集装箱租赁公司（Container Leasing Company）

它是指专门经营集装箱出租业务的公司。集装箱租赁的对象，主要是一些比较小的运输公司、无船承运人以及少数的货主。此类公司的业务，包括出租、回收、存放、保管以及维修等。

4. 集装箱堆场（Container Yard，CY）

集装箱堆场是集装箱码头的一个组成部分，是整箱货交接的场所，包括集装箱前方堆场与集装箱后方堆场，主要办理集装箱重箱或空箱装卸、转运、保管、交接等。

5. 集装箱货运站（Container Freight Station，CFS）

集装箱货运站是处理拼箱货装箱与拆箱服务的场所，它在办理拼箱货的交接、配箱积载之后，将箱子送往CY，并且接受CY交来的进口货箱，进行拆箱、理货、保管，最后拨交给各收货人。同时也可以按照承运人的委托，进行铅封与签发场站收据等业务。

（二）集装箱货物的装箱方式

1. 整箱（Full Container Load，FCL）

整箱是指货方自行将货物装满整箱之后，以箱为单位托运的集装箱。这种情况在货主有足够货源装载一个或数个整箱之时，通常会采用，除了有些大的货主自己置备有集装箱之外，一般都是向承运人或集装箱租赁公司，租用一定的集装箱。空箱运到工厂或仓库之后，在海关人员的监管之下，货主将货装入箱内，加锁、铅封之后，交承运人并且取得站场收据，最后凭着收据换取提单或运单。整箱货的拆箱，一般由收货人办理，但是也可以委托承运人在货运站拆箱。但是，承运人不负责箱内的货损、货差。除非货方举证确属承运人责任事故的损害，承运人才会负责赔偿。承运人对于整箱货，以箱为交接单位。只要集装箱外表与收箱之时相似，并且铅封完整，承运人便完成了承运责任。在整箱货运提单上，需要加上“委托人装箱、计数并且加铅封”的条款。

2. 拼箱（Less than Container Load，LCL）

拼箱是指承运人（或代理人）接受货主托运的数量不足整箱的小票货运之后，根据货类的性质与目的地，进行分类整理。将去同一目的地的货物，集中到一定的数量后拼装入箱。由于一个箱内会有不同货主的货拼装在一起，所以称为拼箱。这种情况是在货主托运数量不足以装满整箱时采用的。

通常由承运人分别揽货，并且在承运人码头集装箱货运站或内陆集装箱转运站，进行分类、整理、集中、装箱（拆箱）、交货等工作，而后将两票或两票以上的货物拼装在一个集装箱以内。同样，要在目的地的集装箱货运站或内陆站拆箱，分别交货。对于这种货物，承运人要负担装箱与拆箱作业，装拆箱的费用仍然是向货方收取。

（三）集装箱货物的交接方式

集装箱货物的交接方式，根据贸易条件所规定的交接地点不同而定，一般分为以下各项。

1. 门到门（Door to Door）：从发货人工厂或仓库，至收货人工厂或仓库。
2. 门到场（Door to CY）：从发货人工厂或仓库，至目的地或卸箱港的集装箱堆场。
3. 门到站（Door to CFS）：从发货人工厂或仓库，至目的地或卸箱港的集装箱货运站。

4. 场到门（CY to Door）：从起运地或装箱港的集装箱堆场，至收货人工厂或仓库。

5. 场到场（CY to CY）：从起运地或装箱港的集装箱堆场，至目的地或卸箱港的集装箱堆场。

6. 场到站（CY to CFS）：从起运地或装箱港的集装箱堆场，至目的地或卸箱港的集装箱货运站。

7. 站到门（CFS to Door）：从起运地或装箱港的集装箱货运站，至收货人工厂或仓库。

8. 站到场（CFS to CY）：从起运地或装箱港的集装箱货运站，至目的地或卸箱港的集装箱堆场。

9. 站到站（CFS to CFS）：从起运地或装箱港的集装箱货运站，至目的地或卸箱港的集装箱货运站。

Section 2

第二节 集装箱港口系统

从其概念可以看出，港口物流系统的实质，是运用现代理念对港口运输中转节点原有定位的重新定义，是对港口功能的重新认识。即港口的服务，不仅有水运货物的装卸、搬运、仓储、简单加工与货运等基本的物流业务和功能性服务，还提供进出口报关、货运交易服务、信息服务、物流咨询、金融保险代理等延伸业务与增值服务。因此，集装箱港口不仅是装卸的节点，更是一个物流节点与物流系统。

目前，集装箱港口不但由集装箱船舶港口码头基础设施、装卸设备、铁路与公路等集疏运系统、堆场仓储与检测配送中心、简单加工等构成，还包括进出口货物的保管、货运交易服务、信息咨询服务、保险金融代理服务等一系列相关的延伸业务与增值服务。其目的，是尽可能地缩短集装箱船舶在港口装卸货物的时间与作业时间，并且使集装箱货物的流通更加通畅合理。所以，整个集装箱港口应当包括集装箱港口环境子系统、集装箱港口基础设施子系统、集装箱港口营运子系统、集装箱港口信息子系统等。

一、集装箱港口环境子系统

集装箱港口环境子系统，主要是由港口自然地理因素决定的港口区位条件与自然地理条件所组成。它是港口物流运作的前提与基础，不仅为港口运作提供了基本的作业环境，而且在增强港口物流体系的辐射能力、保证船舶顺利进出港等方面，具有显著的作用。它主要包括港口的区位条件、岸线长度与条件、锚地条件、水文气象地质条件、泥沙潮汐条件、经济条件等。

港口区位不仅要受到航行条件、停泊条件等水运条件的影响，还要受到筑港条件、腹地条件、城市条件等陆域条件的影响。若是将这些条件进行归类，则航行、停泊、筑港条件属于自然条件，腹地、城市属于社会经济条件，任何港口的区位都可以从这几方面进行分析。

一般而言，港口要拥有便利的交通条件，较强的封闭性，同时要拥有足够的水域面积，有利于船只躲避风浪。水越深就会越有利于船只的航行与停泊陆域。同时，还要拥有足够的陆域面积，并且地势比较平坦开阔，有利于分散货物与客流。

以上海为例，上海港的主要区位因素包括以下各项。

1. 上海港是长江三角洲的一个河口港，兼作海港，主要港区沿着黄浦江分布。

2. 长江三角洲地势平坦开阔，为港口的建设提供了条件。长江一方面为港口提供了淡水，另一方面保证了船舶航行的空间，但是三角洲的坡度小，泥沙容易沉积造成淤塞河道。

3. 上海港的经济腹地是中国经济最发达的地区。

4. 上海港是以上海市作为依托的。

5. 上海港还通过长江干支流与铁路、公路和全国各地相连接，来集散客货流。

二、集装箱港口基础设施子系统

该系统由港口运作所必需的设施、装备组成。该系统为集装箱港口的正常运作提供配套的技术装备与基础设施，是集装箱港口运作的物质基础，是保障港口运作的基础条件。它通过为港口运作提供所必需的航道设施、泊位库场生产设施以及集疏运设施等，来保证港口的成功运作。

该系统会直接地影响到港口体系的运作效率与效益高低，是增强港口辐射力和带动作用的关键环节。它主要包括了港口航道设施、前沿码头与泊位数、港口的机械设施（比如岸吊、集装箱跨运车、集装箱拖车、龙门吊、叉车等）、港区内的道路设施、前方堆场、后方堆场与空箱堆场等，这些库场生产设施、辅助库场设施以及港口集疏运设施等。一个集装箱港口基础设施的先进程度，以及机械化、自动化程度的高低，可以影响到整个集装箱港口的其他子系统的效率。

三、集装箱港口营运子系统

这是集装箱港口各子系统当中最为复杂的一个系统，集装箱港口运营子系统主要包括装卸作业系统、集疏运系统与堆场系统。

（一）装卸作业系统分析

集装箱港口装卸作业系统，实际上可以分为泊位系统与船舶装卸系统两部分。

1. 泊位系统的运作流程与分布

当集装箱船舶到港之后，首先需要为其安排泊位，然后再配置相应的装卸设备资源以及堆场空间资源或进行集疏运。所以，装卸作业系统的分析应当是从泊位系统开始。

泊位系统主要包括靠泊设施、船舶信息管理（包括船舶的航线与航行特点等基本信息）、船舶到离时间管理、泊位分配（包含集装箱装卸桥的分配）与泊位分布管理，其运作流程大致可参考图4-1。

图4-1 泊位运作的流程图

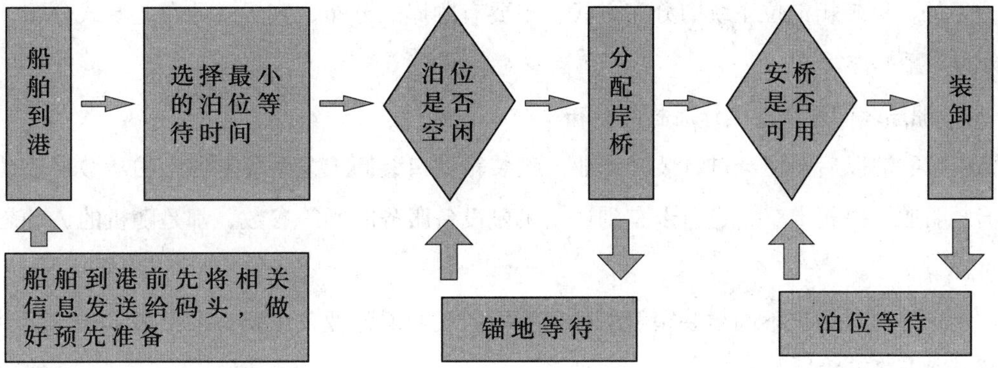

靠泊设施是泊位系统当中主要的生产工具，靠泊设施主要包括以下各项。

（1）码头岸线

主要是供来港装卸的集装箱船舶停靠使用，其长度一般是根据所停靠集装箱船的主要技术参数及有关安全规定而定的。

（2）码头岸壁

主要是指集装箱船停靠之时所需的系船设施，岸壁上一般会有系缆桩。而船舶信息管理、船舶到离时间管理中的信息流以及相关文件，往往是由港口相关信息系统和各地船代来交接与实现的。

集装箱泊位系统运作的关键，在于集装箱泊位的配置，在集装箱泊位数一定的前提下，如何减少船舶的等待时间，同时又能够提高集装箱泊位的利用率，一直是困扰着国内外学者的一个课题。而且，码头集装箱泊位数的多少，也是衡量一个集装箱港口规模，并且决定港口集装箱吞吐量一个重要指标。对于一个集装箱港口（码头）来说，什么样的集装箱泊位数量才是最合理的？一般而言，最理想的情况是港口全部集装箱泊位始终都被使用，而所有的到港船舶不需要等待靠泊，便可以直接进港装卸货物，此时集装箱泊位的利用率便达到了最高。

但是在实际当中，由于船舶到港的随机性以及船型大小（吨位）不同，再加上港口堆存能力疏运能力，以及一些不可预测因素的影响，最理想状态是永远达不到的。显然，港口集装箱的泊位数越多，则到港集装箱船等待靠泊的概率就越小。反之，港口集装箱的泊位越少，则到港集装箱船舶排队等待靠泊的概率就越大。

从经济效益的角度来分析，一方面，港口集装箱的泊位数越多，则港口的建设费用与港口运作管理的成本就会越大，并且盲目地建设过多的集装箱泊位，会造成国家岸线资源与经济方面的巨大浪费。另一方面，如果集装箱的泊位数太少，将会导致到港船舶等待靠泊时排队过长，造成船舶与货物的大量积压，这同样会给各方面造成经济损失。所以合理地安排集装箱的泊位数，是非常重要的一个问题。

另外，集装箱泊位系统的分布方式，主要有顺岸式分布、突堤式分布、墩式分布、岛式分布与系船浮筒式。

2. 船舶装卸系统的运作流程与分布

船舶靠泊以后，便会进行装卸作业。集装箱港口装卸工艺系统是典型的离散事件动态系统，船舶、提箱卡车、送箱卡车到达及机械设备服务时间等参数，都是随机的、动态变化的。

传统方式是根据不同集装箱船型采用不同的装卸船作业，主要有吊上吊下式、滚上滚下式、浮上浮下式。

（1）吊上吊下式

此为集装箱码头装卸工艺中的主要方式，可以分为底盘车系统（海陆方式）、跨运车系统（麦克逊方式）、轮胎式龙门起重机系统、轨道式龙门起重机系统与叉车系统。

（2）滚上滚下式

这种方式是通过从集装箱船的船艏、船艉或船舷的倾斜跳板，用牵引车等装卸机械进行水平装卸，将集装箱连车带箱拖上码头或拖进滚装船。

（3）浮上浮下式

这种方式是通过浮式桥式集装箱起重机，与岸上水平装卸机械相配合。

另外，国内最新的集装箱船舶装卸模式研究还包括C甲板（在可以转动的多轮盘支承的搁架底盘）集装箱集合装卸、双小车方式、设有可移动式过渡吊篮的双起升式集装箱装卸桥、基础高架的多台集装箱装卸桥、桥架可以升降的集装箱装卸桥、增设提升机式集装箱装卸桥等模式。

这些设施在一定程度上，都能够提高船舶的装卸效率。但是，同时也都存在着成本高、自重大等效益问题，有待于进一步研究探讨。船舶装卸系统主要是分布在码头前沿，而水平搬运机械是在码头前沿与堆场之间运作。

（二）集疏运系统分析

集疏运系统主要包括集疏设施、集疏运方式以及集疏运管理等。而集装箱集疏设施，通常是指公路、铁路、机场、港口、货运站等。集疏运方式主要有水路运输（包括过驳运输）、铁路运输、公路运输与航空运输；集疏运管理是指对运输计划的制订、组织、协调等。

综合国外主要集装箱港口的集疏运系统特征，加以总结，包括以下几个共性。

1. 各个港口所在的地理位置不同，集疏运系统往往会有所不同，比如，新加坡港75%以上的货源来自国际航运中转，所以它的集疏运系统主体是海运；而欧洲第一大港鹿特丹港的海运占51.33%，驳运占24.46%，铁路占1.75%，公路占14.73%，其他方式占7.73%。而我国的上海港，公路占据大约80%以上，水路占15%，铁路与其他方式占3%～5%。

2. 各个港口集疏运系统都是多种运输方式的组合，并且有一个比较合理的比例。

3. 各个港口集疏运系统，都是遵循高效、低成本、环境保护的发展宗旨，水路转驳的比例比较高，铁路、公路发挥着重要的作用。

同时，集装箱集疏运系统具有随机性强（自然条件与客户需求多变）、柔性差（设备作业空间受到限制）、设备作业的时间不确定、搬运设备之间的协调性要求高等特点。

但是，现今多数港口依然采用简单、可靠的，面向作业线的静态调度模式，致使集装箱集疏运系统的效率达不到额定的效率，按照关键设备的额定效率为50～60TEU/h，实际作业当中只能达到22～30TEU/h。所以，集装箱集疏运系统还有待于发展与完善。

集装箱集疏运系统的运作流程，如图4-2所示。由图不难发现集疏运是保证港口通畅的基本条件，其网络是以港口与货运中转站（尤其是内陆货运站）为节点，以连接港口与货运站的运输线路为弧建立的。

图4-2 集装箱集疏运的运作流程

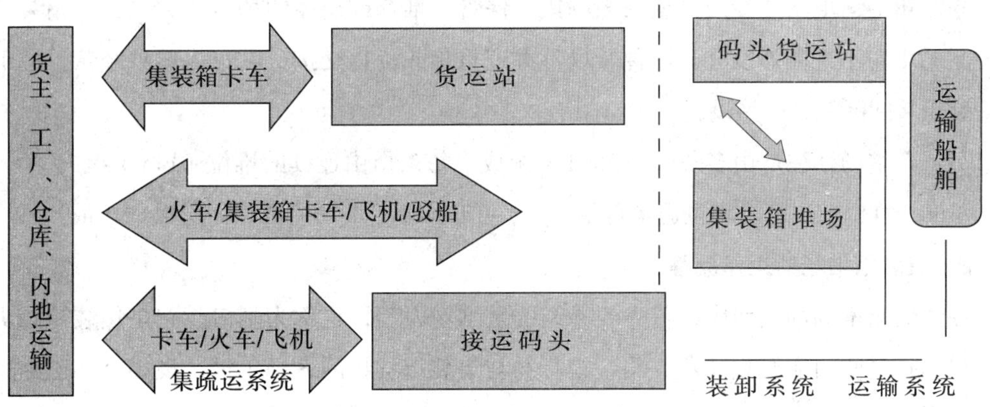

通过分析国外先进的集疏运系统，不难发现它们的港区内往往设有专用的铁路线，方便集装箱在铁路与海运之间的换装，缩短运输的时间，减少装卸的次数。同时，由于公路的成本比较高，在国外的集疏运系统中，往往不会以公路为集疏运系统的主体，但是仍然会加强公路与港区的衔接，毕竟公路始终是最灵活的集疏运方式。

另外，它们的内河航道治理比较得法，往往可以通过内河航道来进行集疏运。同时，在硬件方面，国外的货运站中会应用一些新型的装卸工具、集装箱装卸工具，以保证货运站中转的高效、快速。并且还加强管理，使得海关通关、检验检疫等项目以及进出港区等工作，更加流畅有效。而且不断地推行信息化管理，目的也相同，是令整个集疏运能够更快捷有效地运作，从而保证整个港区码头的运作效率。

（三）堆场系统分析

集装箱堆场是集装箱码头系统中的一个重要环节，当前在集装箱运输要求快捷化、节约化、简单化及标准化的前提下，要求集装箱堆场向着自动化、无人化、快捷化的方向改进；集装箱堆场的主要作用，是为航运公司提供货柜托运、空箱调运、场内装拆、堆存、修理等现场箱管与储运业务。

1. 集装箱堆场的空间布局

集装箱堆场主要分为三个部分：集装箱前方堆场、集装箱后方堆场与集装箱空箱堆场。

集装箱前方堆场是指在靠近集装箱码头的前沿处，为加速船舶装卸作业，暂时堆放集装箱船直接装卸的集装箱场地。其作业内容为：当集装箱船到港之前，有计划、有次序地按照积载要求，将出口集装箱整齐地集中堆放，卸船之时将进口集装箱暂时堆放在码头前方，以加速船舶的装卸作业。

集装箱后方堆场，是集装箱重箱或空箱进行交接、保管与堆存的场所。有些国家对集装箱堆场并不分前方或后方堆场，而统称为堆场。

集装箱空箱堆场是专门办理空箱收集、保管、堆存或交接的场所。它在集装箱装卸区或转运站堆场不足时才设立。这种堆场不办理重箱或货物交接，它可以单独经营，也可以由集装箱装卸区在区外另设。

另外，堆场往往是由多条街（Block）组成，每条街由连续的堆位（Bay）组成（一般为40~60个堆位），每个堆位通常包括6~8行（Row），堆场的堆高为层数（Tier）。

2. 集装箱堆场的运作流程

在集装箱堆场的运作中，首先要介绍的是堆场大门，也称为闸口。它是集装箱码头的出入口，通过闸口交接集装箱、集装箱货物与集装箱货物的各种单据。现如今，已经有许多堆场建立了自动化的闸口，主要作业流程包括以下各项。

（1）进场箱作业

进场的集装箱通过闸口时，由地秤自动测定其重量，根据该重量与运输的目的地，靠计算机确定后方堆场内该集装箱应该放置的箱位位置，然后由闸口管理员交给卡车司机一张带有箱位号码的门票，卡车司机必须按照指示的计划将集装箱放在指定的箱位上。

（2）出场箱作业

承运人从堆场提取集装重箱之时，空卡车到达闸口，司机提交提货单给闸口管理员，计算机确定提货单内指定的集装箱箱位位置，计算出最优提箱计划，然后由闸口管理员交给卡车司机一张带有箱位号码的门票。卡车司机必须按照指示的计划，到指定的箱位位置提取集装箱。提取集装箱之后，卡车到闸口处经审查后放行离开堆场。提空箱一般根据单证上的要求与闸口已经保存的信息进行发箱。

进入堆场之后，堆场作业的方式有底盘车方式、跨运车方式、轮胎式龙门起重机方式、轨道式龙门起重机方式等，目前最具有代表性的是后两种。轮胎式龙门起重机方式，是目前世界范围内应用最多的一种模式，使用经验成熟，无论大小港口使用都能比较满意。另外，国外还有一些新的堆存方式投入了使用，比如轨道场桥方式等。

堆场的水平运输，主要是采用跨运车与集卡来完成，有些港口还采用成列拖挂车组或拖挂车上装两层箱的方式。而随着自动化的发展，国外一些先进的港口纷纷采用自动导向车系统（AGV）。

四、集装箱港口信息子系统

随着全球经济一体化和信息技术的发展，特别是现代物流的发展，在现代港口竞争因素多元化、港口经营国际化、港口腹地贸易化与港口信息化的今天，各大港口之间的竞争将会十分激烈，这种竞争不仅仅是局限于业务、硬件方面，更主要的是港口的信息化建设与应用水平。集装箱码头管理信息系统，作为港口开展中心业务的核心平台，对于提高港口集装箱吞吐量、客户服务质量，进而对于提升港口的核心竞争力，发挥着决定性的关键作用。

同时，随着港口功能业务的不断拓展，对港口现代化管理的要求也越来越高，港口企业面临着很多的现实问题：随着港口业务流程优化与再造，各种信息数据共享的需求逐步提高；港口管理对于业务信息数据统一查询、提取、管理的需求逐步提高；港口信息数据缺乏集成，难以为港内外用户提供全面、详细、快速、准确的信息。

伴随着高新科技技术、无线通信技术、信息交换技术、中间件技术、视频数字化技术等广泛地应用于港口管理与生产作业当中，利用这些技术，将数据、图像、多媒体等信息集成于一体，统一管理，合理地利用码头资源；运用现代管理理论与先进的信息技术及其产品，整合集团现有的内部业务系统、信息资源与OA系统，搭建起具有统一角色与权限、安全稳定可靠的港口管理平台，实现“一站式”访问；为集装箱港口决策层、经营层、管理层提供信息互动与信息共享，全面提升港口信息的管理手段与管理水平。实现信息数据的集成管理，是解决港口信息化发展问题的关键所在，也是港口信息化发展的一种必然趋势。

集装箱信息系统集成的架构信息集成平台，是港口所有应用系统的集成，包含了港口行政办公管理、业务应用处理、统计分析、核算与监控和决策支持等各个层次的业务需求，比如，覆盖了生产管理系统、集装箱管理系统、财务系统、物资系统、设备系统、固定资产管理系统、人力资源管理系统、工程管理系统等。

该系统包括覆盖或辐射集装箱港口，以及与集装箱港口运作相关部门或机构的信息支持系统。它利用现代信息技术与通信技术，来保障港口运作相关部门或机构之间的信息传递、处理、存储、统计、加工、分析等功能，使得信息在集装箱港口的各个环节交互、传递的畅通、高效、及时与准确，较好地保证了港口系统整体的良好运作，为港口的运作提供了必要的信息支持。

由于集装箱港口的现代化水平往往会比较高，集装箱货物也是以标准化作业为主导，所以在集装箱港口，信息子系统就显得比一般港口更加重要，它对于港口系统效率的提高、港口管理协调手段现代化的促进，以及管理协调能力的增强等，都起到了十分重要的作用。

目前，大部分集装箱码头在信息技术方面的应用，主要体现在以下方面：采用先进的管理信息系统来提升集装箱码头的业务管理水平，比如，采用国内外知名的码头系统软件Cosmos、Navis、TSB、香港和黄、上海海勃、烟台华东电子等；逐步地采用自动化技术取代人工操作，比如，电子数据交换技术、自动冷藏箱控制技术与定位系统技术等；通过新技术的应用来提高码头的作业效率，比如，进门车道闸口处理技术、图形化船舶与堆场计划技术以及无线数据终端技术。

Section 3

第三节 集装箱进出口业务

一、集装箱进口业务的流程

（一）确认到港信息

收货人在接到客户的全套单据之后（正本提单或电放副本、装箱单、发票、合同），要提前与船公司或船舶代理部门进行联系，确定船到港的时间、地点，比如需要转船，应当确认二程船名，并且了解确认换单费、押箱费、换单的时间。同时，要联系好场站，确认好提箱费、掏箱费、装车费、回空费等费用。

集装箱进口业务流程如图4-3所示。

图4-3 集装箱进口业务流程图

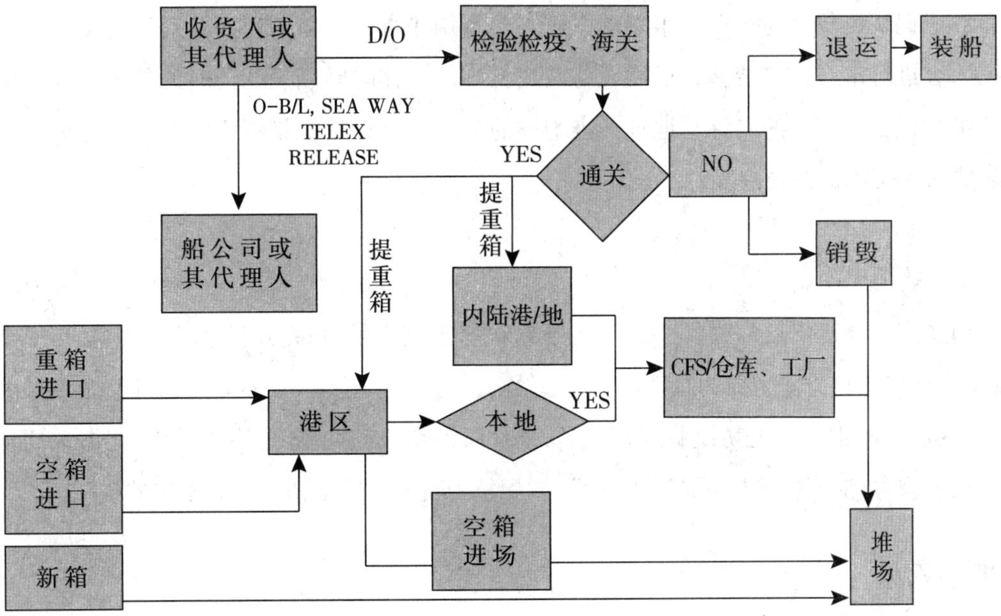

（二）换单

凭带背书的正本提单（比如电报放货，可以带电报放货的传真件与保函）去船公司或船舶代理部门换取提货单与设备交接单。在换单之时，需要注意以下几点。

1. 正本提单的背书有两种形式，如果提单上收货人栏显示“TO ORDER”，则是由发货人与提单持有人背书；如果收货人栏显示某一特定的收货人，则需要收货人背书。

2. 保函是由进口方出具给船舶代理的一份请求放货书面证明。信函的内容包括进口港、目的港、船名、航次、提单号、件重尺及进口方鉴章。

3. 换单时，应当仔细核对提单或电子副本与提货单上的集装箱箱号及封号是否一致。

4. 提货单共分为五联，分别为白色提货联、蓝色费用账单、红色费用账单、绿色交货记录、浅绿色交货记录。

5. 设备交接单是集装箱进出港区、场站时，用箱人、运箱人与管箱人或其代理人之间交接集装箱及其他机械设备的凭证，并且兼管箱人发放集装箱凭证的功能。当集装箱或机械设备在集装箱码头堆场或货运站借出或回收时，由码头堆场或货运站制作设备交接单，经过双方签字以后，作为二者之间设备交接的凭证。

集装箱的设备交接单，分为进场与出场两种，交接手续都是在码头堆场大门口办理。出码头堆场时，码头堆场的工作人员与用箱人、运箱人，针对设备交接单上的以下主要内容共同进行审核：用箱人名称与地址，出堆场时间和目的，集装箱箱号、规格、封志号以及是空箱还是重箱，有关机械设备是正常还是异常等。

在进码头堆场之时，码头堆场的工作人员与用箱人、运箱人，要针对设备交接单上的下列内容进行审核：集装箱、机械设备归还日期、具体时间以及归还时的外表状况，集装箱、机械设备归还人的名称与地址，进堆场的目的，整箱货交箱货主的名称与地址，拟装船的船次、航线、卸箱港等。

（三）报关

用换来的提货单一、三联，并且附上报关单据前去报关。海关放行之后，在白联上加盖放行章，发还给进口方作为提货的凭证。报关单据还有正本装箱单、正本发票、合同、进口报关单一式两份、正本报关委托协议书、海关监管条件所涉及的各类证件。在报关中，当海关要求开箱查验货物时，应当提前与场站取得联系，调配机力将所查箱子调至海关指定的场站。

（四）报检

若是法检商品则应当办理检验检疫手续。比如需要商检，则要在报关之前，拿进口商检申请单（带公章）与两份报关单办理登记手续，并且在报关单上盖商检登记在案章以便通关。验货手续，是在最终目的地进行办理。比如需要动植检、卫检，也要在报关前拿箱单发票合同报关单，去代报验机构申请报检，在报关单上盖放行章以便通关。

（五）办理提货手续

报关报检手续办理之后，根据海关放行盖章的提货单，以及船公司或其代理人签发的设备交接单，到港区办理提箱手续，并且交纳相关的港务港建费、港杂费等费用。费用结清之后，港方将提货联退给提货人供提货用。

（六）提货

所有的提货手续办妥之后，可以通知事先联系好的堆场提货。提货之时需要注意：首先应当与港池调度室取得联系安排计划，并且做好相应的提货记录。根据提箱的多少与堆场联系足够多的车辆，尽可能在港方要求的时间内提清，以免产生转栈堆存费用。提箱过程中，应当与堆场有关人员共同检查箱体是否有重大残破，如果有，则需要求港方在设备交接单上签残。

（七）返还空箱

重箱由堆场提到场地之后，应当在免费期内及时地掏箱以免超期。如若超期则需要收取滞箱费。返还空箱之后，收货人需要向船公司或船舶代理部门收取押箱费。

二、集装箱出口业务的流程

集装箱货物运输的出口业务与传统的班轮运输的货物出口业务，是大体相同的，不同之处在于，增加了发放、接受空箱与重箱、集装箱的装箱作业等环节，改变了货物的交接方式，制定与采用了适应集装箱作业和交接的单证。集装箱货物运输出口业务的主要环节，包括以下内容。（集装箱出口业务的流程，如图4-4所示）。

（一）订舱或托运

货主或者货运代理人，要根据货物的数量、性质、适箱情况、航线、船期、运价、箱位与集装箱类型等，来填制集装箱货物托运单，向船公司或其代理人在其所营运的船舶截单期之前，办理托运订舱，以得到船公司或其代理人的确认。托运单的主要内容包括以下各项。

图4–4　集装箱出口业务流程图

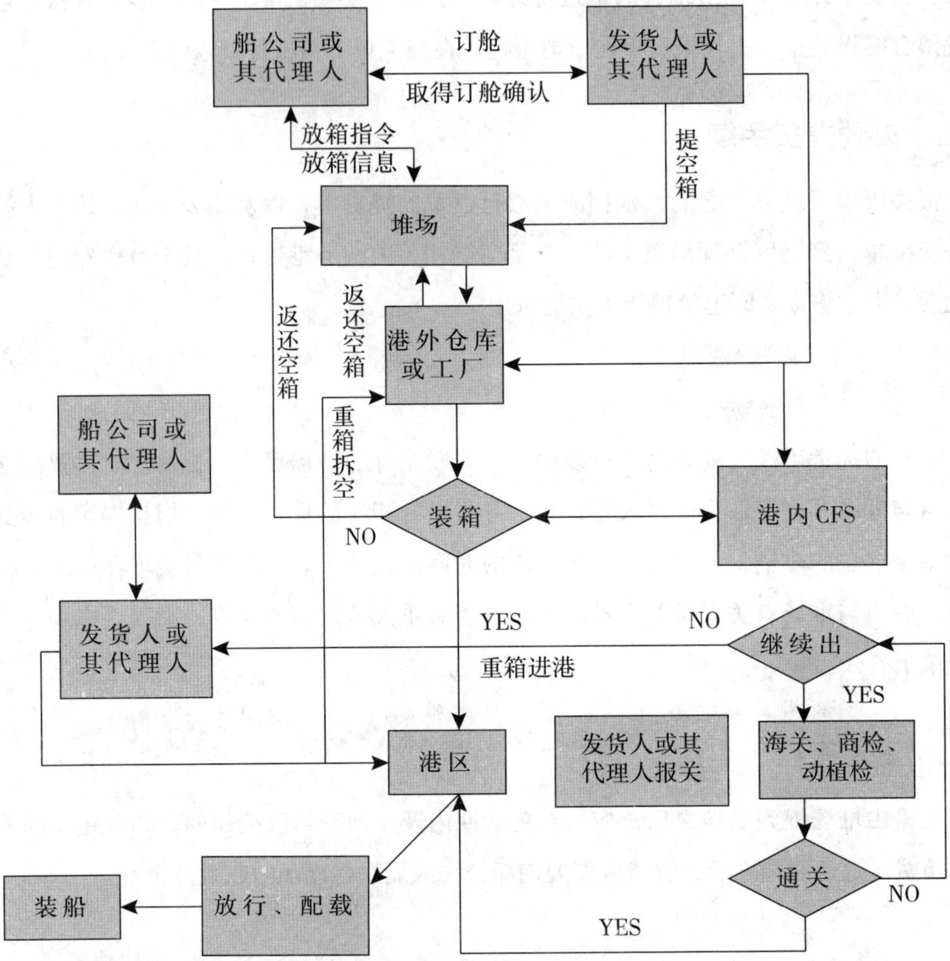

1. 装箱港以及承运人收到集装箱的地点。
2. 卸货港以及货运目的地。
3. 发货人以及发货人的代理人。
4. 货名、数量、吨数、货物外包装、货类，以及特种货情况的说明。
5. 集装箱的种类、规格与箱数。
6. 集装箱的交接地点以及方式。
7. 填明内陆承运人，由发货人还是船公司进行安排。
8. 在货物交接时，应当注明装箱地点、日期以及抵达堆场的承运人与日期。
9，拼箱货当中如果有超长货，应当注明规格以及尺寸。

（二）承运

由船公司或其代理人审核托运单，在确认无误可以接受订舱之后，在装货单上签章，以表明承运货物的“承诺”，同时填写船名、航次、提单号等信息，然后留下船代留底与运费通知一、二共三联，将其余各联退还给货运代理人，作为对该批货物订舱的确认，以备向海关办理货物出口报关手续；而船公司或其代理人则在承诺承运货物之后，根据集装箱货物订舱单的船代留底联缮制集装箱货物清单，分送集装箱堆场与集装箱港务公司（或集装箱装卸作业区），据以准备空箱的发放与重箱的交接、保管以及装船。

在利用集装箱运输货物时，需要进行正确的配载。配载时需要正确掌握货物的知识，这不仅要选择适合于集装箱的货物，而且要选择适合于货物的集装箱。因此，在提取空箱之前应当进行全面考虑，编制好集装箱预配清单，按照预配清单的需要提取空箱。

（三）提取空箱

通常情况下，集装箱是由船公司无偿借给货主或集装箱货运站使用的。船公司或其代理人，在接受订舱、承运货物之后，即签发集装箱设备交接单，交给托运人或其货运代理人，并且据此到集装箱堆场或内陆集装箱站提取空箱。而在承运人的集装箱货运站装箱时，则由货运站提取空箱。无论是由哪一方提取空箱，都必须事先缮制出场设备交接单。提取空箱时，必须向箱站提交空箱提交单，并且让箱站的检查桥与门卫，在集装箱设备交接单上签字交接，各执一份。应该特别留意的是，在交接之时或交接之前，应当对集装箱外部、内部、箱门、附件与清洁状态一一进行检查。

（四）报检、报关

1. 报 检

发货人或其货运代理人，应当依照国家有关法规并且根据商品的特性，在规定的期限内填好申报单，分别向商检、卫检、动植检等口岸监管检验部门申报检验。经过监管检验部门审核或查验，视不同情况分别于免检放行或经查验、处理后，出具有关证书放行。如果是托运危险品，还需要凭着危险品清单、危险品性能说明书、危险品包装证书、危险品装箱说明书、危险品准装申报单等文件，向港务监督办理申报手续。

2. 报 关

发货人或其货运代理人要依照国家的有关法规，在规定的期限内，持报关单、场站收据五至七联（七联单是二至四联）、商业发票、装箱单、产地证明书等相关单证，向海关办理申报手续。根据贸易性质、商品特性与海关的有关规定，在必要时，还需要提供出口许可证、核销手册等文件。经过海关审核之后，根据不同的情况，分别予以直接放行或查验后出具证书放行，并且在场站收据第五联（装货单）上加盖放行章。

（五）货物装箱

货物装箱应当根据货运代理的集装箱出口业务员编制的集装箱预配清单，在集装箱货运站或发货人的仓库中进行。整箱货则是由发货人或其货运代理人办理货物出口报关手续之后，在海关派员的监装下自行负责装箱，施加船公司或货运代理集装箱货运站铅封与海关关封。若是在内陆装箱运输至集装箱码头的整箱货，应当有内地海关的关封，并且应当向出境地的海关办理转关手续。

拼箱货由货主或其代理人将不足整箱的货物连同事先缮制的场站收据，送交集装箱货运站，集装箱货运站核对由货主或其代理人缮制的场站收据与送交的货物。接受货物之后，在场站收据上签收，如果在接收货物时，发现货物外表的状况有异状，则应当在场站收据上按照实际情况做出批注。集装箱货运站将拼箱货物装箱之前，须由货主或其代理人办理货物出口报关手续，并且在海关派人的装下装箱，同时应当从里到外按照货物装箱的顺序编制装箱单。

（六）交接与签收

港口要根据出口集装箱船舶的班期，按照集装箱货物的装船先后顺序，向海上承运人或其代理人发出装船通知，海上承运人应当及时地通知托运人。托运人或其代理人在收到装船通知以后，应当于船舶开装的前五天开始，将出口集装箱与货物按照船舶受载的先后顺序，运进码头堆场或指定货运站，并且于装船前的24小时停止进港。

无论是由货主自行装箱的整箱货物，还是由货运代理人安排装箱的整箱货物，或者是由承运人以外的集装箱货运站装运的整箱货物，经过海关监装并且施加海关关封的重箱，随同装箱单、设备交接单（进场），以及场站收据，通过内陆的公路、铁路或水运送交港口的集装箱堆场。集装箱堆场的检查桥或门卫同送箱人对进场的重箱检验之后，双方签署设备交接单，集装箱堆场的业务人员则在校对集装箱清单、场站收据与装箱单之后，接收货物并且在场站收据上签字，然后将经过签署的场站收据的装货、收货单两联留下，场站收据正本退还给送箱人。之后，集装箱入港站堆场，等待装船。

（七）换取提单

港站集装箱堆场签发场站收据之后，将装货单联留下作为结算费用与今后查询之用，而将大副收据联交由理货人员送交船上大副留存。货运代理人收到签署后的场站收据正本，到船公司或其代理人处，交付预付运费，要求换取提单。船公司还要确认在场站收据上是否有批注，之后在已经编制好的提单上签字。

（八）集装箱装船

集装箱进入港区集装箱堆场之后，港务公司根据待装集装箱的流向与装船顺序，来编制集装箱装船计划，在船舶到港之前，将待装船的集装箱移至集装箱前方堆场，按照顺序堆码于指定的箱位。集装箱船舶配载应当由海上承运人或其代理人负责编制预配图，港口据此编制船舶配载图，并且经过海上承运人确认。船舶到港以后，港口按照集装箱装船计划与船舶配载图，组织按照顺序装船。装船完毕之后，由外轮理货公司编制船舶积载图。

船舶代理人应当于船舶开航前两小时，向船方提供提单副本、舱单、集装箱装箱单、集装箱清单、集装箱积载图、特殊货物集装箱清单、危险货物说明书等一系列完整的随船单证，并且于开航后采用传真、电邮、邮寄等方式，向卸货港或中转港发出必要的相关资料。

集装箱装船之后，货运代理人应发货人的委托，要及时向买方或其代理人发出装船通知，以便对方准备付款、赎单、办理进口报关与接货手续，比如CFR或FOB合同条款，便于买方及时办理投保手续。

（九）离港及结算

船舶离港之后，集装箱货物运输的货运代理人，要及时退证，办理退关、费用结算，做好航次小结；船公司与货主进行航次费用的清算，货方进行结汇、收汇核销、退税等业务。

三、集装箱进出口单证

在集装箱的运输当中，从办理货物托运手续开始，到货物装船、卸船，直至货物交付的整个过程，都需要编制各种单证，编制单证的流程见图4-4。这些单证是在货方（包括托运人与收货人）与船方之间办理货物交接的证明，也是货方、港方、船方等有关单位之间从事业务工作的凭证，还是划分货方、港方、船方各自责任的必要依据。

在这些单证当中，有的是受到国际公约与各国国内法规约束的，有的则是按照港口当局的规定与航运习惯而编制使用的。尽管这些单证的种类繁多，而且因为各国港口的规定会有所不同，但主要单证是基本一致的，并且能够在国际航运中通用。

（一）托运单（Booking Note，B/N）

托运单也称为订舱委托书，是指由托运人根据买卖合同与信用证的有关要求，向承运人或其代理人办理货物运输的书面凭证。本来，在班轮运输的情况下，托运人只要口头或订舱函电向班轮公司或其代理人预订舱位，而且班轮公司对这种预订表示出承诺，则表明运输关系已经建立，并不需要什么特定的形式。但是按照国际航运惯例，托运人或其代理人与班轮公司或其代理人，约定好所需的舱位之后，再以书面的形式向班轮公司或其代理人提交托运单，加以确认。

（二）装货单（Shipping Order，S/O）

装货单是作为承运人的班轮公司或其代理人，在接受托运人的托运单之后，签发给托运人或其代理人的确认承运货物的证明。承运人签发装货单，表示已经接受托运人提出的托运申请，同意承运托运单上所列的货物。装货单一经签订后，便表明运输合同已经生效，船、货双方都应当受到一定的约束。装货单又是承运人通知码头仓库或装运船舶，接受货物装船的命令。托运人将货物运至码头仓库或承运船边时，必须同时提交装货单。

（三）集装箱发放通知单（Container Release Order）

集装箱发放通知单又称为空箱提交单，是船公司指示集装箱堆场，将空箱及其附属设备提交给本单持有人的书面凭证。

（四）集装箱设备交接单（Equipment Receipt，E/R）

集装箱设备交接单，简称设备交接单，是集装箱在流转过程中，有关单位或个人进行设备交接的凭证，主要内容是记载集装箱箱体、状态、封志、危险品类别等的相关状况，作用在于作为发生箱损时责任及费用划分的依据。设备交接单在国际上已经被广泛地应用于集装箱运输的过程，但是在国际上并没有统一的单证。我国最早比较正规的设备交接单，是由中国外轮代理总公司参照国外的单证格式设计印制的。

设备交接单是集装箱进出港口、场站时用箱人或运箱人与管箱人或其代理人之间，交接集装箱及设备（底盘车、台车、冷藏装置、电机等）的凭证。它既是管箱人发放／回收集装箱或用箱人提取／还回集装箱的凭证，也是证明双方交接时集装箱状态的凭证与划分双方责任的依据。

箱管单位是指集装箱的所有人，用箱人是指货方或货方代理人，或者是与箱管单位签订集装箱使用合同的责任方。运箱人是指接受货方或货方代理人以及其他委托方委托的内陆承运人。此单据，通常是由管箱人（租箱公司或代理人、船公司或其他类型的集装箱经营人等）发给用箱人，用箱人据此向场站领取或送还集装箱或设备。设备交接单分进场设备交接单与出场设备交接单，各三联，第一联为箱管单位留底联，第二联为码头、堆场联，第三联为用箱人、运箱人联。各联采用不同的颜色，以示区别。

（五）集装箱装箱单（Container Load Plan，CLP）

集装箱装箱单，是装箱人按照装箱顺序详细记载货物名称、数量、尺寸、重量、标志与其他货运资料的单据。每个载货的集装箱都要制作这样的单据，无论是由货主装箱，还是由集装箱货运站负责装箱，装箱单都是详细记载每个集装箱内所装货物情况的唯一单据。装箱单的内容记载准确与否，与集装箱货物的安全运输，有着密切的关系。集装箱装箱单的主要作用包括以下各项。

1. 在装货地点，作为向海关申报货物出口的代用单据。
2. 作为发货人、集装箱货运站与集装箱码头堆场之间货物的交接单。
3. 作为向承运人通知集装箱内所装货物的明细单。
4. 在进口国、途经国家，作为办理保税运输手续的单据之一。
5. 单据上所记载的货物与集装箱的总重量，是计算船舶吃水差、稳性的基本数据。

（六）出口货物的报关单证

根据集装箱运输的特点，国际上有许多国家的海关手续被简化到了最低限度，集装箱货物只要在启运国内陆地点经过海关检验之后，在箱子上加注海关封志，便可以一直运到进口国家的最终交货地点，由目的地海关检验放行。在运输的过程中，所经国家的海关仅仅对集装箱做出一定的记录，并不会检查箱子内货物的实际情况。

我国海关对于进出口集装箱及所装货物的规定为：凡是进口的集装箱货物，直接运往内地设有海关的地点，由口岸货运代理向海关申请办理转运（转点）手续，口岸海关将有关申报单证转交给承运人，负责带交内陆地的海关，由内陆地的海关查验放行。凡是出口的集装箱货物，如果是在内地设有海关地点装箱的，则由当地的发货人或货运代理向海关申报，由海关将有关申报单证转交给承运人，负责带给出境地海关凭此监督装船。

在报关时，报关员必须出具的单证，包括海关申报单、外汇核销单、代理报关委托书、装箱单、合同、发票、信用证副本等。可能需要出具的其他单证，包括出口许可证、免税手册、商检证明、产地证明等。

（七）场站收据（Dock Receipt，D/R）

场站收据是由发货人或其代理人编制，由承运人签发，证明船公司已经从发货人处接收了货物，并且证明当时的货物状态，船公司对于货物开始负有责任的凭证。它相当于传统运输中的大副收据。

承运人在签署场站收据时，应当仔细地审核收据上所记载的内容，与运来的货物实际是否一致，如果货物的实际情况与收据记载的内容不同，则必须修改。如果发现货物有损伤的情况，一定要在收据的备注栏内加以批注，说明货物或箱子的实际情况。场站收据的作用包括以下各项。

1. 船公司或船代确认订舱，并且在场站收据上加盖有报关资格的单证章之后，将场站收据交给托运人或其代理人，意味着运输合同开始执行。

2. 作为承运人已经收到托运货物，并且开始对其负责的证明。

3. 作为托运人向承运人换取正本提单的凭证。

4. 作为船公司、港口组织装卸、理货和配载的凭证。

5. 作为托运人与承运人运费结算的依据。

（八）集装箱出口十联单

第一联：集装箱货物托运单（货主留底，B/N）。

第二联：集装箱货物托运单（船代留底）。

第三联：运费通知（1）。

第四联：运费通知（2）。

第五联：场站收据（装货单，S/O）。

第五联副本：缴纳出口货物港务费申请书。

第六联：大副联（场站收据副本）。

第七联：场站收据（D/R）。

第八联：货代留底。

第九联：配舱回单（1）。

第十联：配舱回单（2）。

（九）提单（Bill of Lading，B/L）

提单是船公司或其代理人签发给托运人，证明货物已经装上船，并且保证在目的港交付货物的凭证。托运人到船公司或其代理人处，预付运费并且凭场站收据换取正本已经装船的提单。托运人取得正本提单之后，可以持提单及其他有关的单证到银行办理结汇，取得货款。如果在场站收据附有关于货物状况的大副批注时，船公司或其代理人要将大副批注转批在提单上。

提单在班轮运输中是一种非常重要的单证，它既具有运输合同的作用，规定了船公司作为承运人的权利、义务、责任（免责），又是表明承运人收到货物的收据，也是提单持有人转让货物所有权或以此提取货物的物权凭证。

（十）货物积载图（Stowage Plan）

货物积载图，是用简图的形式，形象地表示出每一票货物在船舱内放置的具体位置。货物在装船之前，大副要根据装货清单所列货物的装载要求，以及船舶性能等因素来绘制货物积载图。这样一来港口与装卸公司、理货人员，便可以按照积载图安排装船作业，使得货物堆放在合理的位置上。货物积载图不仅是货物装船的重要资料，也是运输途中货物保管与目的港卸货作业的重要依据。

（十一）理货单证

理货业务是随着水上贸易运输的出现而产生的。理货最初的含义，是统计船舶在港口装卸货时的货物数量。现在的理货已经不仅是单纯的计数了，而且还包括核对货物标志、检查货物残损、监督装船积载、办理交接签证、提供理货证明等内容。理货过程中涉及的单证也有很多，主要包括计数单、现场记录、日报单、待时记录、理货证明书、货物溢短单、货物残损单、过驳清单等。

（十二）提货单（Delivery Order，D/O）

提货单是收货人凭正本提单或副本提单，随同有效的担保向承运人或其代理人换取的可以向港口装卸部门提取货物的凭证。承运人在发放提货单之时，应当做到以下几点。

1. 正本提单必须为合法持有人所持有。
2. 提单上的非清洁批注，应当转上提货单。
3. 当发生溢短残情况时，收货人有权向承运人或其代理人获得相应的签证。
4. 运费未支付的，应当在收货人付清运费及有关费用之后，才可以放提货单。

Section 4

第四节 集装箱货运站业务

一、集装箱货运站的功能

集装箱货运站，是集装箱码头对拼箱货进行收发、交接、装箱、拆箱、配载、保管等业务操作的场所。集装箱货运站与传统的件杂货码头的库场相比，有着很大的区别。杂货码头的库场和码头装卸之间，有着直接的联系，相当于集装箱码头的箱区堆场；而集装箱货运站主要是负责集装箱拼箱货的相关装箱、拆箱、保管、收发等业务，规模要比件杂货码头的库场小。在集装箱货运站中，一般都会设有仓棚、仓库、堆场，便于车辆的出入、疏运与操作，还应当拥有海关与检验机构等办公地点，以及必要的装卸设备，比如叉车、龙门吊、装卸平台、集装箱牵引车等。

集装箱货运站的功能，主要包括以下各项。

1. 拼箱货理货的交接。
2. 拼箱货的配箱积载与装箱。
3. 进口拆箱货的拆箱与保管。
4. 对库存货物的统计与保管。
5. 对口岸单位提出要查验的集装箱进行移箱、查箱、倒箱及归位作业。
6. 代承运人加铅封，并且签发场站收据等各项单证。

二、集装箱货运站的进口货运业务

（一）拆箱交货的准备工作

集装箱货运站在船舶抵港之前，应当从船公司或船代处获得有关单证，包括提单副本、货物舱单、装箱单、货物残损的报告与特殊货物表等。在船舶进港时间、卸船与堆场计划确定以后，货运站应当与码头堆场进行联系，确定提取拼箱集装箱的时间，并且制订拆箱交货计划，做好拆箱交货的准备工作。

（二）发出交货通知

货运站应当根据拆箱的交货计划，及时地向各收货人发出交货日期的通知。

（三）从堆场领取载货的集装箱

与码头堆场联系之后，货运站即可以从堆场领取载货集装箱，并且办理设备交接单或内部交接手续。

（四）拆箱与还箱

具体的步骤，包括以下各项。

1. 业务员根据委托拆箱申请，落实收取相关费用，按照客户作业要求与货物特性开具开箱作业单，并且通知调度安排相应的作业计划。

2. 装卸人员及理货人员要配合进行拆箱作业，从箱内取出货物，一般是按照装箱单记载的顺序进行，取出的货物应当按票堆存。

3. 拆箱完毕后，业务员要根据拆箱计数单、拆箱作业单、收货记录、交货记录等进行计算机拆箱及进库确认，并且将单证整理归档。

4. 拆箱之后，应当尽快将空箱还给堆场，并且办理设备交接单或内部交接手续。

（五）交付货物

货运站代表承运人向收货人交付货物。收货人在领货时，应当出具船公司或其他运输经营人签发的、海关放行的提货单。货运站核对票、货无误之后，便可以交付货物。

在交货时，应当与收货人在交货记录上签字，如果有异常，应当在交货记录上注明。

（六）收取有关费用

在交付货物时，货运站应当查核所交付的货物在站期间是否发生了报关、再次搬运等费用，如果有所发生，则应当在收取费用之后交付货物。

（七）制作交货报告和未交货报告

集装箱货运站在交货工作结束之后，应当根据货物交付的情况制作交货报告与未交货报告，并且寄送给船公司或其他运输经营人，作为他们处理损害赔偿、催提等的依据。

三、集装箱货运站的出口货运业务

（一）办理货物的交接

办理货物交接的步骤，包括以下各项。

1. 送货人将货物送至集装箱货运站，货运站工作人员根据送货单所提供的委托代理、进仓编号、进仓件数、包装类型、进仓货名、送货单位及送货车号等信息，进行受理，根据进仓货物情况以及库内货位情况，合理地安排进仓预订货位。

2. 理货员根据收货记录要求及货物的具体特性，督促装卸工及铲车司机按照有关货运质量标准进行卸货作业，并且填写收货记录。卸货结束之后，理货员在收货记录上签字，并且与送货人办理货物交接手续。

3. 货运站工作人员一一核查收货记录上的进仓件数，以及货物唛头和有关残损记录等单证，确认无误之后，将收货记录的回执联盖章或签字交进货人。

4. 仓库管理员根据桩脚牌显示的进仓编号、总关数 / 总件数，以及对应货位等进行核查校对。

（二）积载装箱，制作装箱单

具体的步骤，包括以下各项。

1. 业务员根据委托货代提供的预配清单、设备交接单等单证信息安排出口装箱。

2. 业务员及时地安排空箱到位，仔细地核查装箱单对应进仓编导货物的进仓件数、货号、唛头等，与装箱单数据的一致性。按照清单要求进行出口货物配箱，并且打印预配装箱单，将预配装箱单对应的收货记录以及对应的铅封一一装订好，交由调度员。

3. 调度员根据装箱单证的要求，详细地了解装箱货物的特性、货物的积载因素等，及时地安排装箱理货员及相关作业人员到位，合理地进行装箱作业。

4. 装箱完毕之后，业务员要根据调度员反馈的交接单证进行核对，编制装箱单等相关单证，并且整理归档。

（三）将出口重箱运至码头堆场

已经装箱完毕的重箱，由业务员安排转移至集装箱码头的前方堆场，准备装船。

四、集装箱货运站的仓储管理

（一）集装箱堆垛

集装箱货物在货运站仓库内，要按照一定的形式与要求进行堆垛存储，此称为集装箱堆垛，也称为堆码、码垛。集装箱堆垛的好坏，直接关系到货物与人身的安全，而且直接影响到理货计数工作的效率，以及仓库的场地利用率，因此对于集装箱的堆垛有着一定的要求，具体包括以下各项。

1. 堆垛要整齐牢固，成行成线，做到标准化。

2. 成组货物的定量上垛，要能点清组数，不成组的货物要能点清件数。

3. 按照单堆码，标志要朝外，箭头要向上，重箱不能压轻箱，木箱不能压纸箱，残损的要另堆。

4. 堆垛时先里后外，先算后堆。

5. 堆垛时要考虑出货的方便，不同票的货不相压，大票货不能围小票货。

6. 要根据不同的货物性质、包装形式，堆成不同的垛型。

7. 要注意有包装储运标志及危险品标志的货物，应当按其要求堆码。

8. 在每一单货物的显目位置，拴挂堆垛（桩脚）牌，清楚地标明日期、委托货代、进仓编号（提单号）、货名、总件数、关号、货位、理货员签名等内容。

（二）集装箱保管

货物进仓之后，集装箱货运站便要开始对货物进行保管，承担货物的安全责任，要确保不发生货损、货差等事故，所以必须做好以下几项工作。

1. 台账要健全，并且定期盘点。有货就要有账，货账要相符。货物入库、出库要及时登账或销账。同时，要根据实际情况进行定期盘点。

2. 防盗。仓库值班员要尽职尽责，把好仓库的大门，人员进出需要登记，无关人员不得进出仓库。

3. 要做好防火、防汛、防台工作。要在明显的地方设置配备消防器材，以清除火灾隐患，要杜绝火种入库，不准在仓库内吸烟。明火作业时，必须按照相关的安全操作规程，配备好灭火器。在台风季节、多雨季节，要做好仓库的防水排水工作，如果发现仓库的外表结构出现破裂等不安全因素，要及时地修理。

4. 地脚货、超期货、危险品货物的管理。地脚货是指货物外包装破损而散漏出来的货物。及时修复破损包装，减少地脚货，漏出的地脚货要及时清理。对于无主货应当及时联系发货人，对于超期货，要及时地与收、发货人联系，如果超过一定的时间，应当根据海关的有关规定进行处理。

5. 货物的整理。要定期对零散的货物进行归、并、转，使得堆垛整齐，提高货位的利用率。

第五节　集装箱码头的检查桥业务

集装箱检查桥（Container Gate House）是集装箱码头的出入口，是进出码头的集装箱进行立体检查与交接的场所，是区别码头内外的一个责任分界点。其主要是负责对公路集装箱的信息录入、箱体检查工作，并且对相关单证进行审核与交接，是码头与内陆承运人进行集装箱设备交接的重要环节。

在这里，集卡车司机要与码头进行提箱或者进港业务的交接，为集卡车司机打印行车指南，安排其到指定的箱区提箱或者将集装箱运到指定的箱区，同时向堆场控制中心发出作业指令，安排吊机放箱或者提箱。

一、检查桥业务的主要内容

集装箱检查桥的业务，主要包括箱体检查、重箱进场、空箱进场、重箱出场、空箱进场、空箱出场、单证审核与整理、场地核箱、特种箱操作等。

（一）箱体检查

检查桥的验箱员与集卡车司机一起，对所有进出港区的集装箱进行箱体检查，并且做好相关的记录。

1. 核对基本情况

核对集卡车车牌、进港牌号，是否与设备交接单上登记的内容相符合，以及核对集装箱的箱号、箱型、尺寸、铅封号，是否与设备交接单、装箱单等一些单证相符合。

2. 外部检查

检查集装箱的外表面是否有损伤，如果发现表面有弯曲、凹痕、擖痕、擦伤等痕迹，则应当在这些损伤处的附近严加注意，要尽量地发现其破口在何处，并且对该损伤处的内侧特别仔细地检查。在外板连接处，若有铆钉松动与断裂，则容易发生漏水现象；箱顶的部分也要检查有无气孔等损伤，由于箱顶上可能会有积水，如果有破损便可能造成货物毁损事故的发生，而且在检查时，往往会容易将箱顶的检查漏掉，因此要严加注意。对于已经修理的部分，检查时应当特别地注意检查其现状如何，有无漏水现象。

3. 内部检查

人要进入箱内，将箱门关起来，检查箱子是否有漏光现象，同时要注意箱壁的内衬板上有无水迹。如果发现有水迹，则要在水迹的四周严加检查，必须追究产生水迹的原因。对于箱壁或箱底板上突出的钉子或铆钉头，内衬板的压条曲损，应当尽量设法去除或修补，如果无法去除或修补，应当用衬垫物遮挡起来，以免损坏货物。如果箱底的捻缝不良，则集装箱在底盘车上雨中运行时，从路面上溅起来的泥水，便可能从底板的空隙渗进箱内，污染到货物，因而在检查时应当予以注意。

4. 箱门及附件的检查

检查箱门能否顺利地关闭，关闭之后是否能够密封，门周围的密封垫是否紧密，能否保证水密，还要检查箱门的把手动作是否灵便，箱门能否完全地锁上。检查固定货物时用的系环、孔眼等附件，安装状态是否良好，板架集装箱上的立柱是否备齐，立柱插座有无变形。开顶集装箱上的顶扩伸弓梁是否齐全，有否弯曲变形，还应当将板架集装箱与开顶集装箱上使用的布篷打开，检备其有无破损现象，安装用的索具是否完整无缺。此外，还要检查通风集装箱上的通风口能否顺利地关闭，其储液槽与放水龙头是否畅通，通风管、通风门有否堵塞问题等。

5. 清洁状态的检查

检查集装箱内有无垃圾、恶臭、生锈，有无被污脏，是否潮湿。如果这些方面不符合要求，则应当向集装箱提供人提出调换集装箱，或是进行清扫、除臭作业。如果无法采取上述措施，则箱内要铺设衬垫或塑料薄膜等，以防污损货物。另外，箱内发现有麦秆、草屑、昆虫等属于动植物检疫对象的残留物时，即使箱内装的是与动植物检疫完全无关的货物，也必须将这些残留物彻底清除。

（二）重箱进场

重箱进场包括出口装船的重箱与中转出口重箱，即转码头的重箱。转码头的重箱，是因为进口船舶所靠的码头，与中转出口的船舶所靠的码头不是同一个，因此需要借助于陆路运输，完成转码头的操作。

检查桥的工作人员在收到验箱员所批注的信息之后，必须认真地检查该批注与审核集卡司机提供的文件、单证的有效性，测定集装箱的重量，然后对箱号、箱型、车牌号、箱状态、船名、航次、卸货港、中转港、货物件数、提单号、重量等信息进行核对。不同的港口其操作有所不同，对于一般出口重箱进场需持的单证要求也有所不同，有的是根据设备交接单，有的是根据装箱单，有的则是二者都需要。

重箱进场若是超过一定的重量，则不能够进场。箱子太重时，不但容易对箱体结构造成损害，同时对于港口的装卸机械安全操作，也会埋下安全隐患。不同的港口根据自己港口机械的安全负荷，有着不同的重量规定。

转码头的重箱进场时，集卡司机要凭着盖有海关验讫章的集装箱转码头海关申报单，以及设备交接单到检查桥办理手续。检查桥输单员输入车号、箱号，码头的操作系统会自动地显示其他信息。

（三）空箱进场

空箱进场时，需要持船公司或船代签发的集装箱设备交接单，如果该空箱只是重箱进口经过拆箱后，返回码头堆场堆存而已，则仅需要将其箱号、箱型、箱状态、车牌号、箱主信息输入计算机。如果是空箱装船出口，则在进场之前，必须预先将计划通知码头，及时地安排堆场的场地与装卸机械，取得预约受理凭条，进场时检查桥工作人员审核集卡车司机提供的集装箱设备交接单内容，并且要将箱号、箱型、箱状态、车牌号、船名航次、箱主、卸货港等信息录入系统。

（四）重箱出场

重箱出场包括进口重箱、中转箱以及退关箱出场。

进口重箱的提箱，需要持有效提货单与设备交接单。提箱时应当严格审核提货单，比如海关放行章、检验检疫章等，若是不齐、不清、不符，则不得提箱。如果代理公司与码头费用无托收协议的，应当先到受理台办理预约，付清相关费用之后再到检查桥提箱。

中转箱出场，一般指的是转码头的重箱，提箱时集卡车司机凭着盖有海关验讫章的集装箱转码头海关申报单，以及设备交接单到检查桥办理手续。退关重箱的提箱，需要持有设备交接单、预约受理凭条与退关箱出卡口证明。

（五）空箱出场

根据集装箱箱主的指令，接受驳箱车队的提箱申请，并且提供作业受理凭条。在出场时，集卡车司机需要出具箱主或其代理签发的设备交接单以及预约受理凭条。

（六）单证审核与整理

检查桥所涉及的主要单证，包括设备交接单、装箱单、提货单、交货记录联、集装箱残损记录等，这些记录都是码头与内陆承运人进行集装箱设备交接时的原始资料，也是交接时，对集装箱破损责任进行划分的原始证据。

（七）场地核箱

根据堆场控制中心提供的核箱单证，进行场地核箱，并且根据该箱的实际情况，进行箱位调整。需要核对的内容，包括集装箱的箱号、箱型、尺寸，是否与核箱单或电脑上的记录相符等。发现箱体有残损的，在核箱结束之后，应当向堆场计划员反馈。核箱完毕之后，要及时准确地进行相应调整，并且在做好书面记录的同时，及时地上报。

对于所辖堆存场地要实行动态管理，对已核集装箱堆存质量与外围集装箱堆存质量、场地附属设施进行巡查。检查冷藏箱的箱体、插头、电缆线、接插电源、发电机运转状况，是否正常，检查温度记录，并且对冷藏箱在进场时的实际温度信息，做相应的记录。

（八）特种箱操作

特种箱主要是指危险品箱与冷藏箱。在高温季节，应当加强对危险货物集装箱的保护工作，在室外温度超过30℃时，要对集装箱的外表进行定期喷淋降温工作。如果发现异常情况，应当及时与控制中心联系，必要时需要与船公司或货主联系。

冷藏箱从集卡车卸下，进入堆场接通电源之后，要检查确认集装箱外部的冷冻机运行是否正常，有故障的应当立即根据实际情况，及时地对外联系处理或者进行修理。定期检查温度并且记录检查的结果，仔细地核对相关资料当中的设定温度，与在场温控箱所显示的设定温度及记录温度是否相符。对于冷藏箱在装船后或者卸船前发生机器故障的，应当立即上船确认，安排维修，同时做好相应的记录。

二、检查桥的工作流程

检查桥的工作流程，主要包括提箱与进箱的操作流程，其详细流程如图4-5所示。

图4–5　检查桥的工作流程

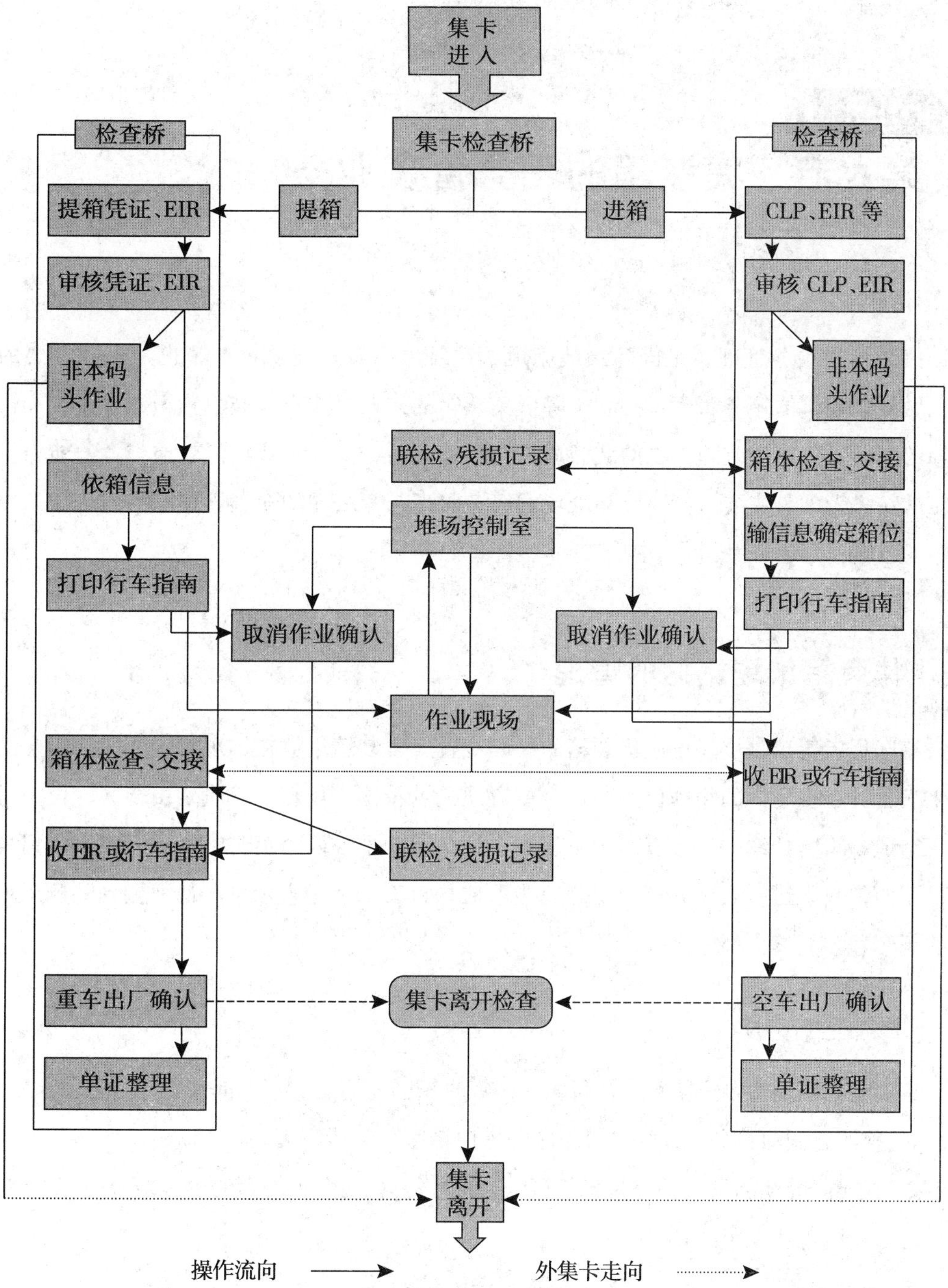

Section 6

第六节　集装箱的箱务管理业务

集装箱的箱务管理，是国际集装箱运输系统中极其重要的环节，也是十分重要的工作。做好集装箱的箱务管理，有利于降低集装箱的运输总成本，减少置箱的投资，加快集装箱的周转，提高集装箱货物的装载质量与货运质量，提高企业经济效益与竞争能力。集装箱的箱务管理，主要包括集装箱堆场的箱务管理与船公司的箱务管理等内容，比如，集装箱的备箱、调运、保管、发放、交接、检验及维修等。

一、集装箱堆场箱区的管理

箱区是指集装箱堆场堆放集装箱的区间位置。集装箱堆放在堆场时，一般都用一组代码来表示其在堆场内的物理位置，这个位置便是场箱位。场箱位一般是由箱区、位、排、层所组成，箱区的编码一般有两种方法：一种是用一个或两个英文字母进行表示；另外一种是用两位数字进行表示，第一位是码头泊位号，第二位是表示堆场从海侧到陆侧后方堆场的顺序号。

（一）箱区的分类

集装箱堆场是由多个箱区组合而成的，每块箱区根据其类别，都有着专门名称。

1. 按照进出口业务，分为进口箱区、出口箱区与中转箱区。

2. 按照集装箱的种类，分为普通箱区与特种箱区。特种箱区包括冷藏箱区、危险品箱区、超限箱区、残损箱区等。

3. 按照集装箱的状态，分为空箱区与重箱区。

4. 按照装卸工艺，分为龙门吊箱区、正面吊箱区与堆高机箱区等。

（二）箱区的规划原则

箱区规划是堆场计划的基础，首先要根据港区堆场箱区的分布使用情况、码头装卸效率、到港船舶密度、船舶运量大小、进出口箱量比例、空重箱堆存比率等情况，对港区堆场进行总体规划，并且根据进出口箱量和空重箱量的变化，对港区堆场进行适时的调整，利用计算机系统实行堆场的有效管理，使得港区堆场得到充分的利用。所以，对港区进行规划，必须遵循以下各项原则。

1. 进、出口箱要分堆。
2. 空、重箱要分堆。
3. 不同尺寸的箱子要分堆。
4. 中转箱要单独地堆放。
5. 冷藏箱、危险品箱、超限箱等有特殊要求的集装箱，应当放入专门场地专门堆放。
6. 不同箱主的空箱，不同的箱型尺寸，要分堆。
7. 出口重箱，按照船名航次、中转港、目的港、重量等进行分堆。
8. 残损箱应当留有一定的堆存位置。

（三）出口箱区的规划

不同码头对于出口集装箱进场，有着不同的相关规定，具体根据码头的实力与堆场的大小而定。比如，有些码头对于出口集装箱进场时间的有关规定为：支线船在船舶开装日期前四天的零时，干线船在船舶开装日期前五天的零时。开始进场之前，必须安排箱区进行堆放。考虑在船舶配载时，减少翻箱，箱区安排得是否科学合理会直接影响到装船时的发箱速度，继而影响到装船的效率。需要安排进场的船舶都体现在近期计划中，在安排进箱的同时，应当有具体的进箱时间以及危险品的进箱时间。在计划箱区与安排集装箱进场时，应当考虑到以下几点。

1. 按位堆放：在同一位内，堆放同一港口同一重量等级的箱子。
2. 按列堆放：在同一列内，堆放同一港口同一重量等级的箱子，但是在同一位内不同的列，可以堆放不同港口不同重量等级的箱子。重量等级是指按照集装箱重量划分的区域值，比如10～15t为一个级别。
3. 按照卸货港或者中转港、重量等级，堆放在同一位货同一列中。
4. 对于船型较大的船舶，要考虑多路作业的安排场地，对于同一港口数量较多而多路作业的，也要考虑到多路作业的安排场地。
5. 多路作业的干线船，要在规划的箱区分散堆放。
6. 一路或两路装船作业的支线船，堆场要尽量安排集中堆放。
7. 干线船的出口箱位置，按照几个箱区依次逐个位置安排进箱，一般是在一个位置进箱完成之后，再安排下一个箱区的位置。在堆场位置宽松的条件之下，可以安排交替进箱的方式。在某种集装箱集中进场时，也应当安排交替进箱的方式。

8. 提前进场箱与延迟进场箱的进场，都是在计划外的操作，需要在受理中心预约后，才能够进场。

9. 延迟进场箱若为本航次加载箱，可以安排至本航次出口箱区，与其他本航次已经放行的出口箱区合并放在一起。若非本航次出口箱，则安排至该航次出口箱区便可，注意要与本航次出口的集装箱分开堆放。

（四）进口箱区的规划

在收到进口的集装箱清单与详细摘要之后，进行堆场的安排。在进口摘要中，必须含有类别、尺寸类型、箱主、危险品箱、温控箱等具体信息。在安排进口空箱位置时，堆场计划员应当根据不同船名、航次、箱子尺寸、危险品、冷藏箱等不同类型分开堆放，并且要考虑到具体的卸船箱量及场地已经堆存的情况进行安排。安排场地时，应当尽量考虑到船舶靠港的船期先后、泊位、作业路数、场地已有的作业机械、卸入箱的疏港情况等。对于中转箱，既可以按照中转的类别安排堆场，也可以按照工作点与箱主来安排堆场。在规划之时需要注意以下各项事宜。

1. 空、重箱，要分开堆放。

2. 空箱要按箱主、类别尺寸，分开堆放。

3. 冷藏箱、危险品箱、超限箱、残损箱，要进专用箱区堆放。

4. 需要插电的温控重箱、危险品箱区，最高只能堆放三层。

5. 货物超限的框架式、平台式或开顶箱，堆放一层的高度，并且箱货与箱货之间的间距，至少要保持在50cm。

6. 罐式集装箱，禁止堆在靠近车道的一列。

二、集装箱堆场的整理

集装箱堆场的整理工作，主要是对场内的箱子进行归位、并位与转位。归位是指堆场内箱子的状况发生变化之后，从变化前的箱区，归入状态变更后指定箱区的作业过程。最常见的是，由于该港箱子的目的地或目的港的更改，导致箱区的变化。

并位是指同一堆场箱区内，将零星分散的集装箱整理合并在一起的作业过程。集装箱进出码头非常的频繁。在频繁的操作之后，集装箱的堆放就会显得有些零散，因此需要进行并整箱位，以腾出箱位用于接下次工作的计划。

转位是指同一堆场的不同区间，或同一箱区的不同箱位之间，集装箱整理转移的作业。

集装箱堆场内箱子的归位、并位、转位，主要目的是提高堆场的利用率，提高箱区的作业效率、船舶的装卸效率，减少码头作业出现差错的可能性，减少翻箱的情况。

（一）出口箱整理

出口船舶在开装之前，根据船舶已经进场集装箱所在的箱区，将箱区中只有少量该船的集装箱集中归并到较多集装箱所在的箱区中。比如，对于上航次的一些退关箱，应该将这些集装箱归并到本航次出口的集装箱箱区，以方便配载、装船作业，提高工作效率，避免少配漏装。

出口船舶开航之后，必定有些出口集装箱由于种种原因没有转船，比如，出口报关不成功、商检没通过、客户已经装箱进港但是货物不合格还需要加工等情况，对于这些集装箱，应当及时地安排在装卸船作业比较空的情况下，进行退关箱等的归并。要将同一船名航次的集装箱分尺寸类型、港口等，归并在一起。

（二）进口箱整理

空箱在进口卸船之后，船公司会尽早进行安排，要么中转出口，要么驳箱出场。一般而言，船公司不可能将空箱在码头堆存比较长的时间，进口之后必定会用于中转出口或本地用箱。但是也会有一些特殊情况，比如发生了一些海损事故，或者空箱在码头发生一些重大事故，不得不到保险勘验结束或者共同海损理算结束之后，才能做出相应的安排。

这样，就需要对这些空箱按照箱主、尺寸类型、堆存状态、进口船名航次等，进行分类归并。重箱进卸船之后，有些货没有及时地拉出港区拆箱，并且将空箱还给船公司。比如，清关出现问题、箱子被海关查验、有关货物的资料不全不让进口、提单没有及时收到、货主找不到了等。这也就导致了箱子进口后不久，便有一两个集装箱占了一个箱区，所以应该及时归并这些超期箱，集中安排转移到堆放集装箱较多的区域，使场地得到高效的利用。

（三）疏　港

集装箱堆场是运输过程中的周转性堆场，不能用于中、长期的储存。码头为了保证船舶装卸作业的正常进行，保证堆场进场畅通，根据国家关于集装箱疏运的有关规定，往往要结合码头的实际情况与海关监管的情况，将进口集装箱疏运到港外堆场，在实务当中简称疏港。

疏港主要分为以下几种情况。

1. 废纸、废金属等废品箱，根据口岸的要求对其进行专门管理而进行疏港。

2. 超期重箱的疏港。由于堆场的堆场量有限，为了确保码头的生产效率，对港区堆场超过规定时间的进口重箱采取的转栈疏港措施，即是将超期堆存的集装箱疏至后方堆棚进行堆存，并且收取一定的转栈费用。通过此办法，既缓解了集装箱在港堆存的压力，又对超期提箱的货主采取了一定的惩罚措施，监督其尽早提箱。

3. 直卸疏港。为了缓解堆场的紧张情况，码头对一些船舶的卸船采取直接卸箱至后方堆场的方式，即为直卸疏港。在实际应用当中，直卸疏港的概念很广，其中包括集装箱卸下后的转场。

三、在场集装箱的管理

（一）重箱管理

1. 进场重箱管理

（1）进口重集装箱

码头理货员要在船边核对箱号、尺寸类型，检查铅封、箱体。若是有箱号不符，铅封与实际情况的积载不符，灭失货断裂，箱体残损，冷藏箱的温度与记载的不符等情况，都要进行记录，经过大副签字确认。在港区堆存超过规定天数的，比如10天、15天，一概视为超期箱，要移到指定的场地。

（2）出口重集装箱

检查桥的工作人员要审核单证，核对箱号、箱型尺寸，检查铅封、箱况，要正确地记录，交接时要经双方签字。

2. 出场重箱管理

（1）进口重集装箱

凭船公司或其代理签发的设备交接单与海关放行的D/O，付清在港区的相关费用之后，进行放箱。

（2）出口重集装箱

凭船公司或其代理签发的设备交接单，以及海关签发的退关箱出卡口证明放出口退关箱。在装船配载以前，堆场员要核实集装箱的堆场位置，然后由船边理货员核对装船。

（二）空箱管理

1. 空箱进场管理

（1）进口空箱

理货员在卸船时检查验收，并且安排进入计划的场地。

（2）出口空箱

出口空箱通过检查桥进场，在得到船公司的出口计划之时，该计划应当包括所装空箱的船名、数量、航次、箱型、计划进港时间、船舶预计进港时间、目的港（有中转港的也应当注明）、安排驳箱进港的公司或车队名称。根据上述信息，合理安排场地。在进场时，检查桥要审核EIR，检查情况后将箱子安排到计划的出口箱区。

2. 空箱出场管理

对于本地／中转出口装船的空箱，所有装船的空箱要按照船公司计划配载装船，理货员要在船边确认装船。

对于中转的空箱，船公司会有不同的安排，根据本地与其他港口的用箱情况，可以安排本地的出口用箱，船公司会安排车队驳空箱，也可以安排装船到其他不同的港口。在得到船公司的计划之后，明确出口箱的箱主、船名、数量、航次、尺寸类型等，将堆场里的空箱进行合理分配。同一情况下，应当尽量选择堆放区域集中的集装箱，并且最好不要有翻箱。

在有空箱装船出口计划时，要结合该计划的箱型、数量、航次，选择相应的在港空箱配载上船。比如，安排装同一船名航次同一卸货港的中转出口空箱。由于舱位、船期、空箱的需求量等不稳定因素的存在，船公司的计划随时都有可能会改变，所以不仅堆场里的空箱安排要随时更改、合理安排，对于箱区的计划也要做出相应的安排。

箱主提空箱出场之时，检查桥根据箱主签发的设备交接单进行放箱。

（三）冷藏箱的管理

1. 在船舶卸船之前，堆场计划将冷藏箱信息及时地通知冷藏箱场地工班，卸船时要安排专门的冷藏箱箱区。

2. 船边理货员在卸船之前，要先检查制冷温度与箱体情况，如果发现异常应当与船方一同做好签证工作。

3. 堆场控制员在堆场检查箱体状况时，如果发现有问题，应当立即通知船边理货员与控制室。如果箱体的状况正常，则要进入计划内的场地，接通电源。

4. 冷藏箱出场时应当提前切断电源，堆场员要收妥电线与插头，指挥吊机司机装车。

（四）危险品集装箱管理

危险品集装箱是指箱内装有《国际海运危险货物规则》（以下简称《国际危规》）中列明的危险品货物之日起，直到该集装箱拆箱、清洗妥当为止的集装箱。

1. 危险品货物的确认

凡是经过码头进出的危险货物（除了《国际危规》中列明的第6、8类非冷冻危险货物外），货主、船公司或其代理人，事先都需要向港方申报，要在获得同意之后船方才能承运。

同时需要填报船舶载运危险品集装箱安全适运申报单，批准之后才可以装卸船。

2. 危险品集装箱交接

危险品集装箱在卸船之前，码头理货员要仔细地检查箱体、铅封与箱体四周张贴的和箱内货物相应的危险品标志，并且要仔细地核对箱号，发现不符或异常时，要通知船方并且记录。

出口危险品集装箱在进入码头时，承运人需要持港监签署的集装箱装运危险货物装箱证明书。检查桥工作人员要仔细检查箱体、铅封与箱体四周张贴的和箱内货物相应的危险品标志，如果有不符的，应当拒绝接收。

3. 危险品集装箱的装卸

每个港口的规定与情况都会各有不同，比如，有些港口对于装有《国际危规》中列明第1、2、7类及冷冻危险品的集装箱，必须采用车→船、船→车直取直装的方式，对于装有《国际危规》中列明的第3、4.2、4.3、5.1、5.2类危险品的集装箱，要尽量采取直取直装的方式。危险品集装箱在卸船之前，要布置落实好安全操作防范措施以及急救办法。

4. 危险品集装箱的储存

危险品集装箱的堆垛，根据危险货物的不同，一般只许堆高两层，并且要根据《国际危规》的隔离要求，对不同性质的危险货物进行有效隔离。危险品集装箱要堆放在专用的危险品箱区，还应当设有隔离栏与喷淋装置，在高温季节对一些可喷淋的危险品集装箱进行喷淋降温。

（五）超限集装箱管理

超限集装箱是指转载有超高、超宽、超长货物的开顶集装箱、平板箱、框架箱。超限集装箱的限堆高为一层，是在专用的箱区内堆放。一般超宽超过30cm，相邻列不得堆放集装箱；超长超过50cm时，相邻位不得堆放集装箱。

四、船公司集装箱的箱务管理

（一）集装箱空箱的调运及管理

船公司箱务管理的核心工作，便是对集装箱空箱的调运与管理。集装箱空箱的调运与管理，会关系到集装箱的利用程度、空箱调运费的开支、适箱货物的及时发送以及企业的经济效益。在集装箱运输航线货源不平衡的情况下，空箱调运现象在所难免。通过合理的空箱调运，可以降低船公司航线集装箱需备量与租箱量，从而降低运输成本，提高船公司的竞争能力与经济效益。

根据统计，仅美国每年因集装箱调运而产生的各种费用，便高达35亿美元，如果按照每个标准箱2400美元的购置费计算，可以购买145万个标准箱。因此，必须研究合理调运空箱的方法，同时可以考虑租箱策略，以求最大限度地节约空箱调运费。

1. 产生空箱调运的原因

产生空箱调运的原因有很多，主要包括以下几方面。

（1）由于管理方面的原因，而产生空箱调运。比如，由于单证交接不全，流转不畅，影响到空箱的调配与周转；又比如，货主超期提箱，造成港口的重箱积压，影响到集装箱在内陆的周转，为了保证船期，需要从附近的港口调运空箱。

（2）进、出口货源不平衡，因而造成进、出口集装箱的比例失调，产生空箱调运的问题。

（3）由于贸易逆差，导致集装箱航线的货流不平衡，因而产生空箱调运。

（4）由于进出口货物的种类与性质不同，因而使用不同规格的集装箱，产生航线不同规格集装箱的短缺现象，需要调运同一规格的空箱，用以满足不同货物的需要。

（5）其他的原因。比如，出于对修箱费用与修箱要求的考虑，船公司将空箱调运至修费低、修箱质量高的地区去修理。

2. 完善空箱调运的策略

由于客观货物流向、流量及货种的不平衡，产生一定数量的空箱调运是必然的。通过加强箱务管理，实现箱务管理现代化，减少空箱调运量，是完全可以实现的。

（1）组建联营体，实现船公司之间集装箱的共享。联营体通过互相调用空箱，可以减少空箱调运量与航线集装箱需备量，从而节省昂贵的空箱调运费与租箱费。

（2）强化集装箱集疏运系统，缩短集装箱的周转时间。通过做好集装箱内陆运输各环节的工作，来保证集装箱运输各环节的紧密配合，来缩短集装箱内陆周转时间与在港时间，以提供足够的箱源，不至于因为缺少空箱而从邻港调运。

（3）强化集装箱跟踪管理系统，实现箱务管理的现代化。通过优化集装箱跟踪管理计算机系统，采用EDI系统，以准确快速的方式掌握集装箱信息，科学合理地进行空箱调运，从而最大限度地减少空箱调运量及调运距离。

（二）滞箱费的收取

为了更加有效地控制集装箱，缩短周转的时间，弥补由于周转时间长而造成的集装箱运费收入与租金损失，在客户超过船公司规定的免费用箱期以后，船公司往往会按照一定的计费方式来收取滞箱费。客户的用箱时间，一般为进口后到返还空箱时间与出口提箱后到返还空/装船的时间。因为每个港口的实际情况各有不同，客户的用箱时间也会有所差别，主要在于相关业务的主动权是由客户控制还是由承运人控制。

通过控制客户的用箱时间，使得客户尽快地安排进口重箱的拆箱或者出口货物的装箱、清关与及时装船，来有效地提高集装箱的周转效率。如果客户提空箱之后取消了出口计划，那么也应该及时地将空箱还给承运人。

（三）集装箱的修理和维护

根据《国际集装箱安全公约》（CSC）之规定，新箱在出厂后的24个月之内，要进行内箱检验，五年时要进行箱体检验，并且在以后的每个月要检验一次。因此，船公司的箱管部必须对公司内所有集装箱统筹计划与组织实施，做好维护保养工作，确保集装箱满足CSC规定之要求。

另外，集装箱在运输、装卸、搬运、堆存的过程中，由于种种原因总会造成许多的缺陷。集装箱的缺陷分为损坏、自然损耗与不合理维修。损坏是指有单个或者多个事件，比如撞击、磨损、污染等现象，造成的单个或者多个集装箱的物理缺陷；自然损耗是指在正常使用的情况下，比如在海上航行时暴露在海水中，由于不断消耗磨损而造成的一个或者多个物理缺陷；不合理修理，是指并没有按照国际集装箱出租者协会（IICL）推荐的修箱方法对坏箱进行的修理。

对于在IICL的验箱标准下需要进行修理的，应当根据船公司的要求及时地将修理估价单报由船公司进行审批，如果船公司对于箱子的坏损，有必要进行联合检验或者退租、全损等做出进一步处理的，那么堆场应当等船公司下达指令之后，再做安排。在修箱时，应当根据船公司对于集装箱适货的要求，结合IICL的验箱标准与推荐的修箱方法进行修理。及时将修理完毕的箱子进行归位，从坏箱状态更改为好箱状态，以IICL的标准将箱子修复，直到可以放箱出场。

复习思考与讨论

1. 简述集装箱的定义。
2. 集装箱的类型有哪些？
3. 集装箱的标准化是怎样的？
4. 集装箱的标志包括哪些？
5. 集装箱运输的特点是怎样的？
6. 集装箱运输的货物交接包括哪些内容？

7. 集装箱港口环境子系统情况是怎样的?
8. 集装箱港口基础设施子系统情况是怎样的?
9. 集装箱港口营运子系统情况是怎样的?
10. 集装箱进口业务的流程包括哪些?
11. 集装箱出口业务的流程包括哪些?
12. 集装箱进出口单证包括哪些?
13. 简述集装箱货运站的功能。
14. 集装箱货运站的进口货运业务包括哪些内容与程序?
15. 集装箱货运站出口货运业务包括哪些内容与程序?
16. 集装箱货运站的仓储管理包括哪些内容?
17. 检查桥业务的主要内容有哪些?
18. 检查桥的工作流程有哪些?
19. 集装箱堆场箱区的管理包括哪些内容?
20. 船公司集装箱的箱务管理包括哪些内容?

CHAPTER 5

第五章

港口物流园区及保税物流业务

本章学习目标

1．港口物流园区的概念

2．港口物流园区的特征

3．国外物流园区的发展现状

4．我国港口物流园区的发展现状

5．保税货物

6．保税物流

7．保税物流的监管制度

8．保税货物的通关业务

9．保税仓储与配送业务

10．国际中转与采购业务

11．“园区一日游”业务

本章核心内容

港口物流园区　集群化　信息化　协同化　一体化

典型港口物流园区　保税货物　复运出境　仓储保税货物

加工贸易保税货物　保税物流　平台性　保税物流的监管体系

保税物流中心　保税物流园区　保税港区　通关单证

通关模式　保税仓储　国际配送　国际中转

转运货物　国际采购　园区一日游

Section 1

第一节　港口物流园区概述

一、港口物流园区的概念

当今世界的港口业在飞速发展，回顾其成长过程大致经历了以下三代。

1. 第一代港口大致是1950年以前，主要功能是海运货运的装卸与临时仓储及货物的收发，当时的港口是运输枢纽。

2. 第二代港口处于20世纪50年代到80年代期间，其主要功能除了第一代时期的货物装卸与仓储之外，还增加了工业与商业活动，港口成为具有货物增值效应的服务中心。

3. 第三代港口产生于20世纪80年代后，为了适应国际经济贸易航运物流发展的需要，除了第一代与第二代港口的功能之外，借助于港航信息技术的发展，增添了运输贸易信息服务、货物配送等一些为货物全程提供全方位增值服务的功能，并且港口产业区的范围有所扩大，不仅包括传统港区，还包括临港工业区、物流园区，港口逐步地向着现代综合物流中心方向与港口产业集群方向发展。

虽然第二代港口仍然是当今世界港口发展的主流，但是随着世界经济一体化的发展趋势，基于系统整合与供应链思想，借助于信息技术，传统运输方式开始向着现代国际物流的方向发展，使得港口企业主动开始向第三代港口转型，现代物流便是第三代港口的基本特征，也是港口发展的方向。

港口物流园区的产业目标，是发挥港口产业的聚合效应，全面整合第三方物流资源，推动现代港口物流产业的发展；为专业化物流企业提供服务支持，降低社会物流的费用，推动区域经济的增长。港口物流园区通常而言，配备的功能有基本功能、增值服务功能与配套服务功能，其中基本功能包括仓储功能、中转功能、配送功能、加工功能、信息服务功能、交易功能，可以说这些功能涵盖了现代物流的整个环节。因此，港口物流园区属于运输枢纽型物流园区，同时兼有流通加工与仓储配送功能。

借鉴国外相关的经验、分析港口特点与专家对物流园区的界定，上海海事大学顾亚竹在《港口物流园区战略管理》一书中，对港口物流园区做了如下的界定：港口物流园区是指以港口为依托，由多个物流组织设施与专业化物流企业所构成，以降低物流成本、提高物流组织与运作效率为目的，具有装卸、仓储、运输、加工等基本功能和与之配套的信息、咨询、维修等综合服务功能的，规模化、功能化、信息化物流组织与经济运行的港口物流产业集群区域。

二、港口物流园区的特征

（一）集群化

港口物流是以物流园区的空间形态集聚发展的，在宏观上来说，会有利于城市物流系统的合理布置，有利于城市物流资源的整合与优势互补，可以全面地拉动城市经济发展。从微观上来说，对于港口及物流企业的本身，由于不同功能的物流企业集聚在同一区域以内，共同为海运物流服务，达成了功能互补，减少了物流的中间环节，有效地提高了物流服务的速度和效率，提升了物流满足客户需求的服务水平，加速了第三方物流的发展。

（二）信息化

现代物流业采用了先进的信息技术，运用了现代化的管理设备，来实现物流操作手段的现代化。现代物流的信息化，比如商品代码，数据库，港航信息服务的标准化、实时化、数字化，运用数字平台与资源库，在运输网络合理化与系统化的基础上，令整个物流系统实现了管理电子化，从而使得现代物流进入以网络技术与电子商务为代表的信息化阶段。

如Shu、Fan Xu等人模拟并且建立了一个新颖的物流信息系统[又称为“基于GIS”（地理信息系统）的信息共享架构]，包含有三个相互作用的模块，分别是输入模块、输出模块与反馈模块，使得集装箱物流的运行流程更加便利与顺畅。

（三）协同化

现代港口物流是一个系统，它包含运输、仓储、包装、搬运、装卸搬运、流通、加工、物流信息等环节，每个环节都有着各自的职能，都是不可或缺的。只有每个环节都得到协同发展，才能顺利地完成每一笔港口物流业务的收取、存储、分拣、运输与配送等工作，才能够实现物流的最优服务。

（四）一体化

一体化是20世纪末最有影响的物流趋势之一，其基本含义是指与港口物流相关的不同职能部门之间，或不同企业之间通过物流方面的合作，达到提高物流效率、降低物流成本的效果。物流系统本身，是一条环环相扣的“供应链”。现代物流理论认为：对于供应链上的每一个环节，都必须运用现代管理思想与管理手段，实行全过程、一体化的管理，这样才能够有效地提高流通效率，从而获取良好的综合效益。当一体化系统发展到一定的阶段时，以物流为联系的企业关系，就会形成一个网络关系，即为一体化的物流网络，以保证整个港口物流系统能够以经济的方式运行。

三、国外物流园区的发展现状

物流园区的概念以及形式，最初起源于日本，随后在欧洲得到了较快的发展。由于物流园区给物流企业与其所在城市带来了极大的经济和社会效益，从而引起了人们的广泛重视。日本1965年建成了第一个流园区之后，时至今日已经建成24个大规模的物流园区，荷兰现有14个物流园区，德国已经建成20个物流园区，另外，英国、加拿大、美国、比利时、法国、墨西哥等国，都先后建立了物流园区与货运配送中心。

日本的物流园区最早是出现在东京，当时为了解决东京与周边城市之间各种产品大量进出城市，商流与物流混成一体引致的交通混杂拥堵、城市功能日益低下的状况，从1965年起，日本政府采取了将流通功能从市中心分离出去的方法，由政府统一规划、集资在东京近郊的东、南、西、北部分别建设了和平岛、葛西、阪桥与足立四个物流园区，并且相应地建立了商务交易大楼、大型仓库群与公路货物集散中心等物流设施，通过逐步配套完善各项基础设施、服务设施，以及提供各种优惠政策的方式，吸引了大型物流企业在此聚集，使其获得了规模效益，同时也改善了城市环境，提升了城市的综合竞争力。

日本在全国的22座城市当中，建设了24个大型物流园区，将运输、集散、中转、仓储、租赁、配送、订货、销售、售后服务等功能有机地结合起来，大大地提高了物流设施的效率，降低了物流成本，取得了良好的社会经济效益。

德国从20世纪80年代开始，规划在全国内建设40个物流园区，目前已经有20个全国性的物流中心建成并且投入使用。在此过程中，政府监督物流园区的建设，引导有条件的企业进入物流园区，积极地吸引大企业与国际性的物流企业进入物流园区。为了实现货物的快速直达运输，德国在较大的经济区建设联运站的基础上，建设了物流中心，从而形成了货运中心（物流园区）。其中比较著名的是不来梅物流园区与纽伦堡物流园区。

不来梅物流园区于1985年开始建设，距不来梅内河港口约有20公里，靠近不来梅铁路编组站，园区内有公铁联运装卸站，周围的高速公路网发达，距不来梅港岛不来梅市沿途有1400多家运输、仓储与物流企业，其中从事航运的占3%，港口的占10%，公路运输的占45%，铁路的占1%，物流产业的占38%。在物流园区建设方面，由政府出地，企业负责各自的建筑与设施。在管理方面，物流园区内除了政府设立海关负责货物通关以外，不再设置其他的管理机构，企业自主经营，照章纳税，政府不再征收除法定税率外的其他税费。园区内兴建有综合服务中心、维修保养厂、餐厅、加油站等，尽可能地提供全面服务。

纽伦堡物流园区始建于20世纪70年代中期，从80年代开始向物流园区的方向发展。园区的占地面积为3.37平方公里，一期开发为2.17平方公里，二期正在开发的面积有1.2平方公里。园区主要是由第三方物流公司提供国际中转物流服务、地区集散物流服务与城市配送服务等，同时具备有加工等服务功能。

荷兰凭借着其优越的交通区位优势，目前总共规划建设了14个物流园区，其中鹿特丹港物流园区是最为著名的。荷兰政府看准了鹿特丹港在欧洲独一无二的地理位置与特点，通过政府投资或采取特殊的政策进行扶持，比如兴建部分配套的公共设施，利用税收杠杆给予减免税优惠等措施，不断地完善发展物流的硬件环境，抓紧对海港、码头、公路铁路与信息技术等各类基础设施的建设，从而催生出了荷兰的鹿特丹港口物流园区。

目前，鹿特丹港区总共有三个物流园区，占地面积达262公顷。这些园区位于集装箱或普通货物码头附近，靠近铁路、公路与内河等集疏运设施，使用最新的信息技术与通信技术，使得货物可以方便快捷地转运到欧洲内陆与海外的目的地。

在物流园区落户的企业类型多样、经营目的各异。主要有大型货物转运公司（提供货物转运、仓储与分销服务）、欧洲出口以及为上述物流活动提供服务的集装箱仓库、银行、办事处、加油站等企业。这些公司在物流园区的入驻，是希望借此建立自己的欧洲集散中心，为公司欧洲业务建立自己的海运中心，为自己的产品建立一个海运出口基地等。

鹿特丹港务局物流园区已经聚集了大量的物流企业，成为欧洲的物流中心。港口物流园区物流、信息流与资金流的聚集和释放作用，带动了鹿特丹市工商业的繁荣。据资料显示，鹿特丹港口及相关辅助产业的产值，占整个荷兰GDP的10%，占鹿特丹市的40%。鹿特丹港口物流园区的目标为：园区的物流基础设施都由鹿特丹港提供，并且充分地利用港口最新的资讯技术与成熟的人力资源，提供增值服务。

新加坡沿南部海岸线设立了许多物流园区，以满足制造商、货运代理、贸易公司、运输与专业仓储公司的需要。比如新加坡的裕廊，拥有255000平方米的普通物流仓库与4500平方米的带空调仓库，以及可以堆放超过4000标箱的集装箱堆场，进行的增值服务主要包括货物的集散、仓储、分装、装配、包装、贴标签等，这些增值服务使得新加坡成为全球性的物流园区。

为了发挥物流园区的作用，新加坡提出为顾客提供客户采购、仓储、运输、配送等“一条龙”服务，电脑系统将制造商、供应商、各配送中心与客户联系起来，并且为整个供应链提供咨询服务，新加坡物流园区以一流的服务与先进的管理，赢得了世界的公认。

四、中国港口物流园区的发展现状

中国物流园区的开发始于20世纪末21世纪初，至2003年渐入建设高潮，并且一直在持续地发展。据不完全统计，目前全国至少有20个省、市、自治区制定了区域性物流发展规划与政策，全国在建的与规划建设中的，以物流园区、物流基地、物流中心命名的各类园区，高达几百家之多，全国各地都将开发物流园区作为发展物流的出路。比如，深圳已经规划发展西部港区、盐田港、平湖、笋岗、南山、龙岗六大物流园区，上海正在建设陆、海、空三大物流与五个物流园区，现代物流成为广州市“主要基础产业与重要支柱产业”，规划建设南沙、新沙、花都三大国际性枢纽物流园区等。

（一）物流园区的发展总体概况

为了适应国际经济、航运贸易与航运发展的需要，港口借助于港航信息技术的发展，增添了信息服务、货物配送等为货物全程提供全方位增值服务的功能，港口的范围有所扩大，港口物流园区作为现代港口物流发展的产物，得到了空前发展。世界著名的港口如鹿特丹、新加坡、中国香港等港口，首先开始了向物流中心的转化，我国具有代表性的港口物流园区，有依托盐田港而发展起来的深圳物流园区，有上海国际航运中心洋山深水港物流园区、大连国际物流园区等。

深圳物流园区是起步比较早的、依托于盐田港而发展起来的；大连国际物流园区是经过大连市人民政府批准，以发展现代物流为目标的经济区域；上海国际航运中心洋山深水港物流园区，将会建成世界上规模最大、现代化程度最高的物流园区，洋山深水港物流园区建成以后，不仅会成为洋山港口结构不可缺少的一部分，而且还将成为东北亚国际物流的枢纽中心；青岛拟在前湾港区建设以集装箱、煤炭、矿石、原油等货种为主的物流运作区域；连云港计划将原来的中云货场改建为港口物流园区。

（二）典型港口物流园区

香港港是我国也是世界上最大的港口物流中心之一，它拥有良好的港口物流设施，其物流运作的速度与效率也是一流的。香港港口物流园区依托于中国内地，面向东南亚，连接欧美，重点业务是为占港口吞吐量85%左右的转口贸易提供物流服务。目前，香港港正在努力地通过信息技术手段与专业化管理技术，将香港港建成为虚拟供应链控制中心，依靠其完善的金融、保险、高效的通关效率，将香港港口物流业的覆盖面不断地扩大。

上海外高桥物流园区是以“区港联动”作为基础的港口物流园区，通过外高桥港区与外高桥保税区的连接，促进了港口产业与现代物流的联动发展。外高桥保税物流园区的服务定位，是国际中转、国际配送、国际采购、国际转口贸易四大功能，通过“一次申报、一次查验、一次放行”的通关模式，信息流与货物流相统一、通关管理与园区仓储联网相统一、关区代码与贸易方式相统一的运作模式，网络技术在园区采用仓储联网相统一，关区代码与贸易方式相统一的运作模式，通过网络技术在园区内构建关、港、贸信息集成平台，实现EDI（电子数据交换）无纸报关、无人自动卡口放行、备案货物无EDI事后交单的信息共享模式，将物流园区管理、卡口管理、港区管理融为一体，实行港、区联动的综合管理。

物流园区位于芦潮港地区、临港新城南侧，东临葫芦高速公路，通过东海大桥与洋山深水港码头相沟通；物流园区将通过多层次公路网与上海郊区环线、内环线相连，并且与上海市及长江三角洲的高速公路、交通干线公路网、国道网相连；通过浦东铁路芦潮港货运站和国家铁路网接轨；通过内河与上海市的内河运输网相通。

洋山港物流园区又分为功能区与港口辅助区。铁路换装区，提供港口通过铁路向内陆地区转运的条件，设有铁路装卸线、铁路堆场、站台等；内河港区，设计的年吞吐能力达110万标箱；国际物流区引进国际著名物流企业，实现物流的仓储、分拨配送与加工等；危险品作业区，集中进行危险品箱的装卸作业，以确保安全；综合配套设施区，提供配套服务，包括工商、银行、税务、邮政、保险等。

天津港物流园区的天津港散货物流中心，占地12平方公里，其中商贸区1.56平方公里，煤炭作业区占地6平方公里，矿石、油品仓储区占地4.44平方公里。散货物流中心距规划中的天津新港南站约为3公里，跨海河口进入港区的公路桥、铁路桥；散货物流中心临近津沽公路、海防路与规划中的津沽二线，与外部的衔接十分方便，中心的给排水、电力、通信等配套设施已经比较完备。

大连国际物流园区具有由保税区、海港联合组成的，多方位、立体化、快捷便利、政策优惠的物流运作平台与服务体系，是大连市发展现代物流的主要载体，是中国北方与世界各地区之间快速增长的经贸活动所信赖的重要国际物流基地。

（三）中国港口物流园区存在的问题

从目前港口物流园区的发展现状来分析，中国的港口物流基本处于起步的阶段，与国外先进的现代物流相比，还存在着较大的差距。主要表现在以下几方面。

1．有些港口物流园区仓促上马

有一些港口物流园区属于仓促上马，缺乏科学的态度与长远的发展战略。自1999年世界银行与国家经贸委联合举办“中国现代物流发展研讨会”以来，现代港口物流在我国迅速地发展起来，港口物流园区的发展经过多年努力后，也取得了一定的成果。然而，在实践当中还是存在一些问题，港口物流园区的开发往往是仓促上马，盲目地圈地，甚至当成是一项形象工程来对待。港口物流园区的发展缺乏长期战略性指导，结果造成了土地的闲置。在造成资源极大浪费的同时，并不能很好地起到港口物流园区与传统港区互动发展的效果，物流园区对于港口发展的促进作用基本无法体现。

2．港口物流园区的战略发展缺乏系统理论指导

由于对港口物流园区缺乏科学的界定，对港口物流园区的形成机制、发展阶段缺乏必要的认识，对港口物流园区发展战略的理论缺乏系统的认识，在港口物流园区的开发过程中，重视硬件的建设，对于制定系统科学的港口物流园区战略，感到无从下手，这便致使港口物流园区的战略定位与功能设计不切实际，物流战略的选择具有盲目性，战略措施片面，互相模仿，互相攀比，与物流园区的长期发展、社会可持续发展理念并不一致。有些港口物流园区即使制定了发展战略蓝本，但是由于缺乏科学性与系统性，对于战略实施的指导作用并不大。

3．港口物流园区战略的制定缺乏有效方法

目前，物流园区的规划主要存在“需求不清、定位不准、功能太泛、布局不顺、实施不力”五大问题。这五大问题在很大程度上是由于缺乏合理有效的规划方法论而造成的。由于战略管理理论的发展时间不长，在港口物流领域中的应用更是较新的尝试，为此在战略制定的过程中，又缺乏有效方法，或者选择只是停留在定性分析上，影响了战略的科学性与合理性。比如，港口物流战略环境的分析缺乏综合考虑指标体系，对于港口物流战略选择缺乏有效的理论认识与战略选择的有效方法，造成了港口物流园区战略制定中的困惑，影响了物流园区战略的科学性与有效性。

总之，由于对港口物流园区发展战略理论与方法研究得不够深入，从而使得港口物流及园区战略的发展，缺乏理论依据与方法指导。

Section 2

第二节　保税货物与保税物流概述

一、保税货物

（一）保税货物的概念与特征

保税货物是指海关批准未办理纳税手续进境，在境内储存、加工、装配后复运出境的货物。

从上面的定义可以看出，保税货物具有以下三个特征。

1. 特定目的

我国将保税货物限定为两种特定目的而进口的货物，即进行贸易活动（储存）与加工制造活动（加工、装配），将保税货物与为其他目的暂时进口的货物（如工程施工、科学实验、文化体育活动等）区别开来。

2. 暂免纳税

《中华人民共和国海关法》第五十九条规定："经海关批准暂时进口或暂时出口的货物，以及特准进口的保税货物，在货物收发货人向海关缴纳相当于税款的保证金或者提供担保后，准予暂时免纳关税。"保税货物未办理纳税手续进境的，属于暂时免纳，而不等于免税，待货物最终流向确定以后，海关再决定征税或免税。

3. 复运出境

复运出境是构成保税货物的重要前提。从法律上来说，保税货物并未按照一般货物的方式办理进口与纳税手续，因此，保税货物必须以原状或加工后产品复运出境，这既是海关对保税货物的监管原则，也是经营者必须履行的法律义务。

（二）保税货物的分类

中国海关监管的保税货物，主要有仓储保税货物与加工贸易保税货物。

1. 仓储保税货物

此类保税货物可以分为两种形式：一是储存后复运出境的保税货物，包括国际转运货物（转口贸易）与供应国际运输工具的货物；二是储存后进入国内市场的保税货物，包括进口寄售用于维修外国商品的零部件（如果用于保修期内维修，可以免税，如果用于保修期外维修，则要征税，不包括进口耐用消费品）以及存入保税仓库的未办结海关手续的一般贸易货物与其他未办结海关手续的货物。

2. 加工贸易保税货物

此类保税货物主要是指为加工贸易而保税进口的料件，以及用这些保税料件生产的半成品、成品，用于进行加工装配的进口零部件、元器件、包装材料、辅助材料。

《中华人民共和国海关对加工贸易货物监管办法》（2014年修订，海关总署令第219号）对于加工贸易的有关规定，包括以下各项。

（1）加工贸易

是指经营企业进口全部或者部分原辅材料、零部件、元器件、包装物料（以下统称料件），经过加工或者装配之后，将制成品复出口的经营活动，包括来料加工与进料加工。其中，来料加工，是指进口料件由境外企业提供，经营企业不需要付汇进口，按照境外企业的要求进行加工或者装配，只收取加工费，制成品由境外企业销售的经营活动；进料加工，是指进口料件由经营企业付汇进口，制成品由经营企业外销出口的经营活动。

（2）加工贸易企业

包括经过海关注册登记的经营企业与加工企业。其中经营企业，是指负责对外签订加工贸易进出口合同的各类进出口企业与外商投资企业，以及经批准获得来料加工经营许可的对外加工装配服务公司；加工企业，是指接受经营企业委托，负责对进口料件进行加工或者装配，并且具有法人资格的生产企业，以及由经营企业设立的虽然不具有法人资格，但是实行相对独立核算并且已经办理工商营业证（执照）的工厂。

（3）外发加工

是指经营企业委托承揽者对加工贸易货物进行加工，在规定期限内将加工后的产品最终复出口的行为。

（4）承揽者

是指与经营企业签订加工合同，承接经营企业委托的外发加工业务的企业或者个人。

（5）深加工结转

是指加工贸易企业将保税进口料件加工的产品转至另一加工贸易企业进一步加工之后复运出口的经营活动。

（6）经营企业进口加工贸易货物

可以从境外或者海关特殊监管区域、保税仓库进口，也可以通过深加工结转的方式转入。经营企业出口加工贸易货物，可以向境外或者海关特殊监管区域、保税监管仓库出口，也可以通过深加工结转的方式转出。

二、保税物流

（一）保税物流的含义与特点

保税物流可以定义为：货物在进出口过程中处于保税状态，在海关监管下的特定区域，所进行的运输、储存、加工等物流活动。保税物流不含加工贸易企业生产链上的物流与传统的口岸通关物流。

保税物流是物流分类的一种，符合物流科学的普通规律，但同时具有不同于其他物流类别的典型特点，具体包括以下各项内容。

1. 系统边界交叉

保税物流货物在地理方面来说，是在一国的境内（领土）。从移动的范围来看，应当属于国内物流，但是保税物流也具有明显的国际物流之特点，例如，保税区、保税物流中心及区港联动，皆具有“境内关外”的性质特征。所以可以认为保税物流是国际物流与国内物流的接力区，是国际物流的一个组成部分。

2. 物流要素扩大化

物流的要素，一般包括运输、仓储、信息服务、配送等，而保税物流除了具有这些基本的物流要素以外，还包括海关监管、口岸、保税、报关、退税等关键要素。二者紧密地结合，构成了完整的保税物流体系。

3. 全过程管理

一般贸易货物的通关基本程序，包括申报、查验、征税、放行，是“点式”的管理；而保税货物是从入境、储存或从加工到复运出口的全过程，货物入关是起点，核销结案是终点，是全过程的管理。

4. 效率瓶颈问题

保税物流与一般的物流系统没有本质上的区别，但是保税物流对于时效性的要求比较高，追求降低运营的成本、提高运作效率与反应速度。保税物流在物流的基础上，叠加了海关监管与保税制度。海关为了达到监管的效力，严格的流程、复杂的手续、较高的抽查率，都是必不可少的。这与现代物流追求便捷、高效率、低成本的运作要求相背离，物流效率与海关监管效力之间存在着“二律背反”。因此，在保税需求日益增长的情况下，海关的监管效率，便成为保税物流系统效率的瓶颈问题。

5. 平台性

保税物流是加工贸易企业供应物流的末端与销售物流的发端，甚至包括生产物流（如VMI）。保税物流的运作效率，会直接关系到企业正常生产和供应链的正常运作，构建通畅、高效率的保税物流系统，是海关、政府、物流企业、口岸等高效协作的结果。完善的政策体系、一体化的综合服务平台，都是必不可少的。例如，集成商品流、资金流、信息流的物流中心，将是保税物流的主要模式之一。

（二）保税物流实际运作中存在的问题

保税物流与国际物流都是国际供应链的组成部分，在国际供应链中的企业，普遍面临更短交货周期、更低利润空间的压力下，要求保税物流持续降低运作成本，提高反应速度，对通关速度、服务、便利性、效率、弹性等方面，提出了更高的要求。

目前，中国保税物流在实际运作中，企业普遍面临着以下各项问题。

1. 通关的效率低

由于业务量每年的增加比较快，海关一直处于繁忙的状态，通关作业需要等待，加上查验设备、计算机系统、转关手续等问题，导致通关的时间过长。

2. 物流的成本偏高

配送中心、集散中心选择在装运港的附近，一般存在着租金高、满载率低及配送距离不经济等缺点。

3. 第三方面物流的发育程度不高

以传统的运输、仓储、报关为主，实现物流管理外包、高附加服务（VMI、JIT等）、物流信息化的企业比例较低。

4. 集成服务差

海关、检验检疫、税务、保险等部门比较分散，在处理具体问题时导致企业多头跑，效率低下并且费时费力。

（三）保税物流相关的企业

1. 进口物流分拨企业

这类企业多以外国大公司为主，将零部件基地设在保税区内，充分发挥保税区的“保税”职能，国内客户需要多少，就完税报关出区多少，不存在进口过多或过少的问题，可以大大地减少企业的资金成本。在目前，美国通用等世界500强企业，有近1／5在中国的各个保税区内设立了自己的物流分拨企业。

2. 国际贸易企业

这类企业有大有小，多是从事相关产品的进出口代理业务，其中以汽车贸易居多。由于这类企业能够充分地利用保税区的政策优势，较快地传递国内外紧缺产品信息，加之经营手段灵活，因此在保税区内一直占有着一席之地。

3. 区内配套服务类企业

这些企业多是为区内企业配套而服务的，比如，报关代理公司、货运代理公司、翻译咨询公司等。随着保税区经济的快速发展，区内企业行业的分工也越来越细，因此，这些属第三产业的中小企业，在保税区内也得到了较快的发展。

（四）保税物流业务的内容

保税物流包括报关、储运、保税物流策划与管理三方面内容。具体包括口岸的通关业务、国际配送业务、国际中转业务、保税仓储业务、“一日游”退税业务以及其他增值服务等。

此外，随着我国外汇制度的放开，保税物流园的政策足以解决三方贸易收付汇的问题。怡亚通、外联发等公司，都推出了垫付关税与增值税的金融服务。作为“一日游”环节中进口的代理人，这些物流公司在名义上需要对外付汇。随着办法的不断改进，有些物流公司甚至与货主“亲密”到共用一个共管账户的程度，当有一笔税款要划出时，货主要做的只是签字授权。怡亚通拥有200多亿的营业额，与这种服务不无关系。它给物流公司带来的好处是，动辄账面上就会有上百亿元的现金流转。

Section 3

第三节　保税物流的监管制度

一、我国保税物流的监管体系

近年来，随着我国外向型经济的蓬勃发展，现代物流中的一个重要分支——“保税物流”的作用日渐突出。在这一背景下，我国海关作为国家进出境监督管理机关，经过几年的探索与实践后，逐步地建立了一套与我国国情基本适应的保税物流制度，在确保有效监管的前提下，最大力度地支持与促进保税物流的发展。

“以保税区和海港区港联动为龙头，以保税物流中心（A型、B型）为枢纽，以优化后星罗棋布的出口监管仓库的公共型，自用型保税仓库为网点”的多元化保税仓库物流监管体系的整体思路和改革方案，已经成为中国保税物流监管体系的共识。

2009年，国务院提出“统筹规划、合理布局，积极推进海关特殊监管区域整合发展和保税监管场所建设，建立既适应跨国公司全球化运作又适应加工制造业多元化发展需求的新型保税物流监管体系。积极促进口岸物流向内地物流节点城市顺畅延伸，促进内地现代物流业发展”[①]的新要求。

（一）保税物流监管体系存在的问题

1. 各地申请保税物流监管区域、场所与国家的统筹安排相互矛盾。具体表现包括以下各项内容。

（1）各管理部门与地方政府，在监管区域、场所管理中的认识不统一、政策不一致

目前，国务院各有关部门与部分地方政府，仅是从各自管理的角度出发，制定一些部门规章，还没有一部规范各部门的法律效力更高的管理条例出台，给予保税港、保税区、出口加工区、保税物流园区、保税物流中心等以明确的法律地位。因此，在实际工作当

①国务院. 国务院关于印发物流业调整和振兴规划的通知. 2009. http://www.gov.cn/zwgk/2009-03/13/content_1259194.htm。

中，各管理部门与地方政府对于上述区域、场所的政策定位问题，认识并不一致，制定的政策局限于本部门本地区的业务范围，缺乏全局观，造成政策间的不协调、不衔接、难以操作等问题。

（2）各类监管区域、场所联动发展与整体优势，并未充分发挥

多种不同的监管区域、场所，因为政策有别、功能各异，使得企业在上述区域之间结转货物的手续烦琐，未能建立起科学有效的区域联动发展机制，“一次申报、一次审单、一次查验”的通关模式尚未得到全面的实施，致使保税物流的发展遭遇到了“瓶颈”。

2. 众多监管区域、场所的建立，与海关相对落后的监管手段存在矛盾。随着各种监管区域、场所在全国范围内的相继建立，海关面临着如何实行积极有效的监管，包括货物进出监管区域、场所的监管，货物在监管区域、场所内流转、简单加工的监管，货物在监管区域、场所之间流转的监管、途中监管等。

海关既要应对监管中亟待解决的问题，还要应对货物流转时间快、环节多与监管人力资源不足等各种因素的考验，特别突出的问题是，虽然各种监管区域、场所都要求实行联网管理，但是统一的计算机业务信息管理系统尚未开发完成，各监管区域、场所相互之间仍然处于相对隔离的阶段，并没有达到统一与互动效果，这在一定程度上阻碍了货物的畅通程度。

3. 保税物流监管区域、场所功能设置的初衷，与实际运行的效果存在矛盾。通过实践来分析，目前一些监管区域、场所的运作并不理想。例如，作为保税物流中心的第一个试点项目，苏州工业园区海关保税物流中心（B型），于2004年10月开始运工作，至2005年上半年共监管进出中心货物16.5亿美元，虽然从总量来看成绩喜人，但是从业务结构方面来分析，仍然有值得深思的问题存在。例如，其中的实际进出境货物仅占6%，只有1亿美元；而与境内发生的进出中心业务达15.5亿美元，占到了94%。在这些于境内发生的中转业务中，绝大部分都属于深加工结转或加工贸易内销等情况，到保税物流中心中转。

（二）完善监督系统的对策

1. 合理地规划与整合各种监管区域、场所，完善与增加其物流功能。

2. 创新海关保税物流的监管模式，提高监管的效能。一是以信息化建设作为基础，构建现代保税物流的监管体系。二是以风险管理为依托，提高保税监管能力。三是建立区域之间的联动机制。

3. 健全政府管理机制，为保税物流的发展创造良好的外部条件。

二、保税物流中心

（一）保税物流中心的概念

保税物流中心，是指经过海关批准，由中国境内企业法人经营、专门从事保税仓储物流业务的海关监管场所。

物流中心按照服务范围，分为自用型物流中心（保税物流中心A型）与公用型物流中心（保税物流中心B型）。

1. 保税物流中心A型

是指经过海关批准，由中国境内的企业法人经营、专门从事保税仓储物流业务的海关监管场所。保税物流中心A型，按照服务范围分为自用型物流中心A型与公用型物流中心A型两类。

自用型物流中心是指中国境内的企业法人经营，仅向本企业或者本企业集团内部的成员，提供保税仓储物流服务的海关监管场所。

公用型物流中心是指由专门从事仓储物流业务的中国境内企业法人经营，向社会提供保税仓储物流综合服务的海关监管场所。

2. 保税物流中心B型

是指经过海关批准，由中国境内一家企业法人经营，多家企业进入并且从事保税仓储物流业务的海关集中监管场所。

（二）保税物流中心A型与B型的区别

1. 构成的区别

保税物流中心A型，是由一家法人企业设立并且经营的保税物流服务的海关监管场所；保税物流中心B型，是指由多家保税物流企业在空间上集中布局保税物流的海关监管场所。

2. 审批与验收程序的区别

保税物流中心A型，应当由企业申请经过直属海关审批，并且由直属海关会同省级国税、外汇管理部门验收；物流中心B型是由直属海关受理审核之后，报海关总署审批，并且由海关总署国家税务总局与国家外汇管理局等部门组成联合验收小组进行验收。

3. 企业资格条件的区别

保税物流中心A型，因为主要是针对大型生产型的跨国公司与大型物流企业，因而对申请设立者的资格要求比较高，要求企业注册的资本最低为3000万元；物流中心B型经过批准设立之后，对企业的入驻资格要求比较低，以注册资本为例，只需达到5万元即可。

4. **货物管理的区别**

无论是保税物流中心A型还是B型，保税存储货物的范围都基本相同，都可以面向国内外两个市场进行采购分拨、配送。但是在货物的存储期限方面有所不同，保税物流中心A型的货物存储期限为一年，保税物流中心B型的货物存储期限为两年，特殊情况可以延期。

（三）保税物流中心的功能与优惠政策

保税物流中心主要是以整合“两仓”功能为基础，打破保税仓库与出口监管仓库分别专门存放进境、出口货物，并相互隔离的状态，而是糅合、集成、拓展“两仓”功能，并且根据现代物流发展的需要，赋予其若干新功能。其主要功能与优惠政策，包括以下各项。

1. 保税物流中心的功能，主要包括保税仓储、简单加工与增值服务、国际物流配送、进出口贸易、国际中转与转口贸易、物流信息处理等。

2. 海关赋予保税物流中心口岸功能，企业可以直接在保税物流中心所在地主管海关报关，保税物流中心的货物能够直接辐射国内、国际这两个市场。

3. 境内货物进入保税物流中心时，视同出口，享受出口退税政策，且在进入中心环节退税。

4. 境外货物进入保税物流中心，海关给予保税。

5. 保税物流中心的货物销往境内时，企业可以按照保税物流中心的实际贸易方式向海关办理进口报关手续。

6. 保税物流中心内的货物，可以在保税物流中心企业之间，保税物流中心与保税区、出口加工区、保税仓库、出口监管仓库与其他保税物流中心等海关监管区域、场所之间，进行自由转移与跨关区报关提取等。

三、保税物流园区

保税区的地理限制，导致了进出口货物的二次报关问题，即货物是由两个海关进行监管，需要两次报关、两次查验、两次放行，与港口无联动，因而降低了通关的效率，增加了企业的物流成本。2003年“区港联动”政策被提出，即利用保税区的政策优势与港口的区位优势，在二者之间建立起一个通道，保税物流园区由此出现。

（一）保税物流园区的概念

保税物流园区是指在保税区与港口之间划出特定区域，实行保税区的政策，以发展仓储与物流产业为主，按照“境内关外”定位，由海关实行封闭管理的特殊监管区域。在该区域内，海关通过区域化、网络化、电子化的通关模式，在全封闭监管条件下，最大限度地简化通关手续。通过保税区与港口之间的“无缝对接”，来实现货物在境内外的快速集拼与快速流动。

（二）保税物流园区内的功能

1. 国际中转

即对国际、国内货物在园区内进行分拆、集拼之后，转运至境外其他目的港。国际中转是世界各大自由港的主体功能，也是航运中心实力的一种体现。

2. 国际配送

对进口货物进行分拣、分配或进行简单的临港增值加工之后，向国内外配送。国际配送为保税物流园区发展增值服务创造了一个重要的平台。

3. 国际采购

是指对采购的国际货物与进口货物进行综合处理和简单的临港增值加工之后，向国内外销售。

4. 国际转口贸易

进口货物在园区内储存之后，不经过加工即采取转口贸易的方式，直接出口到其他国家和地区。

（三）保税物流园区的优势

除了享受保税区免征关税与进口环节税、海关监管等方面的政策之外，还叠加了出口加工区的政策，即实现国内货物入区视同出口，办理报关手续，实行退税，从而改变了保税区现行的“货物实际离境方可退税”方式，大大地降低了企业的运营成本。区内享受“境内关外”的待遇，货物在区内可以自由地流通，不征收增值税与消费税。此外，区港联动区域实行封闭式管理，参照出口加工区的标准建设隔离设施，专门发展仓储与物流产业，区内不得开展加工贸易业务。

四、保税港区

（一）保税港区的概念

保税港区是经国务院批准设立的，在港口作业区和与之相连的特定区域内，集港口作业、物流与加工为一体，具有口岸功能的海关特殊监管区域。

截至2010年，国务院批准设立了上海洋山、天津东疆、大连大窑湾、海南洋浦、宁波梅山、深圳前海湾、广西钦州、厦门海沧、青岛前湾、广州南沙、重庆两路寸滩、江苏张家港、烟台保税港区和福建福州保税港区14个保税港区。

（二）保税港区的功能

保税港区的功能具体包括仓储物流，对外贸易，国际采购、分销与配送，国际中转，检测与售后服务维修，商品展示，研发、加工、制造，港口作业等八项。

（三）保税港区的优势

保税港区是中国目前港口与陆地区域相融和的，保税物流层次最高、政策最优惠、功能最齐全、区位优势最明显的监管区域，是真正意义上的境内关外，是在形式上最接近自由贸易港的政策模式。

保税港区将港口的物流功能与保税的特殊政策完美地结合，实行出口加工区、保税区、保税物流园区和港区的“四区合一”方式，更能充分地发挥出港口的区位优势与保税政策优势。

保税港区享受保税区、出口加工区、保税物流园区相关的税收与外汇管理政策。主要包括：国外货物入港区保税；货物出港区进入国内销售，按照货物进口的有关规定报关，并且按照货物的实际状态征税；国内货物入港区视同出口，实行退税；港区内公司之间的货物交易，不征增值税与消费税。保税港区叠加了保税区与出口加工区的税收和外汇政策，其在区位、功能与政策上的优势更加明显。

Section 4

第四节　保税货物的通关业务

一、保税货物监管的特征与要求

（一）批准保税

保税货物必须经海关批准，别的部门无权批准。海关批准货物保税的原则，包括以下三个。

1. 合法经营

货物合法、方式合法、企业合法、证件合法。

2. 复运出境

所有的保税货物经过加工、装配之后，应该复运出境，并且要进出基本平衡。

3. 可以监管

加工环节、进出境环节，都可以受到海关的监控。

（二）进口环节暂免纳税

保税货物未办理纳税手续进境的，属于暂时免纳税费，而不等于免税，待货物最终流向确定之后，海关再决定征税或免税。

（三）监管延伸

1. 地点的延伸

凡是储存、加工、装配的地点，都是海关监管的地点。

2. 时间的延伸

自提取货物之日起，到完成仓储、加工、装配后复运出境或结关之日止，不同保税货物的有关规定，如表5-1所示。

表5-1　不同保税货物的有关规定

保税的种类	准予保税的期限	申请核销的期限
加工贸易保税货物	不超过一年	延长的最长期限为一年
仓储保税	最长为一年	延长的最长期限为一年
保税物流（港）区域保税期限	货物存储时间无期限，但是有条件	

（四）核销报关

在备案合同期满或加工产品出口后的一定期限内，经营单位应当持有关加工贸易登记手册、进出口货物报关单及其他有关资料，向合同备案海关办理核销手续，海关对于保税货物的进口、储存、加工、使用与出口情况，进行核实并且确定最终征免税意见之后，对该备案合同予以核销结案。

1. 储存类保税货物

（1）运往国外，免税。

（2）进入国内市场的货物，补缴税款。

2. 加工贸易保税货物

（1）加工成品出口国外的，经核销该货物免税。

（2）加工成品销往国内的，经批准该货物缴纳相应的关税、增值税、消费税。

（3）剩余料件，按照规定进行处理。

二、保税货物的通关程序

保税货物的通关程序为：备案申请保税—进出境报关—报核申请结案。

（一）备案申请保税（前期阶段）

保税货物进口之前，货物的收发货代理人等，要向海关提出将要进口货物的保税申请，当海关给予批准之后，所进口的货物才能够保税。

目前，海关对企业申请进口的保税货物要进行审核、备案，便于海关今后的监管与统计。

（二）进出境报关（中期阶段）

同一般的进出口货物一样，在进出境时，都必须进入进出境报关阶段，一般进出口货物的进出境报关阶段，包括四个环节：申报—查验—缴纳关税—海关放行。而保税货物是要经过进入进出境报关阶段的，有所不同的是，不进入第三个环节，也就是不进入纳税环节。保税货物的海关放行并没有结关，保税货物要进入海关监管阶段。

（三）报核申请结案（后期阶段）

1. 报核申请结案

根据企业在海关的备案，当加工合同完成后或储存货物复运出境以后，企业要向海关申请对进口的保税货物进行核销结关。

在这个阶段，具体的环节为：企业报核—海关受理—实施核销—结关销案。

2. 海关监管

保税货物自完成通关之日起，直到核销之日截止，要始终处于海关的监管之下，所以，保税货物要经过海关报核申请结案。

三、保税货物的通关单证

（一）必备单证

1. 进出口货物报关单、进出境货物备案清单。
2. 提运单（海运提单、空运提单、铁路运单等）、进出仓单、进出厂单。
3. 商业发票。
4. 商业运箱单（码单、明细单）。
5. 合同协议。
6. 报关单证证明联签发打印申请表。

（二）其他的单证

1. 报关委托书（代理报关适用）。
2. 进出口转关申请单（进出口转关适用）。
3. 仓储协议（保税仓储货物适用）。
4. 加工贸易登记手册（加工贸易进出口货物适用）、征免税证明或登记手册（免税货物适用）。

四、保税物流园（港）区的通关模式

保税物流园（港）区与保税区通关方面的区别，如表5-2所示。

表5-2　保税物流园（港）区与保税区通关方面的区别

对比项目	保税物流园区	保税区
国内货物进区视同出口	是	否
打印退税联	出口报关完成便可	需要跟踪到货物出境
出境报关	仅一次出境备案	需要两次出境备案
出口报关	仅一次出口报关	一次出口报关与一次进区报关
区内企业自用设备、办公与生活消费用品的产品认证	免予强制性产品认证，免予实施品质检验	必须强制性产品认证
集装箱业务	可以拆、拼箱，并无堆存时间的限制	中转集装箱只能整箱地进出，并且要求14天必须报关

（一）保税物流园区的通关模式

1. 保税物流园区与区外

园区货物运往区外的视同进口，园区企业或区外收货人（或其代理人）要按照进口货物的有关规定，向园区主管海关申报，海关按照货物出园区时实际监管方式的有关规定进行办理。区外货物运入园区视同出口，由园区企业或者区外发货人（或其代理人）向园区主管海关办理出口申报手续。

归属于应征收出口关税的商品，海关要按照有关规定征收出口关税；属于许可证件管理的商品，应当同时向海关出具有效的出口许可证件，但是法律、行政法规、规章另有规定，在出境申报环节提交出口许可证件的除外。园区企业在区外从事进出口贸易业务，并且货物不实际进出园区的，可以在收、发货人所在地的主管海关或者货物实际进出境口岸的海关，办理申报手续。除了法律、行政法规、规章规定不得集中申报的货物以外，园区企业少批量、多批次进、出货物的，经过园区主管海关批准可以办理集中申报手续，并且适用每次货物进出口时海关接受该货物申报之日实施的税率、汇率。集中申报的期限，不可以超过一个月。

2. 保税物流园区与其他海关特殊监管区域

保税物流园区之间、保税物流园区与保税区、出口加工区、保税港区、保税物流中心（A型、B型）、保税仓库与已经实行国内货物入仓环节出口退税政策的出口监管仓库等海关特殊监管区域或监管场所之间往来的货物，要继续实行保税监管，不予签发出口货物报关单证明联。

但是，货物从未实行国内货物入区（仓）环节出口退税制度的海关特殊监管区域，或者保税监管场所转入园区的，要按照国内货物实际离境的有关规定办理申报手续，由转出地的海关签发出口货物报关单证明联，即办理报关与出口退税手续。园区与上述海关特殊监管区域、保税监管场所之间的货物交易、流转，无须征收进出口环节与国内流通环节的有关税收。

（二）保税港区的通关模式

通关模式属于海关特殊监管区域，由海关实行封闭式管理。监管手段，包括物流围网和信息围网。2007年9月3日，海关部署以第164号部署令对外公布了《中华人民共和国保税港区管理的暂行办法》（以下简称《办法》），于2007年10月3日起正式实施，2010年3月修正。《办法》的实施，标志着保税港区的开发运营与管理进入了法制化阶段。

保税港区的通关模式，具有以下各项特点。

1. 分类申报，突出重点

《办法》第十六条规定："海关对保税港区与境外之间进出的货物实行备案制管理，对从境外进入保税港区的货物予以保税，但本办法第十七条、第十八条、第三十九条规定的情况除外。"也就是说，进口的一般货物是采用备案清单申报，减免税货物采用报关单申报，还有部分货物等采用舱单申报。

2. 实行集中申报

《办法》第二十五条规定："经海关核准，区内企业可以办理集中申报手续。实行集中申报的区内企业应当对1个自然月内的申报清单数据进行归并，填制进出口货物报关单，在次月底前向海关办理集中申报手续。集中申报适用报关单集中申报之日实施的税率、汇率，集中申报不得跨年度办理。"

3. 企业可以选择申报地

这也是外贸法实施以后，进一步落实企业进出口经营权的一种体现。《办法》第十五条对此做了专门的规定："进出境口岸不在保税港区主管海关辖区内的，经保税港区主管海关批准，可以在口岸海关办理海关手续。"

4. 区内货物监管实行以查代核

《办法》第三十一条吸收了海关部署开展的加工贸易监管作业"流程再造"与特殊监管区域"以查代核"的课题研究成果，规定："海关对保税港区内加工货物不实行银行保证金台账、合同核销，不执行单耗标准。"海关根据货物的进、出、转、存情况，实施核库、核查，为保税港区率先实现"以查代核"的管理模式提供了法律依据。

5. 货物存储时间无限期，但是有条件

《办法》借鉴了国际的通行做法，对货物不设存储限期，但是为了避免出现无主、放弃或品质超期存放的货物，而无法得以有效处理的情况，做了"但书"的限定，"存储限期超过2年的，区内企业应当每年向海关备案。因货物性质与实际情况等原因，在保税港区

继续存储会影响公共安全、环境卫生或者人体健康的，海关应当责令企业及时办结相关海关手续，将货物运出保税港区”。这种规定，企业满足了利用保税制度、没有时间限制寻求国际市场的要求，又设定了一定的条件，克服了保税区与保税物流园区无主货物难以处理的弊端。

Section 5

第五节　保税仓储与配送业务

一、保税仓储业务

保税仓储业务是比较大众化、最通用的一种业务，是所有保税区的一项基本功能，也是其他区内业务的基础。保税仓库是物流分拨的中转站，同时也是简单加工的场所。保税仓储业务的区别在于，各地区针对的产品种类不一样。保税仓储辅助的物流功能是供应商库存管理，主要是针对大多数的进口原材料与零配件。保税仓储业务的内容如表5-3所示。

表5-3　保税仓储业务的内容

<table>
<tr><th colspan="2">业务</th><th></th><th>主要业务</th></tr>
<tr><td rowspan="3">进货</td><td rowspan="2">进货检查</td><td>商品检查</td><td>1. 进货商品与进货清单的核对
2. 数量核对</td></tr>
<tr><td>入库准备</td><td>1. 质量检查（根据不同的发货方案实行全品检查、部分检查和无检查）
2. 保管条形码的贴附（固定放货时标示货架号）</td></tr>
<tr><td>入库作业</td><td>保管场所标示</td><td>1. 在流动场所置货时，输入入库商品的货架号之后保管
2. 在固定场所置货时，在贴附条形码的货架中保管</td></tr>
<tr><td rowspan="3">保管</td><td rowspan="2">保管业务</td><td>数量管理</td><td>1. 检查在库数量是否适当（补充发货等）
2. 保持正确的账单记录（核查账单与实物是否一致）</td></tr>
<tr><td>质量管理</td><td>检查是否存在长期滞留品</td></tr>
<tr><td>发货准备</td><td>流通加工</td><td>1. 按照客户的要求，进行包装纸业
2. 根据客户的要求，贴附价格标签</td></tr>
<tr><td rowspan="3">发货</td><td rowspan="2">发货作业</td><td>备货</td><td>1. 根据装箱商品与小件商品划分备货
2. 备货品与客户订单核对（商品号、数量、配送对象）</td></tr>
<tr><td>分拣包装</td><td>1. 根据不同的配送对象分拣包装
2. 发货单、运送单等单据的制作</td></tr>
<tr><td>配送</td><td>配车安排</td><td>1. 安排与发货预订数量相符的车辆
2. 货车载积品的确认</td></tr>
</table>

（一）保税物流入库业务的流程与单证

1. 入库业务流程

客户提供所需单证→保税仓库审核加盖公章→海关审批后同意入库并盖章→保税仓库代办通关手续→海关放行→货物入库→单货相符收货（单货不符要报告海关）→在报关单上签章并且提交海关→台账、实物账核销。

2. 入库所需单证

货主或其代理人（外商），与保税仓库需要签订仓储协议、货物发票、提单、装箱单、卫生证或其复印件、产地证或其复印件、海关及检验检疫部门需要的其他单证。

（二）保税物流出库业务的流程与单证

1. 出库业务的流程

客户提供所需单证→保税仓库审核加盖公章→海关审批后同意出库并盖章→保税仓库代办通关手续→海关放行→单货相符货物出库→台账、实物账核销。

2. 出库所需的单证

原货物发票、提单（重新制作）、原装箱单、入库时的进口报关单、进口报关单、场站收据（下货纸）、海关及检验检疫部门需要的其他单证。

（三）流通加工

除保税储存进出口货物及其他未办结海关手续的货物之外，保税物流园区还可以对所存货物开展流通性的简单加工与增值服务，即不改变货物化学性质的服务作业，包括分级分类、分拆分拣、分装、组合包装、改换包装、打膜、加刷条码、刷贴标志、拼装等具有商业增值的辅助性作业以及检测维修等。但是，园区内不得开展商业零售、加工制造、翻新、拆解，以及其他与园区无关的业务。

二、国际配送业务

国际配送，是指在一定范围内，根据用户要求，对于物品进行拣选、加工、包装、分割、组配等作业，并且按时送达国内外指定地点的物流活动。

（一）国际配送的特点

与区域配送、城市配送相对比，国际配送具有以下各项特点。

1. 国际性

国际配送以邻国之间的配送为主，因而归属于国际物流的范畴。国际配送要跨越不同的地区与国家，跨越海洋与大陆，运输的距离长，以海运为主，这就需要合理选择运输路线与运输方式，尽量缩短货物的运输距离与货物的在途时间，加速货物的周转，以降低物流成本。

2. 复杂性

由于各国社会制度、自然环境、经营管理方法以及生产习惯不同，国际配送不仅仅使得地域与空间的范围变大，而且所涉及的多种内外因素也更多，难度必然加大，风险也更多。

3. 标准化

国际配送的标准化，主要是体现在配送工具与设施的统一标准上，比如，集装箱与托盘统一规格及条形码技术等。

4. 精细化

为了适应各制造厂商的生产需求，以及多样、少量的生产方式，国际物流的高频度、小批量的配送方式，也随之产生。早在20世纪90年代，台湾电脑业就创建了一种“全球运筹式产销模式”，是采取按客户订单分散生产的形式，将电脑所有零部件、元器件与芯片，外包给世界各地制造商去生产，然后通过国际物流网络，将这些零部件、元器件与芯片集中到物流配送中心，再由中心发送给电脑生产厂家。

此外，国际配送还具有配送时间性强，配送对象主要是超大型用户（比如区域配送中心与跨国工商企业集团），经营规模大，辐射范围广，配送设施与设备机械化、自动化与信息化程度高等特点。

（二）国际配送的分类

1. 按照实施配送的结点不同进行分类，包括保税仓库配送、保税物流中心配送、保税港区配送等。

2. 按照配送商品的种类与数量的多少进行分类，包括单（少）品种大批量配送、多品种少批量配送、配套成套配送等。

3，按照配送时间与数量的多少进行分类，包括定时配送、定量配送、定时定量配送、定时定路线配送、即时配送等。

4，按照经营形式的不同进行分类，包括销售配送、供应配送、销售—供应一体化配送、代存代供配送等。

（三）配送模式

1. 进口分拨

它是指利用保税区“境内关外”的特性与“免税、免证、保税”的优惠政策，将货物直接从境外“备案”后进入保税区内仓库。经过存储、分拣或者简单加工等不改变货物海关编号的操作之后，根据国内、国外不同客户的需求，办理进口至国内或者出境至国外的出库手续。

此种模式既可以是全部进口分拨，也可以是部分进口分拨、部分分拨出境。该模式具有以下各项特点：一是进口环节大批量，而进入国内市场则是采用“多批次、小批量”的方式；二是物流运作的主体比较多元化，既有跨国公司与专业化国际企业在保税物流园区设立的分支机构，也可以由其中国的代理商负责，或委托保税物流园区内的物流企业进行物流运作。

2. 出口集拼

出口集拼是指多家供应商货物出口到保税物流园（港）区，进行集拼之后，出境到国外客户。

此种模式具有以下两大优势。

（1）出口集拼适合于各种性质的企业进行集拼

比如，A工厂为国内的一般贸易客户，出口需要退税；B工厂是加工贸易企业，需要出口核销；C工厂是国内没有进出口权的工厂，出口只能买单报关。采购商希望将这三种性质企业的产品集拼之后出口，国内普通仓库则不能完成这种形式的集拼，但是保税区可以解决以上问题。三间企业分别送货到保税区，A工厂的货物出口到保税区之后即可办理退税，B工厂是加工贸易企业，货物出口到保税区之后即可核销，C工厂没有进出口权即买单出口，物流公司可以协助调汇进境。

（2）境内外货物同时可以在保税区集拼，境外货物免税并且自由通关进入保税区

货物拼装出口，既可以同时是国内生产的成品进行组合拼装，也可以是国外进口的与国内生产的成品一起组合拼装。比如，国内供应商A将出口鼠标到保税区，国内供应商B出口散热器到保税区，台湾供应商C经过香港码头送货到保税区（或是经过深圳码头转关到保税区），在这个过程中，A、B供应商出口到保税区可以退税或核销，台湾供应商C免税并且自由通关进入保税区。另一包材供应商将包材出口到保税区，对上述的套件进行包装、分拣、贴唛等简单加工内容。

此种模式具有以下各项特点。

（1）国内出口商品进入保税物流园区的是少品种、大批量的物流，而离境的物流则是

经过集配与优化运输选择的多品种、大批量、多方向的物流。

（2）物流运作的主体，也比较多样化。

（四）配送作业的内容与程序

国际配送是指国外货物通过海运或其他运输方式，运进国内的保税物流园区以内，进行货物的分拣、商业性简单加工、批量换装之后，向国内配送。国际配送的运作流程如图5-1所示。

图5-1　国际配送的运作流程

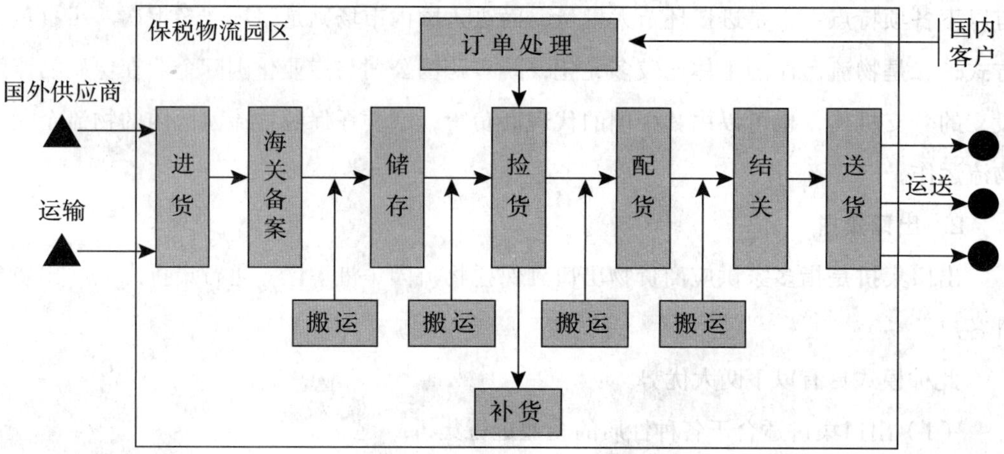

1. 进货作业的流程

进货作业包括将货品等物质做实体上的领取，从货车上将货物卸下，开箱，检查其数量、质量，然后将有关信息进行书面化等一系列工作，进货基本作业的流程，如图5-2所示。

图5-2　进货基本作业的流程

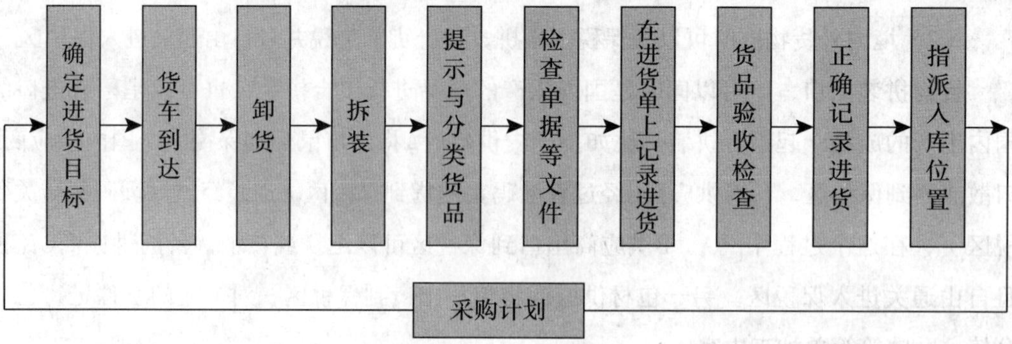

2. 订单处理的基本内容和步骤

从接到客户订单开始，到着手准备拣货之间的作业阶段，称为订单处理。通常包括订单资料的确认、存货查询、单据处理等内容。图5-3显示了订单处理的基本内容与步骤。

图5-3 订单处理流程

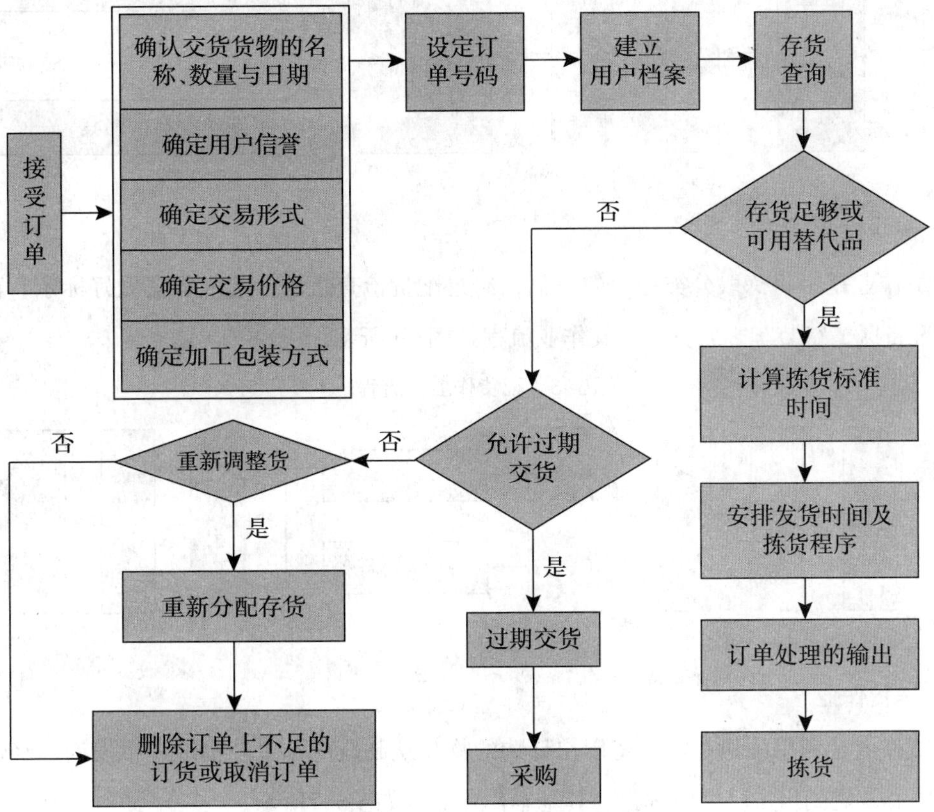

3. 拣货作业

拣货作业是指依据客户的订货要求或配送中心的作业计划，尽可能迅速、准确地将商品从其储位或其他区域拣取出来的作业过程。

拣货作业按照实际作业情况，大致分为拣货资料的形成、行走或搬运、拣货、分类与集中四个部分，其工作流程如图5-4所示。

图5-4 拣货作业的流程

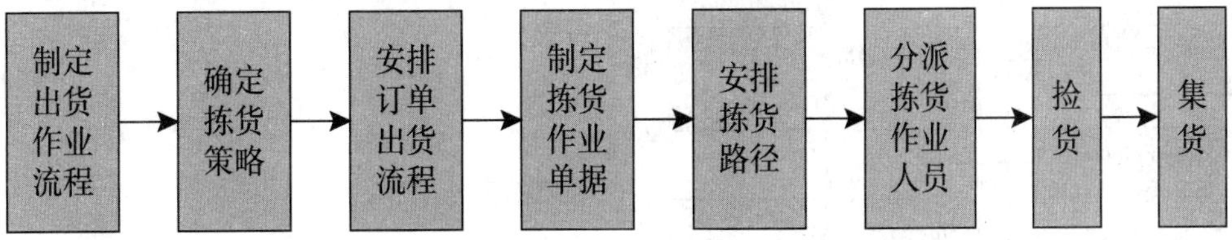

4. 补货作业

补货作业是将货物从仓库保管区域搬运到拣货区的工作。补货方式包括整箱补货、托盘补货与货架上层—货架下层补货。图5-5显示了一般补货作业的流程（以托盘补货为例说明）。

图5-5 补货作业的流程

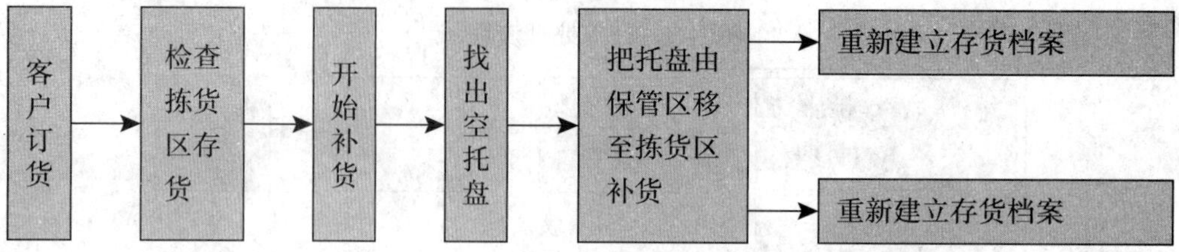

5. 配货作业

配货作业是指将拣取分类完成的货品，经过配货检查之后，装入容器做好标示，再运到配货准备区，待装车之后发送。其作业流程如图5-6所示。

图5-6 配货作业的流程

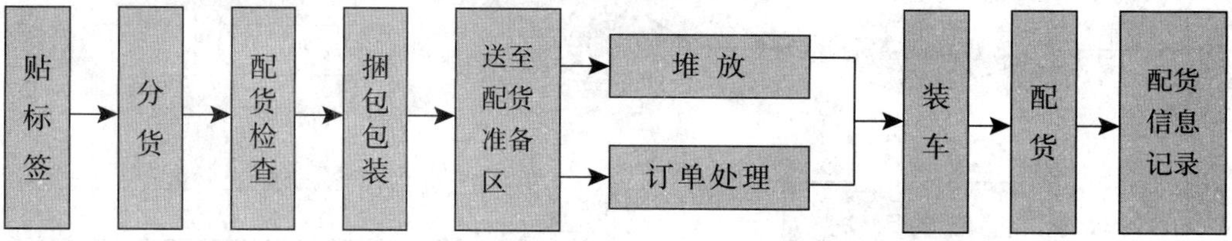

6. 送货作业

送货作业是利用配送车辆，将用户订购的物品从制造厂、生产基地、批发商、经销商或配送中心，送到用户手中的过程。其基本作业流程如图5-7所示。

图5-7 送货作业的流程

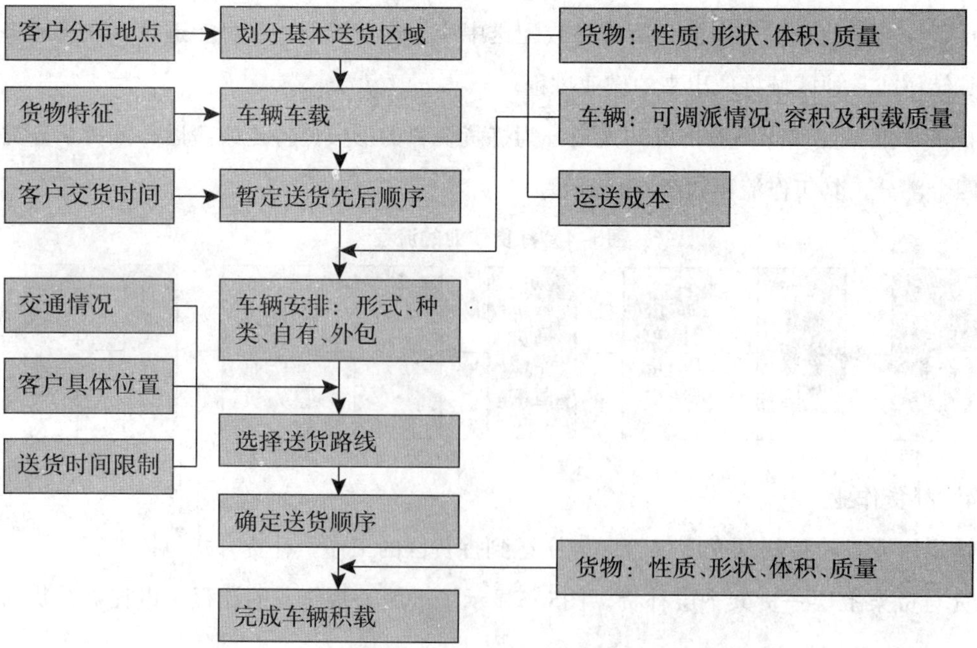

（五）二次拼箱通关业务

出口集装箱货物的二次拼箱（以下简称“二次拼箱”），是指国际转运货物、出口转关货物与其他出口货物在境内的重新组合拼箱，并且在拼箱之后再运往境外。

在下面的内容中，参照上海海关于2003年6月15日制定并实施的《上海海关出口集装箱货物二次拼箱监管办法（试行）》为例，来说明海关的监管。

1．拆拼箱作业场地应当具备的基本条件

主管海关负责在其管辖的拆拼箱作业场地内，开展二次拼箱业务的经营单位（以下简称“经营人”）的审批。经营人应当是受到国际航行船舶所有人委托，并且已经办理海关注册登记的航运代理企业。

2．报关单证

二次拼箱货物的海关审单、查验、放行与结关核销等通关作业手续，都要按照现行的管理办法与作业流程办理。经营人应当在需要二次拼箱的国际转运、出口转关与其他出口货物办妥相应的海关放行手续之后，向其主管海关申请办理二次拼箱货物的出运手续。办理之时应当递交以下单证：已经预录入的“出口二次拼箱货物清单”一式三份，拼箱理货报告，已经签发的国际转运集装箱装船验放单（无转运货物则免交），已经签发的中转通知书（无中转货物则免交），已经签发的场站收据（无转关或出口货物则免交），出口查验／放行通知（无EDI无纸报关出口货物则免交）。经过海关核准，除了“出口二次拼箱货物清单”一份由经营人留存，另一份由经营人交由港务部门凭此装船出运以外，其余的单证由海关留存。

3．货物存在期限

二次拼箱货物为海关监管货物。拆拼箱作业场地存放货物的期限为三个月，如果有特殊情况可以向海关申请延期，但是延长期限最多不得超过三个月。货物存放期满仍然不出运，也不办理有关手续的，由海关按照《中华人民共和国海关法》及有关规定进行处理。

Section 6

第六节　国际中转与采购业务

一、国际中转的相关基本概念

根据《中华人民共和国海关法》的规定，“过境、转运和通运货物”，都是由境外起运，通过中国境内继续运往境外的货物，即“两头在外，途经我国的货物”。

（一）过境货物

过境货物（Transit Goods），是指由境外起运、通过我国陆路运输，无论是否换装运输工具，继续运往境外的货物。

（二）转运货物

需要注意的是，广义的转运既包括“一头在内、一头在外”，经由我国口岸或国外口岸中转的转运，也包括“两头在外”，经由我国口岸中转的转运。

1. “一头在内、一头在外”，经由我国口岸中转的转运，通常称为国内中转或转运。

2. “一头在内、一头在外”，经由国外口岸中转的转运，或者“两头在外”，经由我国口岸中转的转运，通常称为国际转运。

根据海关法的规定，转运货物（Transshipment Goods），是指由境外起运、在境内设立海关地点换装运输工具，不通过境内陆路运输而继续运往境外的货物。

显然，海关法下的转运仅是指“两头在外”、经由我国口岸进行的国际转运。如果转运的货物为集装箱货物，则俗称为“国际中转箱”，即由境外起运，经我国中转港换装国际航线船舶之后，继续运往第三国或地区指运口岸的集装箱。同时，由于在我国境内进行不同种运输方式之间的转运，必然会涉及境内陆路运输，这显然属于过境货物的范畴。因此，海关法下的“转运”仅是指同一种运输方式之间的转运，比如，转船、转机（飞机）、转车（火车、汽车）。此外，由于各国之间贸易或货物的原因所产生的国际货物转运，大多为船舶之间的转运，故而“转运”与“转船”二者之间往往可以相互替代。

（三）通运货物

通运货物（Through Goods），是指由境外起运，用船舶、航空器载运进境并且由原运输工具载运出境的货物。

过境、转运与通运货物的区别，如表5-4所示。

表5-4 过境、转运与通运货物的区别

项目	过境货物	转运货物	通运货物
起运地	境外	境外	境外
目的地	境外	境外	境外
托运人	境外货主	境外货主	境外货主
收货人	境外货主	境外货主	境外货主
是否已经办理进出口手续	未办理	未办理	未办理
是否通过境内陆路运输	通过	不通过	不通过
是否换装运输工具	不换装，同一种或不同种运输方式之间的换装	同一种运输方式之间的换装	不换装
进出境运输工具	车、船、机	车、船、机	船舶或飞机
海关监管目的	防止货物在口岸换装中混卸进口或混装进口	防止货物在口岸混同进口货物卸地并且监管其原状，如数运出境外	防止货物在口岸混同进口货物卸地并监管其原状，如数运出境外
海关查验	外型查验	外型查验	外型查验

二、转运货物的海关监管

（一）准许办理转运的货物

具备下列条件之一的货物，可以准予办理转运。

1. 持有通运或联运提单的。
2. 进口载货清单内，已经注明是转运货物的。
3. 持有普通提单，但是于起卸之前已经向海关声明转运的。
4. 误卸的进口货物，经过运输工具经理人提供确实证件的。

5. 因特殊情由申请转运，经过海关核准的。

（二）禁止转运的货物

1. 来自或运往我国停止贸易国家和地区的货物。

2. 我国法律、法规禁止进出境的货物与物品。

3. 国际禁运的货物。

此外，国际转运集装箱及其货物，不可转为进口货物，进口货物也不可转为国际转运。

（三）通关的程序与单证

参照《大连海关海运国际转运货物监管操作规程》的规定，国际转运货物进境地、出境地，虽属同一市级行政区域，但不属于同一海关管辖的，转运货物必须由在海关备案登记的监管车辆承运。手续的办理包括以下各项。

1. 船舶代理公司向进境地海关递交单列的转运货物进境舱单一式三份，由进境地海关加盖“国际转运单证章”。一份由进境地海关留存，一份做关封交于船舶代理公司，另一份再加盖“国际转运单证章”交于专用堆场，专用堆场凭此放货出港。

2. 国际转运货物运至出境地海关之后，船舶代理公司向出境地海关提交关封，填写国货物转运准单一式两份与转运货物放行通知单一式两份，出境地海关核对相关单证，无误之后在转运货物放行通知单上加盖“转运货物放行章”，专用堆场凭此将货物装船。

3. 船舶代理公司在船舶离境之后的3日内，向出境地的海关递交单列的国际转运货物出境舱单，理货公司在船舶离境24小时以内，向海关递交理货报告。

4. 出境地海关要核对出口清洁舱单是否与外国货物转运准单、出口理货单一致，不符的要修改数据，有走私违规行为的要交缉私部门处理，对于一致的则核销存档。在船舶离境5日内将一份外国货物转运准单做关封，交由进境地海关核销存档。

三、国际采购

（一）国际采购的概念与主要趋势

国际采购是指采购的国际、国内货物进入区内，经过出口集运的综合处理与商业性简单加工之后，向国外分销。

国际采购的发展趋势，体现在以下四方面。

1. 集中采购的趋势非常明显。

2. 整合供应商以获得成本优势。

3. 为与供应商互动，全球制造商迅速采用基于IT系统的采购流程，比如，在线询价与在线拍卖变得越来越普遍。

4. 在中国设立国际采购中心。

（二）国际采购服务的概念和内容

国际采购服务是指采购代理商接受客户的委托，处理供应商的物流、资金结算、供应商管理，按照订单需求准时送达指定地点的过程。

国际采购服务的内容，主要包括以下各项。

1. 采购商寻找

是指帮助国内制造商找到更多海外采购商。

2. 供应商管理

是指随时跟进供应商的进度，保证交货时间。

3. 采购执行服务

是指为企业寻找最合适的供应商、最优惠的快递公司，降低企业的国际采购成本。

4. 资金结算

提供在国际采购中的币种兑换、前期资金垫付等服务。

Section 7

第七节　“园区一日游”业务

一、“园区一日游”的概念和形成原因

“园区一日游”即保税物流园区“国货复进口”，是目前园区开展最繁忙的业务之一。

“国货复进口”的全称为“国货出口复进口”，它是指在中国生产制造，并且已实际出口离境的原产于中国的货物，在未进行加工改变货物状态的情况下，因某些原因需要重新中转复运入境。通俗地来说，就是重新进口已经出口的中国产品。具体做法是国内的产品在办理出口手续之后离境，然后又办理进口手续进口。中国的香港是贸易自由港，所以国货的出口复进口，一般是在香港完成的，对此业内称为“香港一日游”，即产品在香港一日之内实现了出口与进口活动。

随着内地保税园区、保税物流中心的建立，出口复进口在内地便可以实现，“区内一日游”代替了“香港一日游”。原因是保税物流中心、保税港区是“境内关外”的海关监管区，国内货物进入则视同出口，再进入国内则为进口，货物在保税仓库里转一圈之后，就可以实现出口与进口。

导致“园区一日游”快速增长的最主要原因，是经济全球化导致的企业生产经营方式的全球化，其次是我国的税收政策因素，而纯粹的对于减少税赋的追求，尽管存在却并不是主流。

（一）跨国公司的全球化统一管理

随着全球经济一体化进程的加快，第三方物流服务的理念——全球采购、全球配送、全球分销的物流模式，已经被越来越多的企业所采用。许多跨国公司为降低交易成本，实现公司内部分工的全球资源配置最优化与整体利益最大化，而进行大规模的跨国生产、经营与进出口销售，由其配送中心在全球范围内的旗下子公司，调配生产料件与产品。

随着我国逐渐成为世界的制造基地，大量产品在我国生产，由于产品销售权、货物所

有权都是由跨国公司总部或者专业贸易商所控制，因而，随着我国日益成为重要的消费市场，国外企业将总部迁到我国，纷纷将采购与目标市场转向我国国内，其中既有从境外采购国货用于生产的，也有其产品作为国货出口后再销售给国内其他客户的。

（二）规避税收政策以减免税费

针对现行出口退税、关税倒挂等政策与办法，企业为了追求利润最大化而选择“园区一日游”。

1. 争取享受到出口退税政策

我国的加工贸易深加工结转税收政策，促使企业采取出口复进口的方式。根据《国家税务总局关于外商投资企业执行免抵退税政策有关问题的通知》（国税函【1998】432号）的有关规定，外商投资企业以进料加工贸易的方式加工货物，销售给非外商投资企业出口的，或者生产企业的进口料件加工成品不直接出口，而是转给其他生产企业再加工装配后出口的，都视同内销。这就意味着，进料加工成品未直接复出口至海外市场的，而在国内结转至另一企业进行深加工（报关未离境），不能办理“免、抵、退”税，应当将结转产品视同内销，按照相应的税率征收销项税。

由于税收政策对出口企业进料深加工结转按照内销征税，即上游企业会因内销保税料件而被要求补税，而下游企业因为从国内进料而被事先征税，待货品出国才能将税退还，从而给企业带来了额外的资金占压。因此，企业或为了减少征税退税时间差造成的资金占压，或避免跨省区结转的繁杂手续，转而采取出口复进口的方式，来规避税务部门对加工贸易深加工结转税收实行的“先征后退”之政策规定。

2. 避免部分产品的关税倒挂

近几年，我国对部分电子产成品实行零关税进口政策，但是生产这些产品的原材料、零部件进口税率不变，进口料件与成品关税的税率倒挂（进出口税率有差别，进口元器件税率高于成品税率）。企业以加工贸易保税的方式进口原材料与零部件，加工成为符合零关税标准的产品，先出口复进口，从而避免了缴纳这些商品的关税。

3. 避免部分产品的出口退税倒挂

是指退税率有差别，半成品退税率高于成品退税率。例如，加工企业欲将宽卷钢加工成为窄带钢出口，由于宽卷钢的退税率高于窄带钢的退税率，故可以将宽卷钢进行“园区一日游”，以完成其退税，下游企业以手册进口宽带钢加工成窄带钢出口。

4. 避免部分产品的退税与关税倒挂

是指退税率与关税率有差别，退税率高于关税率。例如，零关税的进口设备，直接内销无退税，为此，可以出口至保税物流中心进行“一日游”，从而获得退税。

5. 加工贸易的成品中含国产料件

例如，某加工企业A生产的产品，需要许多的进口料件，B企业是其中一个进口料件的国内供应商，如果B企业直接供货给A，则B企业无法得到退税，但是如果B企业先将料件出口至保税物流中心，再由A企业进口此料件，则B企业可以顺利得到退税。

6. 为了立即退税

非保税区企业，其产品出口到保税区虽然视同出口，但是无法获得退税。因此，通过“一日游”可以实现入区退税。

（三）其他原因

1. 试销期退货

国际销售市场的竞争加剧，以赊销方式出售的国际产品由于销售不畅，在合同约定的试销期退货引发复进口。

2. 出口国缺乏维修机构

可能是已经出口国外的产品，在国外没有合适的维修机构，在产品出现故障之后需要运回国内维修，从而引起复进口。比如，某工厂出口一批玩具到美国之后，因为包装问题需要退回，国内的厂家一时无法向海关申请到质量不符退运的批文，工厂选择了将货品由国内工厂直接运入天津保税加工区仓，在仓库中改换包装，改换完毕之后装柜交由天津港码头重新运往美国。

3. 利润转移

跨国公司的订单中心大都是在海外，许多企业在第一次商品交易时，会故意压低出口成品价格，大概等于境内工厂买物料的费用。如此一来，产成的利润大都留在了境外，从而使得境内工厂推迟进入“获利年度”，增加享受减免所得税的年限，获得更大的税收利益。

目前，保税物流园大多也是以“一日游”为主。除了上海与深圳以外，其他保税物流园的“一日游”业务，都占到八成以上。上海因其特殊的地理位置与经济环境，在目前已经逐渐成为跨国企业在亚洲的采购中心，其保税物流园的高端物流业务发展比较好，但是即便如此，“一日游”业务也仍然占到五成。而深圳的情况比较特殊，由于其毗邻香港，使得它的“一日游”业务比较少，所以保税物流园区主要是继承了原来保税区的业务。

然而，随着国家出口退税政策的调整，这种几乎没有任何附加值的“一日游”业务势必会萎缩，因此，保税物流园区的未来发展方向，在于发挥“区港联动”的优势，在国际采购、国际配送、国际中转等高端物流业务领域中实现突破。

二、“园区一日游”的成本效益分析

（一）来料加工业务利用保税区的经营成本分析

在下面，简要地分析加工企业从国内采购原材料，并且经由“园区一日游”的经营成本变化。

1. 在来料加工贸易中，国内采购原材料所支付的增值税，需要计入产品的生产成本，构成出口加工企业的主要成本负担。

假设国内采购原材料不含税价：\$20，国内原材料税率：17%，国内原材料退税率：13%。则国内采购进项税额不予退税，出口加工企业转生产成本为\$20 × 17%=\$3.4。

但是如果经由“园区一日游”，则能免税进口料件，故而不会发生上述的生产成本。

2. 由于增值税征税率与出口退税率的差异，不能抵扣与退税的国内采购材料的进项税，是出口企业重要的成本负担。

假设产品出口价格：\$100，保税进口原材料价格：\$60，国内采购原材料不含税价：\$20，出口征税率：17%，出口退税率：13%。

则出口加工企业当期免抵退税不得免征与抵扣税额=（出口货离岸价-免税购进原材料价格）×（出口货物征税税率-出口货物退税率）=（\$100-\$60）×（17%-13%）=\$1.6。

假设上述国内采购材料经由“园区一日游”，则出口加工企业当期免抵退税不得免征与抵扣税额=（出口货离岸价-免税购进原材料价格）×（出口货物征税税率-出口货物退税率）=（\$100-\$80）×（17%-13%）=\$0.8。

由此可见，经由“园区一日游”可以成功地节省经营成本。

（二）境内一日游与境外一日游成本的比较

物流园区的“一日游”业务，最大的好处是缩短了采购与退税时间，加速了企业的资金周转，实现了成本控制，从而改变了以往的“香港一日游”“韩国一日游”，大大降低了企业的时间与运输成本，往往能够大大地降低物流采购成本，有效提高其市场竞争力，对于其相关贸易及产业产生较大的拉动作用。

三、"园区一日游"的作业模式

（一）按照材料的来源与成品销售地点分类

1. "两头在外模式"

是指生产所用的原材料全部在海外采购，生产的产品全部销售到海外。（手册核销—手册核销）。

2. "两头在内模式"

是指生产所用的原材料，全部在国内其他加工贸易企业处采购，生产的产品全部销售给国内的其他加工贸易企业。（深加工结转：手册核销—手册核销）

3. "保税内销模式"

是指生产所用的原材料全部在海外采购，生产的产品全部销售在中国国内。（手册核销—一般贸易）

4. "非保外销模式"

是指生产所用的原材料全部在中国国内采购，生产的产品全部销售海外。（一般贸易—一般贸易）

5. "委托加工模式"

这种模式又包含"接受委托模式"与"委外加工模式"两种。所谓的"接受委托模式"就是接受其他企业的生产所用原材料，并且生产的产品全部返回给该企业的模式。所谓的"委外加工模式"，是指委托其他企业生产产品，并且提供全部原材料的模式。

（二）按照企业的类型分类

可以分为三种交易类型：加工贸易型企业之间，一般贸易企业之间，一般贸易企业与加工贸易型企业之间。

1. 加工贸易型企业之间

其中如果交易货物的海关编码相同，可以进行深加工结转；如果海关的编码不同，则需要通过保税加工区转厂处理，其间，根据编码不同的程度（是大类不同还是小类不同），需要采用不同的转厂方案。

2. 一般贸易企业之间

发货方企业需要退税，可以通过"一日游"解决这一问题。交货方式为：卖方——一般贸易企业将货物出口到物流园区或出口加工区（达到退税或交货目的），买方——一般贸易企业报进口。

3. 一般贸易企业与加工贸易型企业之间

根据收发货的不同，可以细分为以下两种情况。

（1）发货方是一般贸易企业，收货方是加工贸易企业，交货方式为：卖方——一般贸易企业将货物出口到物流园区或出口加工区（达到退税或交货目的），买方——加工贸易企业用手册从物流园区或出口加工区报进口（只需要手册备案，无须交税）。

（2）发货方是加工贸易企业，收货方是一般贸易企业，交货方式为：卖方——加工贸易企业将货物出口到物流园区或出口加工区（达到手册核销目的），买方——一般贸易企业报进口。

四、“园区一日游”作业的流程

图5-8以简图的形式表现单证流、资金流与物流形态。

图5-8 “园区一日游”的业务流程

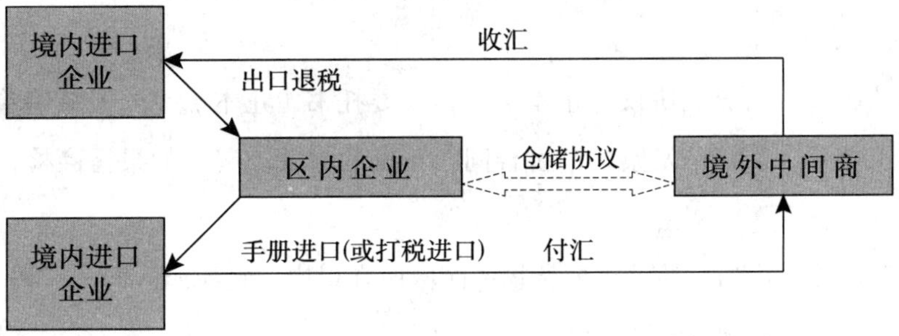

（一）贸易关系

境内出口企业（生产商）—境外中间商—境内进口企业。

在这种贸易关系中，最少有一个境外中间商的转手贸易行为，在资金流上体现为出口与进口申报金额的不平衡，中央财政部规定，国货在出口后复进口时的价格，一定是比原来高的。也就是说一单1000元的货物出口，复进口时必须报到1010元，用以实现外汇储备，从贸易统计中体现出来的是逆差。

（二）单证流

1. 出　口

境内出口企业（生产商）—境外中间商。

2. 进　口

境外中间商—境内进口企业。

在实际业务中，出口单证与进口单证是完全分开的，不存在交汇或重叠的地方，体现为完全分开的两段业务。

（三）资金流

逆向，在采用先行付款时体现为外汇核销流程：境内进口企业—境外中间商—境内出口企业。

在这个环节中，付汇环节是进口用户向其境外主体（没有中间商的情况下，直接向物流公司付汇），收汇环节即为小境内出口企业向境外中间商进行收汇。故而生产商与进口实际用户，在收结汇时的境外主体可以不固定，完成相关手续便可。

（四）物　流

目前采用保税物流园区的“复进口”作业，物流的流程简化，手续简单。

出口企业—保税物流园区—进口用户。

客户一般委托已经在园区注册的物流公司办理报关报检与物流事宜。

1. 上游发货人

交与物流公司一份仓储协议（正本），报关委托书（正本），外汇核销单，海关手册（进来料加工用），装箱单发票，销售合同，正确的海关编码。如果需商检，请提供商检通关单。

需要注意的是：出口方核销单要备物流园区所在口岸，物流园区海关代码。

报关，运输方式为物流园区，目的地为中国。

2. 下游收货人

报关委托书（正本），装箱单发票，海关手册（进来料加工用）。若需要商检，则需提供报检委托书及相应发票以及装箱单合同。需要注意的是：进口方手册备案时原产国备中国，上下游的箱单发票的品名、数量、件重尺要一致。

复习思考与讨论

1. 简述港口物流园区的概念。
2. 港口物流园区的特征有哪些？
3. 国外物流园区的发展现状是怎样的？
4. 我国港口物流园区的发展现状是怎样的？
5. 保税货物的概念与特征包括哪些内容？
6. 保税货物的分类包括哪些？

7. 保税物流的含义与特点包括哪些内容？
8. 保税物流实际运作中存在的问题有哪些？
9. 保税物流相关的企业有哪些？
10. 保税物流业务的内容有哪些？
11. 我国保税物流的监管体系情况是怎样的？
12. 保税物流中心的概念是什么？
13. 保税物流中心的功能与优惠政策有哪些？
14. 保税物流园区的概念是什么？
15. 保税物流园区的功能有哪些？
16. 保税物流园区的优势有哪些？
17. 保税港区的概念是什么？
18. 保税港区的功能有哪些？
19. 保税港区的优势有哪些？
20. 保税货物监管的特征与要求包括哪些内容？
21. 保税货物的通关程序包括哪些？
22. 保税货物的通关单证情况是怎样的？
23. 保税物流园（港）区的通关模式是怎样的？
24. 保税仓储业务的内容有哪些？
25. 国际配送业务的特点与分类，包括哪些内容？
26. 国际中转的相关基本概念是什么？
27. 转运货物的海关监管情况是怎样的？
28. 国际采购的概念与主要趋势是怎样的？
29. “园区一日游”的概念和形成原因是什么？
30. “园区一日游”的作业模式是怎样的？

CHAPTER 6

第六章

港口物流信息的管理

本章学习目标

1．港口物流信息的定义

2．港口物流信息的特点

3．港口物流信息的作用

4．港口物流信息的管理平台

5．港口物流管理的支持技术

6．国内港口信息化建设的现状与特征

7．国内主要港口的信息化建设状况

8．国外港口信息化建设的现状与特征

本章核心内容

港口物流信息化　港口物流系统　支持交易系统　支持决策分析　支持制定战略计划　货运代理信息管理系统　船舶代理信息管理系统　船务信息管理系统　航次结算系统　出口单证系统　出口运费系统　进口单证系统　集装箱管理系统　码头管理信息系统　电子数据交换　地理信息系统　全球定位系统

Section 1

第一节　港口物流信息概述

一、港口物流信息的定义

港口物流信息化，是指广泛地使用现代信息技术，管理与继承港口的物流信息，通过分析、控制港口物流信息流，来管理与控制物流、商流和资金流，通过有效开发利用信息资源，建设先进的信息基础设施，提高港口物流运作的自动化程度与港口物流决策水平，从而达到合理配置港口物流资源、降低港口物流成本、提高港口物流服务水平的目的。

随着经济全球化进程的加快与国际贸易的快速发展，现代物流在社会经济发展中的作用，已经日益凸显，成为企业第三利润的源泉。港口作为国际海陆间物流通道的枢纽，在现代物流链中处于越来越重要的战略地位，许多的大型港口积极向第三代港口发展转变，力图将自身建成全球货物贸易集散中心与综合物流服务基础。信息技术作为一种能够带来高效率的长期战略，在港口物流的竞争中得到了空前的重视。港口信息化，已经成为发展港口物流的主题。

港口物流信息化开发建设的水平，已经成为当前与今后较长一段时期内，港口物流企业发展水平的一项标志，必须加快对港口物流信息系统的全面改造，并且以此带动相关管理制度、政策以及各类人才素质的全面提高，从而使得港口物流行业实现货畅其流，供产销活动一体化、合理化，管理方法定量化，管理手段自动化，管理工艺现代化，这将会有助于港口物流企业发挥竞争优势，开发利润源泉。

二、港口物流信息的特点

（一）信息量大

港口物流信息因为港口物流活动以及交易活动的展开，会大量地发生。随着中国亿吨大港的不断增加以及由之产生的大量货代、船代业务，促使港口物流信息呈现出爆发性的增长趋势。

（二）更新速度快

港口物流信息的更新速度快、多品种货物的运输、拼箱货物运输以及多式联运，使得各种作业活动频繁地发生，从而要求物流信息不断地更新，并且更新的速度越来越快。

（三）来源多样化

港口物流信息不仅包括港口的物流信息（比如装卸、堆存等），而且包括岸上企业的物流信息与政府部门的信息。

三、港口物流信息的作用

港口物流信息是港口物流的功能要素之一，它的功能可以从不同的角度进行描述。港口物流信息在发挥港口物流系统整体效能方面的功能，主要体现在以下几方面。

（一）港口物流信息是港口物流系统整体的中枢

港口物流系统是一个有规律的统一体，整个港口物流活动的系统决策，都要以港口物流信息收集、加工处理后的结果为依据。一旦信息出现错误，信息系统出现故障，那么整个港口的物流活动将会陷入瘫痪。

（二）港口物流信息是港口物流系统变革的决定因素

随着信息技术的日新月异，社会经济的生产、消费系统正在不断地发生改变。港口物流属于第三产业的服务业，社会经济系统的变革，必然要求其随之变革。港口物流信息化既是这种变革的动力，也是这种变革的实质内容。

（三）支持交易系统

交易系统是用于启动与记录个别物流活动的最基本层次，它包括记录订舱内容、安排舱位任务、装货程序选择、装船、定价、开发票以及货主咨询等。

（四）支持管理控制

管理控制以可估价的、策略上的、中期的焦点问题为特征，涉及评价过去的功能与鉴别各种可选方案。港口物流信息系统可以通过其处理过程，鉴别出异常情况。管理控制的例外信息对于鉴别潜在的顾客或订单问题，也有着不小的作用。

（五）支持决策分析

决策分析是将精力集中在决策的应用上，协助管理人鉴别、评估经过比较物流战略与策略后的可选方案。典型分析包括船舶到港停泊计划、港口机械配置等。港口物流信息系统的决策分析，趋向于更多地强调系统的有效性。

（六）支持制定战略计划

战略计划决策往往是决策分析层次的延伸，但是更加抽象、松散，并且注重于长期战略。港口物流信息系统的制定与战略层次，必须将较低层次的数据，结合到范围很广的交易计划，以及有助于评估各种战略的概率与损益的决策模型中去。

Section 2

第二节　港口物流信息的管理平台

一、货运代理信息管理系统

在社会信息化高度发展的趋势下，由于信息不受到任何行业、区域、国界的限制，只要掌握信息，就能够为委托方提供优质的服务。如今的客户，早已不满足于货代公司提供的订舱、报关等简单的服务，而要求提供集陆路运输、仓储、海运、空运、报关等于一体的服务。为了能够满足客户的需求，同时也为了能够在激烈的竞争中取得优势地位，需要借助于先进的计算机技术进行辅助管理。

在下面的内容中，以深圳汇驿科技有限公司的软件产品为代表，来介绍一下货代管理系统的主要功能。

货运代理信息管理系统，针对港口物流的特色，主要介绍国际货运管理系统、报关业务管理系统、集装箱车辆运输管理系统三个主要的功能模块。

货运代理的总体功能，包括以下各项。

（一）基础资料的管理

此模块为确保系统运行，提供最基本的资料管理与维护功能，此部分的资料不允许用户频繁地改动。该模块主要包括客户及合作企业（分承包）资料的维护，客户付款信用期与信用额度的定义，港口、国家、区域、航线的维护，成本运价费率及销售价的维护等。

（二）海运操作的管理

海运操作管理是货运代理的主要业务之一。此模块应当具备以下各项功能：支持海运出口（整柜、拼箱）、海运出口（整柜、分拨）；支持订舱、二程、装箱、提单制作、陆运委托、出入仓通知、报关、三检等；支持普通账单、代理账单、拼箱利润分配的灵活处理；提供相关文件如发票、核销单等的状态跟踪等。

（三）报关操作与状态跟踪

进出口报关是货运代理的主要业务，报关操作及状态跟踪的主要功能包括以下各项：支持海运进口、海运出口、空运进口、空运出口，适用于本口岸清关、外口岸转关等各种报关业务；可以自定义业务流程，支持相应工作状态的自定义跟踪以及报警；自动提取客户手册（加工贸易手册）、免表（进出口货物征免税证明）的申报商品及数量，自动对手册、免表申报数量进行扣除，申报数量不足时要及时提醒，提供保函的自动预警；提供内陆运输、货物出入仓库的一体化管理；对公司外部及内部流转的各种报关文件进行自动跟踪等。

（四）车辆调度

受理客户委托，辅助完成全过程的业务操作，即实时查询各个车辆的运行情况，并且为调度提供依据，实现车辆的日常调度与车辆运行情况的跟踪。此模块的主要功能，包括运价查询、集装箱运输委托、车辆调度操作、车辆动态查询等。

二、船舶代理信息管理系统

船舶代理是指船舶代理机构或代理人接受船舶所有人、船舶经营人、承租人或货主的委托，在授权范围内代表委托人办理与在港船舶有关的业务、提供有关的服务或完成与在港船舶有关的其他经济法律行为的代理行为。而接受委托人的授权，代表委托人办理与在港船舶有关的业务，并且进行与在港船舶有关的其他经济法律行为的法人与公民，则是船舶代理人。

由于船舶代理业务的内容非常广泛，作业流程比较复杂，涉及繁多的单证、报表，借助于船代信息管理系统，不仅可以提高工作效率，而且能够避免出现错误以及不必要的损失。在下面，以深圳泛华讯电脑技术有限公司的产品——船舶代理管理信息系统为代表，介绍该系统的主要功能。

该船舶代理信息管理系统，主要包括六个子系统以及必不可少的财务系统接口，其中六个子业务系统分别为船务信息管理系统、航次结算系统、出口单证系统、出口运费系统、进口单证系统与集装箱管理系统。

（一）船务信息管理系统

船务管理是船舶代理业务的核心业务，船务信息管理系统是对船舶的进出口申报、船舶委托方、船舶装卸货、船舶的各种动态、船舶基础资料及有关船舶的各种数据进行管理的综合信息管理系统。在实务操作中，船务管理业务的作业流程如图6-1所示。

图6-1 船务管理业务的作业流程

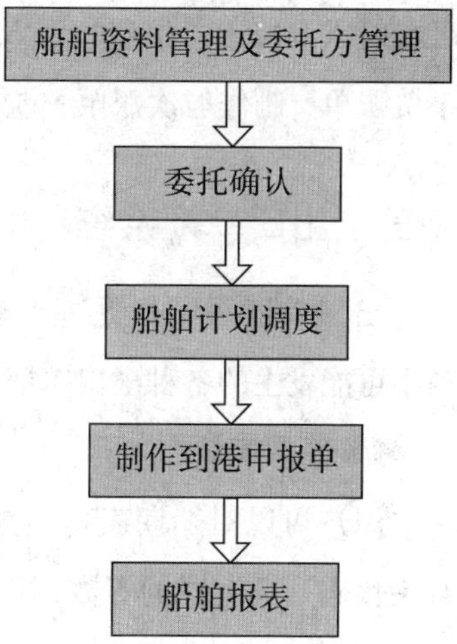

1. 船舶资料管理及委托方管理

（1）登记、管理委托方的基本信息、资料。

（2）登记、管理船舶规范、船舶基本资料。

（3）登记预抵船舶的船名、航次、船舶所载的货物信息、船舶委托方。

2. 委托确认

对委托单位的船务委托信息进行确认，可以采用E-mail和Fax两种方式做委托确认单。

3. 船舶计划调度

登记需要靠泊的船舶资料，比如船舶基本航次信息、船员资料、备用金额等，并且实时地调度其当前船舶的状态（比如预抵、锚地、靠泊、离港）。

4. 制作到港申报单

制作到港申报单，包括以下两种情况。

（1）根据靠泊船舶资料生成各种申报单据，比如，进出口申请书、货物申报单、船员申报单、船用物品申报单、危险品申报单等。

（2）向委托方生成并且发送通知单，比如，到港电、靠泊电、船舶通知书等。

5. 船舶报表

船舶报表有以下两种。

（1）船舶动态表

是指根据当前船舶的状态，按照锚地、靠泊等状态，生成在港船舶的动态报表。

（2）装卸货通知单

是指根据船名、航次，向委托方发送装卸货通知单，办理相关手续以及作业。

（二）航次结算系统

航次结算系统是船舶代理企业进行船舶往来费用分配、船舶费用输入、船舶代理费与杂费制作、船舶使用费结账及账单打印与相关查询的管理信息子系统。它的主要功能包括以下两点。

1. 船期模块

将船务系统有关船名、航次的数据引入本系统，并且可以修改相关的数据，这些数据便是制作各种账单的主要依据。

2. 结算模块

针对航次结算业务，进行各种录入使用费用、制作凭证、制作账单等操作，包括按船名、航次录费用，按照收费方录费用，批费用汇总打印，制作凭证，制作代理费账单，制作杂费账单，制作航次账单，航次账单管理，预收船舶备用金录入，港口使用费用估算等。

（三）出口单证系统

出口单证系统是处理海运代理出口单证业务的软件系统，它的功能是对海运代理业务中可能发生的各种出口单证业务情况进行处理。出口单证的主要功能模块包括以下两点。

1. 船期模块

用户可以对船期表各项内容进行数据录入、修改、删除、查询与打印等操作。该模块对船代码、离港时间等数据进行校验，并且支持多承运人的海运操作模式。

2. 单证模块

用户可以针对业务进行各种单证操作，包括对委托单的操作，浏览订舱数据，进行整箱或拼箱操作，按提单号录入海运费用，按照船名、航次将某票提单退关或转储，将两个船名、航次间的提单相互转换重新配载，录入某船名、航次的中转信息，编辑、打印与管理电放提单信息，导入EDI报文，导入订舱报文，导入装箱报文，处理传图报文等。

（四）出口运费系统

出口运费系统是针对出口货物运费结算业务而编制的。系统可以实现与账务处理系统平滑接口，同时提供了多种操作方法。出口运费系统的主要功能模块包括以下两点。

1. 船期模块

用户可以对船期表各项的内容，进行数据的录入、修改、删除、查询与打印等操作。在船期表当中输入船期的基本信息，包括船名、航次、航线、预抵时间、抵港时间、离港时间等，在此可以输入此航次下的委托方信息。

2. 费用模块

用户可以针对业务进行各种费用的录入、审核，生成发票以及进行发票管理与控制，进行发票费用核收、应收账龄分析，根据发票信息生成财务接口数据，进行手工发票管理。

（五）进口单证系统

进口单证系统软件可以完成提货单数据（包括托运信息、货物信息、装箱信息、运费信息等）的录入、修改，可以记录催提、放提等情况，可以打印到货通知书、提货单、提单、舱单等报表，并且可以按各种条件查询系统信息。该系统设有灵活的报表格式调整功能，无权限设置。进口单证系统的主要功能模块，包括以下两点。

1. 船期模块

用户可以对船期表各项的内容，进行数据录入、修改、删除、查询与打印等操作。船期模块包括登记船名、航次、预抵时间、抵港时间、离港时间、承运人等数据。

2. 单证模块

用户可以针对业务进行各种单证操作，包括对提货单的操作，对装箱情况、到付运费、催提情况、放提情况的操作，对进口船图进行管理，进行校验数据，生成理货船图等。

（六）集装箱管理系统

集装箱管理系统是一个对不同船公司、不同集装箱公司箱体动态进行跟踪的管理系统。从卸船动态开始，到拆箱、转移堆场、重新装箱、装船，最后又到卸船，形成循环往复的过程。该系统的主要功能是对本地的业务管理进行强化处理，提供方便快捷的查询与数据丰富的报表；直接制作与打印设备交接单和滞期费；从进出口单证与堆场报文中直接导入数据，极大地减少了用户输入的数据量，同时提高了数据的准确性，对不同用户实现权限管理，利于多用户分工操作。集装箱管理系统的主要功能，包括以下三点。

1. 动态处理模块

在此菜单项下，可以进行船名航次登记、动态批量输入、动态单箱输入、多箱动态修改删除、当前历史动态转换等处理。

2. 费用模块

对滞期费的计算，以及对滞期费的查询。

3. 通信模块

进口单证数据的转入，出口单证数据的转入，堆场数据的转入。

三、码头管理信息系统

码头管理信息系统，主要是为了克服传统人工操作的诸多不足，使得码头的管理更加有效，加快集装箱船舶的装卸与堆场的周转，科学、合理地使用人力、物力与财力资源，提高经济效益以及社会效益。在下面的内容中，以IBM码头管理信息为例，介绍其系统的主要功能。

该系统是由七个基本子系统组成，在港口企业扩展业务、业务操作及企业管理等需求的基础上，利用国内外计算机与可视化管理等先进技术，提供集装箱码头信息化建设的整体解决方案。此系统根据各个港口码头的实际情况，既可以整体应用，又可以分拆使用。

（一）系统整体框架

系统的整体框架，如图6-2所示。

图6-2　码头系统的框架图

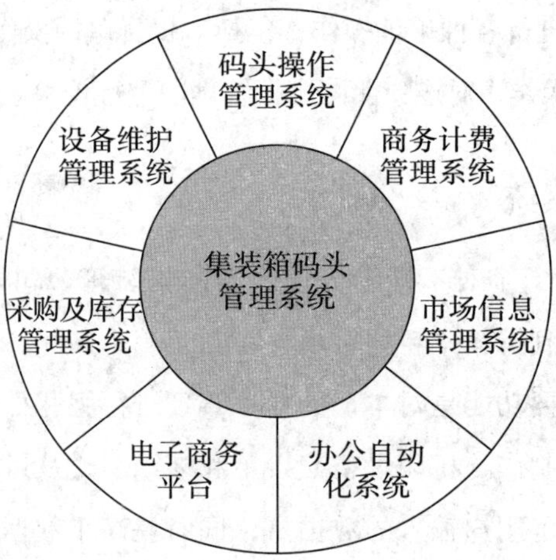

（二）系统的功能

1. 泊位计划（BP）

以图形化的工具，对泊位信息、船期信息、Berth Window、泊位计划等进行管理，并且对泊位使用情况进行统计分析。

2. 船舶计划（SP）

它是功能强大的图形化、自动化船舶配载系统。用于制作集装箱船舶的积载计划，通过直观的图形化处理与计算，可以方便地产生合理优化的生产作业计划，自动产生各种BAY图、字母图与作业单、TDR/TPR报告。

3. 堆场计划（YP）

图形化的三维立体堆场浏览、查询，保障信息表达的丰富与直观；优化的算法与丰富完善的堆场使用规则设置，自动产生进场集装箱的场位，保障最大程度地利用堆场的空间与设备，最低程度地减少倒箱次数，协调设备的利用。

4. 作业控制（OC）

根据生产作业计划、堆场情况与机械情况，自动地安排调度作业机械，监控生产作业的过程，包括装卸船作业监控、收发箱作业监控、海关检查、熏蒸、堆场倒箱、修箱、PTI/PCOOL等作业监控、机械作业的信息统计。

5. 箱务管理（CM）

对进出码头集装箱的相关信息进行管理。包括Booking信息管理、闸口管理、在场箱管理、冷藏箱管理、破损箱管理、客户信息服务、箱体轨迹追踪以及箱动态、结存等报表管理。

6. CFS 管理（CFS）

对集装箱码头货运站收发货、拆装箱全部业务的控制管理，包括作业申请、提箱、装箱、回场等操作的管理监控，CFS作业计费与统计分析。

7. EDI 管理（EDI）

通过EDI传输平台、Internet与船公司等业务伙伴之间，进行远程的电子数据交换。支持EDI国际标准UN/EDIFACT与平台文件等多种数据格式，支持多种EDI报文种类与多种版本。

8. 商务计费（BS）

完成生产作业之后的自动计费，具有强大的费项、费率与合同管理功能，并且具有多层审计功能。根据生产作业的实际情况，自动计算与打印收费账单，以及进行销账管理与账龄分析等，具有完善的统计分析功能。

9. 统计分析（SS）

通过对码头生产经营数据的挖掘、分析，为企业的经营决策提供科学的依据；采用图形化（曲线图、直方图、圆饼图等）方式来表达统计的分析结果。

10. 系统管理（SM）

负责系统中用户的建立与管理、用户权限的管理与用户角色的管理，同时实时监控整个系统的使用情况。

Section 3

第三节　港口物流管理的支持技术

一、电子数据交换

（一）电子数据交换的概念

电子数据交换也称EDI（Electric Data Interchange），这是一种利用计算机进行商务处理的新方法，它将贸易、运输、银行、保险与海关等行业的信息，用一种国际公认的标准格式，通过计算机通信网络，使得各有关部门、公司与企业之间，进行数据交换和处理，并且完成以贸易为中心的全部业务过程。EDI下的贸易单证传递，如图6-3所示。

图6-3　EDI下的贸易单证传递

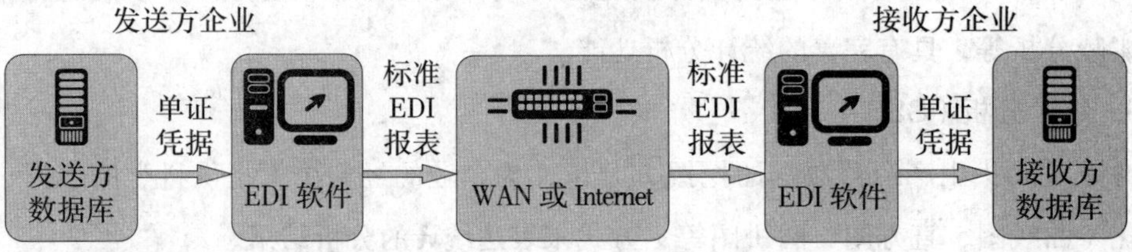

EDI不是用户之间简单的数据交换。EDI用户需要按照国际通用的消息格式发送信息，接收方也需要按国际统一规定的语法规则，对消息进行处理，并且引起其他相关系统的EDI综合处理。整个过程都是自动完成的，无须人工干预，因而减少了差错，还提高了效率。

EDI系统由通信模块、格式转换模式、联系模块、消息生成与处理模块四个基本功能模块组成。

使用EDI的主要优点，包括以下各项。

1. 降低了纸张文件的消费。

2. 减少了许多重复的劳动，提高了工作效率。

3. 使得贸易双方能够以更迅速、有效的方式进行贸易，大大地简化了订货过程或存货过程，使得双方能够及时地充分利用各自的人力与物力资源。

4. 能够改善贸易双方的关系，厂商可以准确地估计出日后商品的需求量，货运代理商可以简化大量的出口文书工作，商业用户可以提高存货的效率，从而提高他们的竞争能力。

由于EDI可以完全代替传统的纸张文件交换，因此，有人称它为“无纸贸易”或“电子贸易”。

（二）EDI 的构成及标准

构成EDI系统的三个要素是EDI软件与硬件、通信网络、数据标准化。一个部门或企业要实现EDI，首先必须有一套计算机数据处理系统；其次，为了使本企业的内部数据，比较容易地转换为EDI标准格式，需要采用EDI标准；另外，通信环境的优劣，也是关系到EDI成败的重要因素之一。

EDI标准是整个EDI最关键的部分。由于EDI是以实现商定的报文格式形式，进行数据传输与信息交换的，一次制定统一的EDI标准至关重要。EDI标准主要分基础标准、代码标准、管理标准、报文标准、单证标准、应用标准、通信标准、安全保密标准等。

（三）电子数据交换在港口物流管理中的应用

1. 港口物流 EDI 发展的必要性

（1）与国际接轨的必然选择

作为现代化港口，应当顺应国际港口的发展趋势，与国际港口运作惯例接轨。20世纪90年代以来，许多国家和地区纷纷应用EDI办理海关手续，其中一些国家甚至对不采用这种方式报关的船舶进行惩罚。由此可见，EDI的应用已经直接地影响到贸易与运输的展开，若要参与国际竞争，建设现代化港口，必须加快EDI技术的发展。

（2）推动港口向物流中心发展的必要条件

现如今，国际贸易正从货物贸易向服务贸易与信息技术及其产品贸易等领域延伸，以网络技术为基础的电子商务，已经成为国际贸易的重要方式。航运企业为了向货主提供方便快捷的信息服务，推动港门物流业的标准化与信息化，要利用EDI建立集装箱货物、航线与商务等信息服务中心，以及与主要港口、代理、货主及海关、银行、保险、商检部门之间的横向联系网络系统。

（3）提高港口的服务效率

在目前，货物运输仍然是大多数港口的主要业务。但是我国的港口装卸效率并没有得到充分的利用，比如，码头设施没有得到充分利用，船舶在港口非生产性停泊时间长，严重地影响到了港航双方的利益，这与信息流通不畅有关。采用EDI技术之后，则可以建立一个包括港、航、货与有关部门的一套生产实时控制系统，港方可以通过现场传来的信息随时改变安排，船方可以及时地提供各种电子文件，货方可以根据合理安排货物装船与疏运，加快办理各种通关手续，缩短货物在港的滞留时间。

2. EDI 在港口物流中的应用

在这里，以宁波港口为例。EDI中心于1997年5月投入运行，已经成功地在宁波口岸发展用户80余家，将逐步地实现宁波口岸的船代、货代、理货、港务局、集装箱码头，内陆集疏运场站、海关、商检、卫检、动植物检、银行与保险等单位之间的电子数据交换，协议传输报文有150余种 （不包括各种回执），EDI中心每月传输报文4万多个，数据通信量计385兆字节。完成船期信息查询及口岸范围以内集装箱动态信息查询等增值服务，尤其在集装箱码头应用、码头与海关配合实施物流监控、码头与船公司配合作业各方面，都取得了显著的成绩。

宁波港口EDI中心实现了源信息的传输，即23种电子报文传输，并且能在一定程度上实现对源信息进行归纳整理，去除冗余信息，并且按照一定的逻辑结构，对信息进行重新组织，即EDI源信息。以集装箱海关放行信息查询为例，EDI用户可以输入海关放行号、集装箱号、英文船名／航次／航向三者任意一个信息，便可以查询到以下信息：放行时间、集装箱号、船舶UN代码、英文船名、航次、航向、海关放行号、码头／堆场。

宁波港搭建了信息系统的五大体系，即业务作业管理信息化体系、通信与监控信息化体系、经营管理信息化体系、综合管理信息化体系与信息服务体系。

为实现从世界大港向世界强港的新跨越，宁波港适时地实施“强港战略”，加大科技方面的投入，提升港口的现代化、信息化水平。国家重点科技攻关项目——宁波港EDI中心建设、宁波港生产业务协同管理系统、宁波港集装箱智能闸口系统等信息系统的建设在不断推进，打造出了高性能的港口公用物流信息平台，将港口与港口、港口与口岸监管单位、港口与货主、港口与物流运营商连接起来，形成了一个开放、高效、便捷的服务体系，提高了散杂货码头的信息化管理水平，建成了国内领先、国际先进的港口信息化管理与运作体系，成功地打造成为数字港、信息港。

依托现代信息技术，整合口岸通关系统资源，建设连接政府与政府、政府与企业、企业与企业的国际物流信息服务平台，宁波电子口岸通过信息化建设，推动了国际化进程。

围绕着企业大通关核心流程，宁波电子口岸开发了一系列契合企业通关实际流程的产品，比如，面向企业大通关核心流程的“外贸八达通”，面向宁波企业在上海口岸通关服务的 “沪甬直通关”，面向货代企业操作的“国际货运软件”，面向口岸数据交换的“口岸EDI”等。

二、地理信息系统

（一）地理信息系统的概念

地理信息系统（Geographic Information System，GIS）是以地理空间数据为基础，采用地理模型分析方法，适时地提供多种空间的与动态的地理信息，对各种地理空间信息进行收集、存储、分析与可视化表达，为地理研究与地理决策服务的计算机技术系统。

（二）地理信息系统的特征

地理信息系统，具有以下三方面的特征。

1. 具有采集、管理、分析与输出多种地理空间信息的能力，具有空间性与动态性。

2. 以地理研究与地理决策为目的，以地理模型方法为手段，具有区域空间分析、多要素综合分析与动态预测能力，产生高层次的地理信息。

3. 由计算机系统支持进行空间地理数据管理，并且由计算机程序模拟常规的或专门的地理分析方法，作用于空间数据，产生有用的信息，完成人类难以完成的任务。

（三）地理信息系统的功能

1. 数据输入

GIS有多种数据输入方式，比如，扫描矢量化输入、数字化仪输入、全站仪输入、GPS输入及其他格式的数据输入等。

2. 数据处理

GIS通过图形编辑、投影变换、误差校正与地图符号设计等模块完成对数据的处理。

3. GIS 数据库管理

GIS数据库包括地图库管理子系统与属性库管理子系统。该系统具有影像图库管理功能，能够实现10倍以上高压缩比的图像压缩存储功能，具有分块存储管理、调度、快速定位功能等。

4. 空间分析

空间分析包括矢量空间分析、数字高程模型（DTM）、网络分析、图像分析、电子沙盘五个子系统。

5. 数据的输出

GIS的数据输出，可以通过输出子系统、电子表定义输出系统实现文本、图形、图像、报表等的输出。

6. 数据转换

GIS平台可以提供强大的数据转换功能，以达到跨平台的数据共享。输入/输出交换接口，提供将多种数据文件转换成本系统内部矢量文件结构的功能，同时又能够实现反向转换。

7. 图像处理

图像处理模块包括图像分析、镶嵌配准、电子沙盘系统等功能子系统。

总之，GIS的基本功能是将表格型数据（无论它是来自数据库、电子表格文件或直接在程序中输入）转换为地理图形显示，然后对显示结果进行浏览、操作与分析。其显示范围可以从洲际地图到非常详细的街区地图，显示对象包括入口、销售情况、运输线路以及其他内容。

（四）地理信息系统在港口物流中的应用

随着世界经济一体化进程的加速，传统的港区管理模式已经不能满足于经济快速发展的需要，港口的信息化管理与国际接轨的要求，已经越来越紧迫。GIS技术作为融计算机图形与数据库于一体的、用来存储和处理空间信息的高新技术，正是推进港口现代化管理的必要手段。GIS在港口的应用优势，包括以下各项。

1. GIS 的核心功能是空间分析

这也是GIS区别于其他信息系统的主要标志，其强大的空间分析能力，在进行规划、选址等重大决策时，能够提供最直观的辅助信息。同时在港口联合运输物流管理当中，GIS系统能够提供合理的运输方式与路线的比较方案，并且可以模拟运输过程。

2. GIS 管理注重经济因素与环境因素

以往的管理方式，是将港口项目建设的质量、工期、成本作为管理重点的。而在GIS系统中，将会更加注重区位机遇与港口发展的作用，将以有形的经济地理地图，分析港口的规划与长远发展，同时更加注重港口建设与周边环境的影响，注重可持续性发展。

3. 高效的日常事务性管理与快速的突发性应急管理

依靠完善的整体交通体系以及现代化的科学管理模式，使得运输车辆快速进出港口减少拥堵，实现零等待；在发生突发事件时，提供快速的辅助信息与辅助决策方案。这些都可以通过动态GIS管理来实现。

目前，国内各港口已经有不同程度的GIS应用，大体可以分为以下几类。

（1）港口地形图管理系统

地形图为用户提供道路、港池、房屋、航道、高程等基础数据，对于综合管线数据与其他设施数据的定位和规划设计，都起着非常重要的作用。

港口地形图管理系统，一般提供对背景地图的管理与维护，包括地形图的数据输入、编辑、地形图分幅、图幅拼接、多种形式的地形图查询和输出等功能。

（2）港口基础设施的信息系统

港口的基础设施，一般包括码头、水工设施、房屋、堆场、仓库、铁路、公路、给排水、油运设施、皮带等，它们分布在港口的不同空间位置，并且具有不同的属性，对应于不同的时间，还有不同的档案资料。港口设施资料管理范围的大小与管理水平的高低会直接影响货物的流通速度。做好科学管理，实现快速维修，使得设施处于良好的使用状况，保证物资的顺利流通，是港口设施管理部门的首要任务。而GIS所特有的对空间数据与属性数据进行集成处理、管理与查询功能，便是实现港口设施科学化管理的有效工具。

（3）综合管线信息系统

港口经过长期建设，在地面与地下立体交叉网状地分布着各种输送管线，比如给水、排水、消防、供电、采暖、天然气、通信、输油、输煤廊道等。这些管线是一个纵横交错的巨大网络，具有十分复杂的空间与非空间属性，在港口的规划建设和管理以及预防灾害中，具有重要的使用价值。

一个较全面的港口综合管线信息系统，应当具有各种管线数据的采集、快速查询、分析、统计、规划设计与制图输出等功能，能为规划管理部门提供必要的信息服务与辅助决策信息。

（4）港区房地产系统

主要是提供对港区内房产、地产的信息化管理，随时查询港区土地利用的现状、历史变更等情况，为规划建设等部门服务。

1）多途径的属性查询

比如，按地名、属性、公司名称、用途、使用年代以及用户自定义等方式，查询地块信息。

2）多形式的空间信息查询

在地块的面积查询，地块的边界坐标查询与提取，对地块的出租、回收、买进、卖出，填海造田新增土地等各方面，实施动态管理。实现房产的建筑面积、性质、功能等统计分析。

（5）地质信息管理系统

港口在各项工程建设的过程中，都曾经进行了大量的工程地质勘察与现场测试，积累了丰富的地质资料，但是这些地质资料的勘察与管理，都是以工程项目为核心而进行组织的，一般只服务于某独立的工程项目，分散在港务局档案室与各基层公司及工程建设单位，结果造成了巨大的资源浪费。

建立港口地质信息管理系统的主要目的，是将这些已经有的地质资料有效地组织起来，进行统一的管理，使得它们能够为整个港区的规划与建设服务。

（6）港口海底地形分析系统

GIS的地形分析功能在港口分析中的应用，是通过建立港口海底数字高程模型来实现的。利用对港口海域的多次海底地形测量资料，结合海底沉积物的分析结果，应用数字地影模型技术，对海底冲淤变化的强度与范围进行分析，可以模拟航道与港域的水深情况，为港口的建设提供可靠依据。

另外，将海底数字高程模型、电子海图与GPS相结合，可以开发船只航运的动态监控、导航、引航等应用系统。

（7）利用GIS进行电子物流管理

所谓的“电子物流”，是指应用现代信息技术，对物流整个过程中的结构化信息流进行全面的运筹规划、优化、协调、监控与管理。应用“电子物流”将深刻地改变物流现状、大大促进与提升物流水平，对于以物资流通为主要任务的港口而言，更是具有重要的意义。

当前，GIS在港口管理与建设中的具体应用，除上述几点以外，还有许多其他的应用，比如，环保部门建立港口环境检测系统，可以对港口水污染物的排放总量进行控制分析；用虚拟现实技术与WebGIS技术建立数字化港口的应用，可以在各种位置以各种视角对港口地物和设施进行动态观察与信息查询等。

随着计算机网络的普及与GIS技术的成熟，GIS逐渐地渗透到港口管理的各个部门和各个环节中，促进了港口现代化管理与建设的进程。不管是建立某部门专用的GIS，还是为多个部门服务的基础型GIS，GIS的开发与建设，始终是一项复杂、艰巨的工程，涉及大量的财力、人力、物力投入。为此，应当本着总体设计、长远考虑、面向应用、近期见效的指导思想，选择适用的GIS平台与开发模式。在系统建设期间，开发人员要与应用部门紧密结合，要以解决实际问题为主，强调系统的实用性、可扩展性，充分发挥GIS的技术优势。

三、全球定位系统

（一）全球定位系统的概念

全球定位系统（Global Positioning System，通常简称GPS）是一个中距离圆型轨道卫星导航系统。它可以为地球表面绝大部分地区（98%）提供准确的定位、测速与高精度的时间标准。该系统的组成，包括太空中的24颗GPS卫星，地面上的1个主控站、3个数据注入站与5个监测站以及作为用户端的GPS接收机，最少只需要其中4颗卫星，便能够迅速地确定用户端在地球上所处的位置及海拔高度；所能连接到的卫星数越多，解码出来的位置就会越精确。

该系统是由美国政府于20世纪70年代开始进行研制，于1994年全面建成的。使用者只需拥有GPS接收机，无须另外付费。GPS信号，分为民用的标准定位服务（SPS，Standard Positioning Service）与军规的精密定位服务（PPS，Precise Positioning Service）两类。民用信号中加有误差，其最终定位精确度大概在100m；军规的精度在10m以下。自从2000年以后，克林顿政府决定取消对民用信号所加的误差。因此，现在民用GPS也可以达到10m左右的定位精度。

GPS系统拥有以下多种优点：全天候，不会受到任何天气的影响；全球覆盖（覆盖率高达98%）；三维定速、定时、高精度；快速、省时、高效率；应用广泛、多功能；可以移动定位；不同于双星定位系统，在使用过程中接收机不需要发出任何信号而增加了隐蔽性，提高了其军事应用效能。

GPS监控系统平台的结构，如图6-4所示。

图6-4　GPS监控系统平台的结构

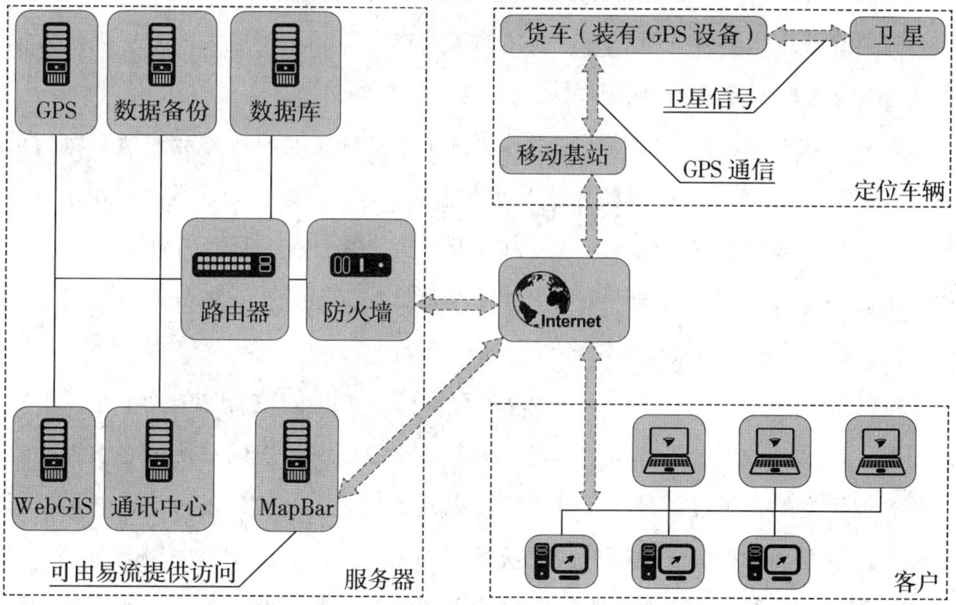

（二）全球定位系统的组成

GPS全球卫星定位系统由三部分组成：空间部分——GPS星座（GPS星座是由24颗卫星组成的星座，其中21颗为工作卫星，3颗为备份卫星），地面控制部分——地面监控系统，用户设备部分——GPS信号接收机。GPS的组成，如图6-5所示。

1. 空间部分

GPS的空间部分是由24颗工作卫星组成，它位于距地表20200km的上空，均匀分布在6个

图6-5　GPS的组成

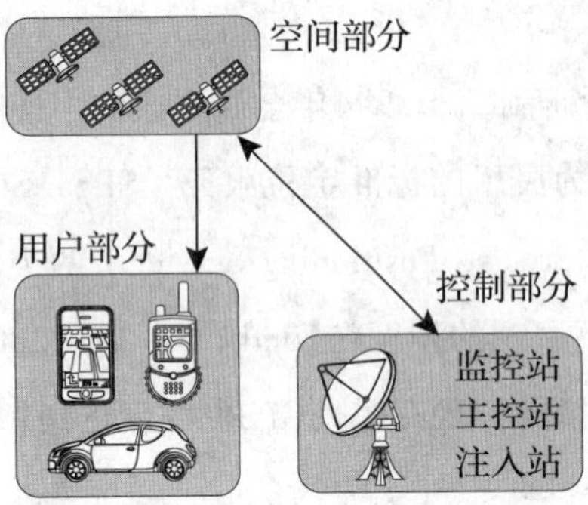

轨道面上（每个轨道面4颗），轨道的倾角为55°。此外，还有4颗有源备份卫星在轨运行。卫星的分布，使得在全球任何地方、任何时间，都可以观测到4颗以上的卫星，并且能够保持良好定位解算精度的几何图像。这就提供了在时间上连续的全球导航能力。

GPS卫星产生两组电码，一组称为C/A码（Coarse/Acquisition Code 11023MHz），一组称为P码（Precise Code 10123MHz）。P码因为频率比较高，不易于受到干扰，定位的精度高，因此受美国军方的管制，并且设有密码，一般民间无法解读，主要是为美国军方服务。C/A码人为地采取措施而刻意降低精度之后，主要开放给民间使用。

2. 地面控制部分

地面控制部分是由1个主控站、5个全球监测站与3个地面控制站组成。监测站都配装有精密的铯钟与能够连续测量到所有可见卫星的接收机。监测站将取得的卫星观测数据，包括电离层与气象数据，经过初步处理之后，传送到主控站。

主控站从各监测站收集到跟踪数据，计算出卫星的轨道与时钟参数，然后将结果送到3个地面控制站。地面控制站在每颗卫星运行至上空之时，将这些导航数据以及主控站指令注入卫星。这种注入对于每颗GPS卫星，为每天一次，并且在卫星离开注入站作用范围之前，进行最后的注入。如果某地面站发生故障，那么在卫星中预存的导航信息，还可以用一段时间，但是导航的精度会逐渐降低。

对于导航定位而言，GPS卫星是一个动态已知点。卫星的位置是依据卫星发射的星历（描述卫星运动及其轨道）的参数算得的。每颗GPS卫星所播发的星历，是由地面监控系统提供的。卫星上的各种设备是否正常工作，以及卫星是否一直沿着预定的轨道运行，都由地面设备进行监测与控制。地面监控系统唯一的重要作用，是保持各颗卫星处于同一时间标准——GPS时间系统。这就需要地面站监测各颗卫星的时间，求出钟差。然后由地面注入站发给卫星，卫星再由导航电文发给用户设备。

3. 用户设备部分

用户设备部分即GPS信号接收机，它的主要功能是能够捕获到按一定卫星截止角所选择的待测卫星，并且跟踪这些卫星的运行。当接收机捕获到跟踪的卫星信号之后，即可以测量出接收天线至卫星的伪距离与距离的变化率，解调出卫星轨道参数等数据。根据这些数据，接收机中的微处理计算机，便可以按照定位解算方法进行定位计算，计算出用户所在地理位置的经纬度、高度、速度、时间等信息。接收机硬件与机内软件以及GPS数据的后处理软件，构成了完整的GPS用户设备。GPS接收机的结构，分为天线单元与接收单元两部分。

接收机一般是采用机内与机外两种直流电源。设置机内电源的目的，在于更换外电源时不中断连续观测。在用机外电源时，机内电池会自动充电。关机之后，机内电池为RAM存储器供电，以防止数据的丢失。目前，各种类型的接收机体积越来越小，重量越来越轻，方便于野外观测使用。

（三）全球定位系统的功能

由于网络GPS融合了目前国际上最先进的信息技术与各类高科技成果，因此安装了网络GPS的车辆将能够实现许多的功能，具体包括以下各项。

1. 实时监控功能

能够在任意时刻发出指令，查询运输车辆所在的地理位置（经度、纬度、速度等信息），并且在电子地图上直观地显示出来；车辆出车之后便可以立即掌握其行踪。若有不正常的偏离、停滞与超速等异常现象发生，网络GPS工作站显示屏能够立即显示并且发出警告信号，并且可以迅速地查询纠正，避免危及人、车、货安全的情况发生；货主可以登录查询货物运送状况，实时了解货物的动态信息，真正地做到让客户放心；长途运输由于信息闭塞、渠道狭窄，回程配货便成为最大的困扰。而GPS监控系统正是建立在互联网这一开放式公共平台上的，可以提前在线预告车辆的实时信息及精确的抵达时间，从而能够根据具体情况合理地安排回程配货。

2. 双向通信功能

GPS的用户可以使用GSM的语音功能，与司机进行通话或使用安装在车辆上的移动设备的汉字液晶显示终端，进行汉字消息收发对话。

3. 动态调度功能

调度人员能够在任意时刻，通过调度中心发出文字调度指令，并且得到确认信息。可以实现就近调度、动态调度、提前调度；可以实时掌握车辆动态、发车时间、到货时间、卸货时间、返回时间等，以达到争取时间、节约运输成本的目的；科学调度，提高实载率，尽量减少空车时间与空车距离，充分地利用运输车辆的运能。

4. 数据存储、分析功能

可以事先规划车辆的运行路线、运行区域，何时应该到达什么地方等，并且将该信息记录在数据库中，以备以后查询、分析使用；收集、积累、分析数据，进一步地优化路线。依据地理信息GIS，制定出更为合理的行车路线，以及整个运输过程中的燃料、维修、过路（桥）等费用，确定更为精确的成本费用，制定出更加合理的运费；依据数据库储存的信息，可以随时调出每辆车以前的工作资料，并且可以根据各管理部门的不同要求，制作出各种不同形式的报表，使得各管理部门能够更快速、更准确地做出判断。

（四）全球定位系统的应用

全球定位系统的应用，包括以下几方面。

未来导航系统（FANS, Future Air Navigation System）的实施范围在全世界不断地扩大着，它引起了飞行操作手段与程序的不断进步。根据需求的发展，它的标准也在不断地进步着，具体包括以下各项。

1. 用于汽车自定位、跟踪调度、陆地救援。车辆导航将会成为未来全球卫星定位系统应用的主要领域之一。我国已经有数十家公司在开发与销售车载导航系统，中远、中外运等大型国际物流服务企业，都建立了装载有卫星定位系统的车队。

2. 用于内河及远洋船队最佳航程与安全航线的测定、航向的实时调度、监测及水上救援。在我国，全球卫星定位系统最先使用于远洋运输的船舶导航。我国的三峡工程也已经利用全球卫星定位系统，来改善航运条件、提高航运能力。

3. 用于空中交通管理、精密进场着陆、航路导航与监视。未来导航系统FANS是一个以卫星技术为基础的航空通信、导航、监视与空中交通管理系统，它利用全球导航卫星系统（GNSS，Global Navigation Satellite System）实现飞机航路、终端进场导航。

4. 用于铁路运输管理。我国铁路开发的基于GPS的计算机管理信息系统，可以通过GPS与计算机网络，实时地收集全路列车、机车、车辆、集装箱及所运货物的动态信息，可以实现列车、货物追踪管理。只要知道货车的车种、车型、车号，就可以立即从近10万千米的铁路网上流动着的几十万辆货车中找到该货车，还能够得知这辆货车现在于何处运行或停在何处，以及所有的车载货物发货信息。铁路部门运用这项技术，能够大大地提高其路网及其运营的透明度，为货主提供更加高质量的服务。

Section 4

第四节　国内外港口物流信息化的发展现状、趋势及建议

随着全球经济一体化与信息技术的发展，水运在世界经济运行中的地位日益突出。现代港口的发展，呈现出了布局网络化、业务物流化、格局港城一体化与管理信息化等特点，这些特点要求港口要全面实现信息化。如今世界各国都十分重视港口信息化的建设，并在这方面取得了重大进展。

一、港口物流信息化的基本趋势

一个港口的现代化程度、发展水平的高低，在很大程度上取决于管理的信息化水平。因为大型船舶的营运成本很高，其接卸港口必须全天候进出、快速装卸、通关、集疏储运与配送，而所有这一切都要依靠现代化的信息技术作为后盾，特别是“信息高速公路”即国家信息基础设施的建设方兴未艾，将会带动一批高新技术产业及相关服务业的蓬勃兴起。

高新技术产业与现代化基础设施的有机结合，是不可逆转的大趋势，而新一代港口恰是二者的最佳结合点之一。“谁拥有EDI，谁将拥有21世纪”的呼声越来越高，新一代港口已经不再属于劳动密集型或资本密集型产业。由于货物的快速流动，集装箱多式联运与“门到门”运输、物流体系的发展，对港口信息网络的建设提出了越来越高的要求。因此，技术与信息已经成为现代化港口生存和发展的决定性因素，而且信息化的技术水平与港口的规模并无必然的联系。因此，港口管理的现代化、信息化，已经成为港口的重要目标之一。

近年来，信息化与高新技术的发展，对港口发展带来了很大的影响。以全球互联网为基础，整合客户供应链各环节的物流、信息流，建设完善的信息系统和能满足客户需要的联合数据库系统，将成为各个港口完善港口功能、获取管理增值效益的重要手段之一。

（一）信息化建设水平对港口产生了重要影响

信息化与新技术的高速发展，对港口的建设与经营管理产生了重要影响，港口的信息化水平已经成为决定港口生存和发展的关键性因素。作为国际物流链上重要的一环，港口的效率、服务水平以及可靠性，都是非常关键的因素，而信息与自动化技术，不仅可以为港口物流过程提供良好的控制与管理，而且可以完善港口的功能，增强港口的综合竞争能力。

（二）EDI 技术的迅速普及

产业全球化的发展，增强了世界各国经济与贸易的相互依赖性，而计算机与网络技术的发展，使得整个世界的空间距离大为缩短，国际货物运输的成本得以降低。以往综合的生产过程，可以分别在不同的国家或区域内进行，生产成本与流通成本大为降低，服务功能日益完善。

同时，产业的全球化使得生产与流通过程更为规范，从而使得多式联运和物流服务业对网络技术的需求不断增加。电子数据交换因其技术先进，可以大大地减少贸易文件及文件的处理成本，因而受到世界各大港口的普遍重视。而电子数据交换平台的建设，将会促进管理方式向着信息化、自动化的方向发展。因此，国内外的主要港口在全面应用EDI技术。国内外主要港口都在加大投资，积极地改进基础设施，进行计算机系统与通信设备等建设。例如，美国的新奥尔良港在20世纪90年代初建设的“全港自动化系统”，不仅实现了港内应用系统集成，还加强了与外部应用系统的自动化连接，如电子化泊位申请系统、自动化船货清单系统与卸货计划系统等。

二、国内港口信息化建设的现状与特征

通过多年来的建设，我国港航企业信息化的建设局面，发生了很大的变化，行业信息技术的应用在国内处于领先水平，积累了大量的、丰富的水路运输管理信息资源，这些信息资源在国民经济发展中，发挥出了巨大的作用，也成为我国水运信息的宝贵财富。

（一）水路基础设施建设信息化的实质性进展

CAD、GIS、GPS等技术，已经在规划、勘察、设计等方面全面地应用。企业内生产管理已经基本实现了计算机化，相当一部分单位已经利用局域网与互联网，开展网上联合设计。

（二）港航企业生产管理信息化的水平比较高

我国枢纽港口与运输企业，都建设了和国内外客户沟通的信息网络平台与具有企业特色的网页。我国年吞吐量超过亿吨的港口，信息化建设的起步比较早，计算机的应用面广，已经基本实现了生产业务管理、专用码头管理的信息化或智能化、安全调度的视频化与港口管理数字化。

（三）中国电子口岸 EDI 系统的应用已经日益深入

近年来，港航 EDI 网络系统的应用，由基本运输伙伴的信息共享，逐步扩展到了政府监督控制部门及其银行、仓储等领域，效益显著，在国内外运输领域都有着较大的影响。目前，连接的用户群体有运输伙伴、政府监管部门、仓储、生产企业与银行等。该系统的应用，不但促进了我国水运行业信息化的建设，同时也为中国电子口岸的发展奠定了良好的基础。

（四）港口电子商务与物流系统的发展迅速

2004年以来，港口作为物流与信息流的枢纽，具备了建设港口物流信息系统及电子商务服务系统的得天独厚优势。在EDI系统的基础上，港口由作为部门、企业间的信息中介，发展到能够提供信息转换、传递、存证等增值服务。

（五）生产调度视频系统的应用处于世界领先水平

2003年以来，我国的一些大型沿海港口建立了一流的生产调度指挥中心，该系统涵盖了引航、拖轮、码头生产调度等多个业务流程，为港口生产实现了“三调合一”的目标。对此，世界各地的参观者络绎不绝，对于该系统在实际应用当中发挥的巨大作用纷纷称奇，并且纷纷效仿。该系统融合了计算机软件、GPS卫星定位、GIS、AIS（Automatic Identification System，船舶自动识别系统）、航海地理学、视频监控等多种技术领域。

三、国内主要港口的信息化建设状况

（一）大连港

大连港从1990年开始，相继开发了大连港货物吞吐量统计系统、大连港能源管理网络系统、财务管理信息系统、大窑湾集装箱码头管理系统、作业区调度／货运商务管理信息系统。

1995年7月开始的CIMS系统建设，主要包括港口EDI、局级调度系统、作业区点调度系统、货运中心系统、统一的信息分类编码管理、全局数据管理、物资管理系统、企业铁路运营、人员管理、设备管理、统计分析与领导查询系统、综合服务系统、支撑环境级网、财务系统等。

这些项目的投入使用，使得港口信息化的基础工作得到了充实与加强。这些系统功能，已经实现从局级调度到基层站、货商之间的数据资源共享，从货商计费到本企业财务收入以及利润计算等，纵向与横向的各种业务联系和处理综合集成一体，在总体上加强了对全局资源的充分利用与管理，为各层领导提供了快速有力的信息支持。

（二）秦皇岛港

秦皇岛港是世界第一大煤炭运输港，目前它已经实现了生产调度系统、码头GIS系统、计划统计系统、费收及货运系统、煤炭管理系统、杂货管理系统、EAM系统、协同办公系统等。秦皇岛港务集团有限公司的骨干网，覆盖全部港口分公司及秦皇岛港二级单位，包括集团公司机关局域网与二级单位局域网39个单位及Internet连接。

为了进一步整合各业务系统的数据应用，适应数字时代港口发展的新需要，秦皇岛港加快了骨干网改造升级的步伐。结合秦皇岛的具体特点，考虑到港口地域分布广、光纤链路长、光纤资源紧张等因素，秦皇岛港对港口骨干网进行了升级，在网络建设中，核心设备的高性能使得整网的扩展性与安全性达到了比较高的标准，完全满足了目前秦皇岛港对信息化的需求与未来几年发展的需要。

坚持以信息技术改造传统产业，秦皇岛港实现了生产方式由粗放型向集约型的飞跃。新骨干网运行之后，将为秦皇岛港构建一个快捷高效的物流信息平台，使得信息系统真正成为提升企业管理水平的辅助工具，极大地改善港口的服务水平，从而为秦皇岛港打造竞争新优势提供有力的支持。

四、国外港口信息化建设的现状与特征

信息化是国外港口发展的重要特征，也是港口物流发展的先决条件。港口依靠天然的区位优势、信息中心地位、高效的信息技术，为客户提供高效的增值服务。应用先进的物流信息技术与手段，使得运输、包装、装卸、仓储、流通加工、配送及信息处理等活动实现了全程的可视化、自动化、无纸化与智能化。

（一）洛杉矶港南加州码头

该码头引入了革新的无线射频技术（RFID），以实时位置系统科技自动收集进出货场的集装箱数据，提高码头处理集装箱的速度与准确性。所有进出码头的集装箱都以拖车运输，该系统能即时识别贴有RFID电子卷标拖车上的集装箱，并且确认其位置。通过港口物流信息“高速公路”，大大地提高了港口货物的通过率。

（二）新加坡港

该港为全球海运中心，平均每2~3分钟就会有一艘船进出港，每天大约处理42艘货柜船的装卸作业，每个月的货柜吞吐量超过100万TEU。因此，货柜码头的作业，便成为一项需要精确规划的科学。在此原则下，运用自动化及先进的系统来帮助客户提高竞争力，便成为新加坡港的一项重要课题。

在过去5年中，新加坡港投资了1.6亿新加坡元在信息科技运用方面，目前有超过350个系统应用在处理港埠管理、规划和作业方面，其主要系统有PORTNET负责对外的电子数据通信与交换。PORTNET所提供的服务，主要有数据库查询服务，包括船舶靠港时程、货柜／货物清单、货柜／货物追踪及化学危险品数据库等；提供海运相关信息，船舶动态数据；电子文件交换，货柜舱单、危险品申报、靠港申请及出港时程预报等通关自动化，透过贸易网络（TradeNet）与关贸网络之间网网相连，可以与政府国贸及签审机关做数据交换。

倚仗于强大的技术支持，新加坡物流业充分地体现了“高效”之含义。新加坡物流公司基本实现了整个运作过程的自动化，它们都设有高技术仓储设备、全自动立体仓库、无线扫描设备、自动提存系统等相关的现代信息技术设备。

（三）安特卫普港

安特卫普港的物流发展模式，属于共同出资型物流中心模式。该模式通常是以港口为依托，联合数家水、陆运输企业，以股份制的形式组成现代物流中心，成为装卸、仓储、运输、配送、信息处理的统一体，开展“一条龙”“门到门”“架到架”的综合性服务。这种模式的优点在于，一方面可以解决港口资金缺乏的困境，另一方面通过与国内外先进的物流企业进行合作，更快地了解与掌握国际上现代化物流中心的经营和管理技术及运作方式。

一般而言，安特卫普港口物流的发展模式，主要包括以下这些特点。

1. 由港务局与私营企业共同投资。

2. 有着良好的基础设施。

3. 有着畅通的集疏运网络。

4. 有着高效的政府管理方式。

（四）对我国物流信息化建设的建议

1. 做好基础性公共平台的建设

政府必须负责建设基础性与政务性的公共平台，即完成相关监管与公共服务的信息化，以此来推进全社会物流信息化的发展。在目前，有三大系统的建设与升级是迫在眉睫的，具体包括以下各项。

（1）电子口岸系统

这项国家级的重点工程已经具有了很好的基础，今后必须进一步加大协调与领导力度，将电子口岸建设成为具有一个“门户”入网、一次认证登录等“一站式”服务功能、集口岸通关执法管理以及相关物流服务为一体的，大通关、大物流、大外贸的统一信息平台。

（2）“大交通”监管系统

目前，我国的交通分属于交通部、铁道部、民航总局等多部门管理，在没有改变管理模式的情况下，可以通过信息的共享与交换，建立一个“大交通”监管信息平台，对于促进我国现代物流业的发展具有重要的意义。信息的整合要逐步完成，当前主要是需要在各种交通监管系统的基础上，确立一个信息交换和共享的框架基础，使得这个平台能够兼容多种信息采集方式，多种定位技术，多种信息的提供者、应用者，同时又具有规范的管理与服务准则。

（3）特殊商品物流的监管系统

对此，重点需要抓好以下这两方面的建设。

1）对与人民生活关系密切的商品，例如重点食品、药品等，要实施生产与流通的全过程监管。

2）建立全国危险品联网实时监管系统，加强对危险品储运的安全监管，预防与减少危险品储运过程中的恶性事故，建立健全社会预警体系与应急救援机制，最大限度地保障国家和人民群众的生命财产安全。

2. 注重新技术的开发与利用，特别是 RFID 技术

在过去，在物流行业流行的“大而全”思维，已经不能适应于现代物流的发展概念，单纯依靠扩大基础设施，诸如仓储与运输规模来赢得市场的想法，必将会被市场所淘汰。而如何利用新技术，为企业的发展抢占先机，已经成为众多物流企业所面临的一道难题。

3. 满足中小物流企业的基础信息化需求

目前，我国物流信息化的需求，仍然是以底层的基础信息化为主，在物流与采购联合

会收集的成功案例中，在这个层次之内的大约占有80%。因此，需要制作一些“短、平、快”的产品，解决局部环节的简单作业，从而满足广大中小物流企业的需要。要采用有效的方法与技术，实现对现有企业信息系统的集成和重构。一些基础性的技术，比如条形码、扫描技术与互联网等，便能够有效地改善企业内部库存管理、配送管理与顾客服务，从而降低物流成本、提高物流的绩效。

复习思考与讨论

1. 港口物流信息的定义是什么?
2. 港口物流信息的特点有哪些?
3. 港口物流信息的作用包括哪些?
4. 货运代理信息管理系统是怎样的情况?
5. 船舶代理信息管理系统是怎样的情况?
6. 码头管理信息系统是怎样的情况?
7. 港口物流管理的支持技术包括哪些?
8. 电子数据交换的情况是怎样的?
9. 地理信息系统的情况是怎样的?
10. 全球定位系统的情况是怎样的?
11. 国内港口信息化建设的现状与特征是怎样的?
12. 国内主要港口的信息化建设状况是怎样的?
13. 国外港口信息化建设的现状与特征是怎样的?

主要参考资料

[1]谈晓焱，王文永．港口物流管理[M]．北京：中国轻工业出版社，2016.

[2]谭均．港口物流[M]．吉林：吉林大学出版社，2012.

[3]顾永才，高倩倩．港口物流[M]．北京：首都经济贸易大学出版社，2013.

[4]李艳琴．港区物流[M]．北京：人民交通出版社股份有限公司，2015.

[5]汪长江．港口物流[M]．北京：清华大学出版社，2012.

[6]符海青．港口物流管理实务[M]．广州：广东高等教育出版社，2013.

[7]高玲．港口物流:理论与实务[M]．北京：北京大学出版社，2017

[8]港口物流应用型人才培养的理论研究与实践探索编写组．港口物流应用型人才培养的理论研究与实践探索[M]．成都：西南交通大学出版社，2015.

[9]肖汉斌．港口物流模式研究[M]．武汉：武汉理工大学出版社，2016.

[10]汪长江．港口物流研究[M]．杭州：浙江大学出版社，2014.

[11]汪长江等．港口物流学[M]．浙江：浙江大学出版社，2010.

[12]宋炳良，德兰根．港口经济、政策与管理[M]．上海：上海人民出版社，2009.

[13]孙家庆，刘翠莲等．港口物流理论与实务[M]．北京：中国物资出版社，2010.

[14]王斌义等．港口物流[M]．北京：机械工业出版社，2011.

[15]李凤英．港口生产组织[M]．北京：人民交通出版社，2008.

[16]李永生．水路运输与港口商务管理[M]．北京：人民交通出版社，2007.

[17]顾亚竹．港口物流园区战略管理[M]．北京：中国物资出版社，2008，

[18]杨茅甄．散货港口管理实务[M]．上海：上海人民出版社，2010.

[19]王学锋，现代港口物流管理[M]．上海：同济大学出版社，2008.

[20]杨建文，陆军荣等．中国保税港区：创新与发展[M]．上海：上海社会科学院出版社，2008.

[21]宗蓓华，真虹，港口装卸工艺学[M]．北京：人民交通出版社，2009.

[22]吴键安，钟育赣等．市场营销学[M]．北京：清华大学出版社，2010.

[23]林锋．国际航运中心建设与上海城市发展．上海：学林出版社，2008.

[24]顾亚竹．港口物流园区战略管理[M]．北京：中国物资出版社，2008，

[25]真虹等．港口管理[M]．北京：人民交通出版社，2003.

[26]赵刚．国际航运管理正[M]．大连：大连海事大学出版社，2006，

[27]王任祥．现代港口物流管理[M]．上海：同济大学出版社，2007，

[28]霍红. 国际货运代理与海上运输[M]. 北京：化学工业出版社，2004.

[29]王任祥. 我国港口一体化中的资源整合策略——以宁波—舟山港为例[J].经济地理，2008，(5).

[30]焦文旗. 京津冀区域物流一体化障碍因素分析[J]. 商业时代，2008，(35).

[31]钟祖昌，王洁. 珠三角经济一体化与物流资源整合研究[J]. 国际经贸探索，2008，(8).

[32]申习身. 集装箱运输实务[M]. 北京：对外经济贸易大学出版社，2011.

[33]孙家庆，刘翠莲，唐丽敏. 港口物流理论与实务[M]，北京：中国物资出版社，2010.

[34]刘善平. 港口装卸工艺[M].北京：人民交通出版社，2010.

[35]杨茅甄. 港口企业装卸实务[M]. 北京：中网物资出版社，2009.

[36]程言清. 港口物流管理[M]. 北京：电子工业出版社，2014.

[37]符海青. 港口物流管理实务[M]. 广州：广东高等教育出版社，2010.

[38]王永红. 报关报检实务[M]. 北京：对外经济贸易大学出版社，2013.

[39]新华社. 书写新世纪海上丝绸之路新篇章——习近平总书记关心港口发展纪实[R]. (2017-7-5) [2017-7-5]. http://www.xinhuanet.com/politics/2017-07/05/c_1121270327.htm.

[40]国务院. 国务院关于印发物流业调整和振兴规划的通知. 2009. http://www.gov.cn/zwgk/2009-03/13/content_1259194.htm.